ANDRÉ LALANDE

PAR LUI-MÊME

A LA RECHERCHE DE LA VÉRITÉ

Collection publiée sous la direction de M. Georges DAVY,
Membre de l'Institut, Directeur de la Fondation Thiers,
Doyen honoraire de la Faculté des Lettres de Paris

ANDRÉ LALANDE

PAR LUI-MÊME

PRÉFACE DE GEORGES DAVY

MEMBRE DE L'INSTITUT

PARIS
LIBRAIRIE PHILOSOPHIQUE J. VRIN
6, PLACE DE LA SORBONNE, Ve
1967

PREFACE

Pourquoi ce recueil d'articles ? et pourquoi ce titre ?

Raison de piété filiale d'abord de la part des enfants du philosophe, très justement soucieux de mettre en pleine lumière la personnalité et l'œuvre unanimement respectée de leur père. Le projet a été mené à bien par l'un d'eux, M. Walter Lalande, qui n'a rien négligé pour retrouver et rassembler, parmi un très grand nombre d'articles extrêmement dispersés, de lettres et d'inédits, tout ce qui était susceptible de contribuer à faire mieux connaître une philosophie qui s'est constituée à la fin du XIXe siècle et au début du XXe, et que les circonstances fortuites de la carrière de son auteur ont amenée à s'exprimer moins par des livres que par des articles et des conférences. Par son enseignement certes ce professeur d'une si admirable clarté a marqué de son empreinte, pendant plus d'un demi-siècle, plusieurs générations d'élèves et surtout d'étudiants, puisque entré, dès 1905, à la Sorbonne, comme Chargé de Conférences, alors qu'il était également professeur à l'Ecole Normale Supérieure de Sèvres depuis 1901. Ses grands cours publics de la Sorbonne, inaugurés en 1909-1910, quand il fut nommé professeur adjoint, n'ont pas peu contribué à sa renommée. Mais tous n'ont pas été publiés, et ceux qui l'ont été sont depuis longtemps épuisés. Combien de professeurs pourraient témoigner du profit qu'ils ont tiré de ces cours, en particulier, pour préparer l'agrégation dont Lalande a, pendant de longues années, présidé le jury. Et nous savons bien qu'aujourd'hui encore le même profit demeure pour tous ceux qui enseignent. Première raison qui imposait la réédition d'articles introuvables.

Mais il y en a une seconde que j'ai laissée deviner déjà. Lalande n'a, de son vivant, publié qu'un petit nombre de livres proprement dits. Si on laisse de côté la *thèse complémentaire de Doctorat sur Bacon,* écrite en latin, le court *Précis raisonné de morale pratique,* il ne reste que quatre volumes et qui, en réalité, n'en font presque que trois : le premier, « *la Dissolution opposée à l'Evolution* » (1899) reparaît en effet mais sous un nouveau titre « *Les Illusions évolutionnistes* » (1930) sans modifications importantes ; ensuite en 1948 « *La Raison et les normes* » à quoi il faut ajouter la publication d'un cours, surtout historique, sur un sujet qui tenait à cœur à notre philosophe « *les Théories de l'induction et de l'expérimentation* » et dont il souhaitait reprendre, en la développant, la partie dogmatique seulement.

Et c'est ici qu'interviennent les causes que j'ai annoncées comme accidentelles, mais qui, en réalité, se rattachent à la vocation profonde de Lalande. Le thème majeur en effet de son enseignement et de ses livres : ce principe d'assimilation, condition de l'accord des esprits et de cette unité spirituelle où seulement peuvent accéder ceux qui auront maîtrisé en eux l'individualité égoïste au profit de la personnalité morale, — ce thème n'était pas, chez lui, simple concept de philosophe, mais croyance vécue d'un apôtre et maxime de vie jamais démentie. Quel fut cependant l'instrument de cet apostolat ? Comment sa mise en œuvre, entreprise en collaboration, comme ne pouvait pas ne pas l'être un projet aussi savant et aussi ample qu'un « *Vocabulaire technique et critique de la philosophie* », ne tarda pas à peser d'un poids véritablement excessif sur les épaules de Lalande, c'est ce qui demeure accidentel. Résultat : l'apôtre, pour suffire à la tâche, se vit contraint de restreindre sa propre production scientifique et de la disséminer en articles. Seconde raison, on le comprendra, de la présente publication.

Elu à l'Académie des Sciences Morales et Politiques en 1922, sa participation très consciencieuse aux travaux de cette Académie (discours, rapports sur les prix, présentation d'ouvrages, allocutions, notices nécrologiques) ne comprend pas moins de 98 numéros. A quoi s'ajoutaient, en Sorbonne, rapports et présidences de thèses de doctorat ; et, à partir de 1918, la Direction des études de Philosophie, sans parler de l'épuisant jury d'agrégation et d'une participation constante à la Société française de Philosophie.

Cette histoire du *Vocabulaire* a joué dans la vie de Lalande un rôle si important qu'il est juste d'y insister si l'on veut juger objectivement de l'immensité de son effort et de son incidence sur sa production philosophique. Je me permets donc de répéter ici ce que j'en ai dit dans la *Revue des Deux Mondes,* lors de la célébration du 90e anniversaire de notre Maître.

A qui veut vraiment se rendre compte de l'esprit de cette grande chose il faut conseiller la lecture attentive de l'importante préface que notre philosophe a ajoutée à la cinquième édition. De ces pages je détacherai ce court passage : « C'est en poussant à fond la critique du langage, et sous toutes ses formes, qu'on peut savoir vraiment ce qu'on pense, et réduire ainsi la part de ce qui reste toujours incertain dans cet acte si immédiat en apparence, si complexe et si difficile en réalité : la transmission d'une idée d'un cerveau à l'autre. Et cependant telle est la condition nécessaire d'une communauté mentale, sans laquelle il n'y a pas de vérité. »

Dette de tous en vérité que cet incomparable et indispensable instrument de travail qu'est le fameux *Vocabulaire technique et critique de la philosophie* qui s'est considérablement enflé à travers neuf éditions successives, dont la première, l'édition originale, a paru en fascicules dans le *Bulletin de la Société française de philosophie* de 1902 à 1923, et la neuvième et dernière, en 1962, aux Presses universitaires de France, sous la forme d'un très fort volume de près de 1400 pages.

Il est difficile d'imaginer du dehors quelle charge écrasante représente une entreprise dont l'ampleur n'a cessé de s'élargir et l'exécution de se préciser à travers les éditions successives. Entreprise collective sans doute, et menée sous l'égide et avec la participation de la *Société française de philosophie,* mais dont André Lalande, en particulier à partir de la lettre F, est devenu à peu près le seul directeur, et n'a cessé d'être le principal auteur. Il fallait pour cela qu'il consentît, avec un rare dévouement, le sacrifice d'une partie de sa propre production scientifique, et surtout qu'y voyant une application directe de ses propres idées philosophiques, il considérât le vocabulaire comme un instrument de son propre apostolat en faveur des claires ententes entre esprits sincères. Comment s'entendre en effet si l'on n'est pas au préalable assuré de mettre sous les mêmes mots les mêmes choses ? Lalande aimait à citer ce propos de Leibniz que « si les hommes s'entendaient avec précision pour définir ce dont ils parlent, presque toutes les discussions cesseraient ». Ainsi rêvait-il d'un vocabulaire aux définitions impeccables et aussi, à la suite encore de la caractéristique universelle de Leibniz, d'une langue internationale.

L'échec sur ce dernier point invite sans doute à faire retour sur le vocabulaire et à se demander —, en songeant en particulier aux développements récents de la science du langage —, si les rapports entre la pensée et le langage tels qu'on tend à les concevoir aujourd'hui permettent le genre d'assimilation que concevait Lalande. Si le langage est bien plus qu'un simple signe ou reflet de la pensée, mais lui est comme consubstantiel, et s'il n'y a pas que la seule poésie qui défie une traduction véritable, nous voici au seuil du royaume de la diversité.

Et puis les mots peuvent avoir aussi leurs maléfices, commandés par l'usage qui resserre ou qui rompt les attaches que leur impose tel ou tel contexte temporel. Lalande lui-même n'a-t-il pas été un peu victime de pareille aventure quand il a cru se libérer de la compromettante *dissolution* en lui substituant l'*involution* ? Entre temps il s'était passé que le mot *évolution,* s'étant à peu près libéré de son attache spencérienne, avait, par là-même, cessé de faire antithèse avec *dissolution* et se trouvait être désormais l'opposé de révolution. L'usage commun de la langue lui avait comme rendu son innocence de simple synonyme de transformation ou de changement ; cependant que, de son côté, le mot involution, non adopté par le langage commun, n'était pas généralement pensé en rapport d'antithèse avec Spencer. Il eût fallu, pour éviter la chose, que le nouveau livre non seulement n'évoquât plus le spectre de l'ancien, mais surtout qu'il eût un grand nombre de lecteurs. Mais il avait paru trop d'années après la bataille trop oubliée du public non initié : le vent du jour ne le portait donc pas pour enflammer un nouveau public. Je doute que Lalande s'en soit bien rendu compte, si j'en juge par tel propos désabusé, qui nous est révélé p. 28 de ce recueil, dans une notice introductive de son fils, et que j'arrive difficilement à concilier non seulement avec la si sereine bienveillance du Philosophe, mais aussi avec son sens si précis de la réalité. La surprise serait moindre si le propos en question ne se situait pas « après bien des années », mais datait par exemple de l'article de 1900 sur *Progrès et destruction* : au vif de la bataille le dialogue est assez naturellement militant et les positions durcies. Qu'on se rappelle le duel Tarde-Durkheim et l'exagération par celui-ci de l'extériorité du social, pour mieux réfuter des accusations elles-mêmes excessives.

Ce qui est sûr c'est que Lalande ne méritait pas d'être méconnu comme il a pu l'être après coup, et alors que, depuis longtemps, certains arguments un peu trop systématiquement poussés jusqu'à l'extrême utopie avaient laissé place à des positions plus mesurées.

Ce qui est sûr aussi, c'est que, d'une dernière et longue conversation, peu avant sa mort, et où il avait peine à se faire entendre, mais y réussissait cependant pour l'essentiel, j'ai gardé l'impression très nette que le Philosophe, dans sa sérénité suprême, n'évoquait pas sans regret le sacrifice que lui avait coûté le Vocabulaire.

Ce qu'il est juste, par dessus tout, de retenir du sacrifice de Lalande c'est que, pour tout autre que lui-même, ce sacrifice n'a été que pur profit. J'ai parlé de l'« *égoïsme maîtrisé* » comme condition de l'assimilation des esprits entre eux. Pouvait-on donc, mieux que Lalande, prêcher d'exemple ? Surtout que la prestigieuse clarté de son esprit s'alliait à l'étendue et à la diversité de son information — et je pense moins à la familiarité de cet agrégé et docteur ès lettres avec la physique, qu'à sa connaissance plus inattendue, du langage des techniques, et même des simples métiers, ce qui contribuait à armer, loin de l'écraser, cet étonnant professeur ! Quel ancien de ses auditeurs de lycée ou de faculté me démentirait ? Mais aussi pour combien, quelle grande inoubliable dette et qui ne s'étend pas moins, à travers précisément le dévorant Vocabulaire, à tous les curieux de philosophie et de précision, professeurs ou non.

⁂

Il y a des chances pour que mon âge fasse de moi l'un des rares survivants de ses khagneux du lycée Michelet, en l'an qui précéda son entrée en Sorbonne. Ce n'est donc pas en mon nom seulement que je veux une fois de plus apporter à la mémoire de mon cher ancien Maître le témoignage tout particulier de mon admiration. J'y voudrais joindre, par une « *assimilation* » qui s'imagine « *fondée* » en vertu d'une délégation rétroactive, l'admiration aussi de tous les anciens camarades lycéens dont les lèvres refermées gardent leur merci. Nul qui ne l'a éprouvé ne peut deviner avec quel art Lalande savait dissiper en nous les notions confuses, éveiller par des formules précises et frappantes tant d'adhésions latentes qui n'attendaient, pour se reconnaître elles-mêmes, que d'être libérées de l'illusoire impératif de définir tous les termes et de prouver toutes les propositions. Je répète non moins sincèrement ce que j'eus la joie de dire publiquement au nonagénaire lui-même. Et j'ajoutais, par l'organe toujours de la Revue des Deux Mondes : s'il fallait épuiser toutes nos dettes d'élèves, l'énumération, comme les mauvais raisonnements contre lesquels nous étions mis en garde, irait à l'infini.

J'arrêterai donc l'impossible énumération sur le rappel de mémorables explications de l'*Analytique transcendantale* dont l'invincible clarté, libérée de ces prudences qui confient l'exégèse des textes difficiles à la propre terminologie de l'auteur, — savait traduire Kant en langage actuel et dégager ainsi sa pensée encore vive. Assimilation une fois de plus !

Aujourd'hui, ce même ancien « Michelet » que je suis toujours, mais devenu ensuite le témoin permanent de la carrière de son Maître et à qui il doit que la sienne ait, en effet, traversé les mêmes étapes, à travers Sorbonne, Direction des études philosophiques, jury d'agrégation et Institut, — peut apporter à la mémoire de Lalande un complément plus concret. Ce document semble à sa place, dans le présent recueil, quoiqu'il ne s'agisse cette fois que de Lalande « presque » par lui-même. Je veux parler d'un gros cahier de notes fidèles, par moi prises au dernier cours de Lalande à Michelet, — document significatif par sa date, autant que par son contenu, et par la façon dont ce cours est construit ; on y rencontre, bien des années à l'avance, la méthode de l'induction sélective et de ses prélèvements. On y voit le caractère premièrement éthique, semble-t-il bien, de toute la construction, et, se dégageant, comme implication nécessaire de l'éthique, la fameuse logique normative. Celle-ci n'a jamais mieux manifesté sa portée et son originalité que dans l'article, à mon sens le chef-d'œuvre de Lalande, et qui contient, dans son raccourci, plus même que la *Raison et les Normes*. Cet article de 1929 que l'on retrouvera naturellement dans le présent recueil, s'intitule *Logique normative et vérités de fait*. Que chacun le lise ! Quant au gros cahier de cours, sans qu'il soit question de le résumer, je voudrais en donner une idée du moins ; car il me semble fournir plus d'un bon argument pour défendre Lalande contre plus d'un de ses critiques et peut-être aussi, au besoin, pour le défendre contre lui-même. J'ajoute qu'en y regardant d'un peu près, on trouve, non pas dans le cours seulement dont j'ai parlé, mais çà et là dans les ouvrages ou les articles proprement dits, telle note ou telle phrase qui, mise en lumière, offre un argument frappant pour réduire à une analogie moins stricte ce qui parfois semble associer de trop près la raison normative et la loi cosmique. N'en vient-on pas à se demander parfois de quel côté est la souveraineté. L'heure venue de conclure, nous retrouverons la question que Lalande lui-même — et l'on ne s'en étonnera point — n'a pas du tout cherché à esquiver.

Revenons donc en premier lieu au cours. Celui-ci commençait par traiter de la morale et par invoquer Wundt, pour postuler, avec lui, que la morale se distingue de toutes autres disciplines, plus ou moins voisines, par son caractère normatif. D'où cette première tâche : mettre en ordre les divers jugements normatifs pour dégager inductivement les caractères communs du Bien moral. Or c'est dans les philosophies que l'on a le plus de chances de rencontrer des jugements moraux compétents. Mais cette quête historique — et c'est l'important — n'aura rien de chronologique. Sélection méthodique n'est pas succession. Ainsi nous faisait-on rencontrer Bentham, Stuart Mill, Spencer, etc. avant Aristote, avant le christianisme et les stoïciens. On commençait par le moins riche butin.

L'insistance sur Aristote est particulièrement significative de l'association initiale entre éthique et rationalisme. Il faut, pour bien comprendre, évoquer l'habitude que nous avons admirée chez Lalande de prêcher d'exemple ; le professeur, en lui, pratiquait constamment, devant nous, le rappel de telles ou telles maximes qui en effet lui paraissaient — pour son dessein — particulièrement exemplaires. Je cite un peu au hasard tels de ces rappels oraux si fréquents au cours des leçons et que nous ne prenions même pas en note — les plus simples du moins : « Mieux vaut être un Spinoza tuberculeux qu'un Maurice de Saxe herculéen », — rappel typique de toute une famile de maximes, flottant ainsi dans l'atmosphère de la classe ; ou bien, en dehors de l'éthique, et comme type de cette clarté dont les exigences ne sont jamais trop satisfaites : « Si vous parlez de Bruxelles, n'oubliez pas de dire, à mi-voix, la capitale de la Belgique ».

Mais bien entendu ces adages faciles nous acheminaient vers de plus sérieux appels à la réflexion ; car notre course intemporelle à travers les systèmes de morale ne devait pas cesser de viser son but : repérer des accords qui puissent s'inscrire sur des lignes de convergence, sans que s'y distinguent éthique proprement dite de rationalisme axiologique. C'est déjà la préoccupation qui s'exprimera dans l'avant-propos des « *Illusions évolutionnistes* » : « Si je vois bien par où les philosophes s'opposent entre eux quand je me confine dans le monde philosophique, je suis surtout frappé de ce qu'ils ont de commun quand je les replace, tous ensemble, dans le monde total dont ils sont une petite partie. » Or Aristote, à cet égard, nous comble. L'Ethique à Nicomaque, habilement disséquée, nous livrait par exemple l'une de ces maximes-clés dont notre philosophe ne cessera plus de se servir « Ceux qui n'admettent pas que le Bien réside dans ce qui est unanimement désiré parlent vraiment pour ne rien dire, car *ce sur quoi tous sont d'accord, c'est celà que nous disons être,* et celui qui *repousserait pareille croyance* ne trouverait rien de plus vraisemblable à dire.

οἱ δ' ἐνιστάμενοι ὦς ὀυκ ἀγαθὸν οὗ πάντ' ἐφίεται μη οὐθὲν λέγωσιν ἅ γὰρ πᾶσι δοκεῖ ταῦτ' ενῖαι φαμέν · ὁ δ' ἀναιρῶν ταύτην τὴν πίστίν οὐ πάνυ πιστότερα ἐρεῖ ».

Ce texte valait d'être traduit mot à mot et transcrit en grec, tant il a d'importance, et tant de fois il a été répété par Lalande qui le considérait comme la première pierre sur laquelle serait bâti tout son édifice normatif. Il l'exprimait généralement en abrégé : ἅ γὰρ πᾶσι δοκεῖ, ταῦτ' εἶναι φαμέν c'est-à-dire, en termes simplifiés : « l'accord de tous est le signe du vrai », ajoutons — et tout autant du Bien — puisque c'est la méditation morale qui a fait surgir la révélation du vrai. D'où le rationalisme axiologique. Et puis on nous montrait qu'Aristote déjà, comme Lalande à sa suite, ne voyait dans ce critère de l'appréciation par « les compétents » aucun signe d'ontologie, mais seulement une hiérarchie qualitative saisie comme telle, (τ' ἀληθές αὐτῷ φαίνεται) si l'on veut. Et quoique plus aristotélicien que platonicien, notre Maître, sans cesse, utilisait cet autre adage, extrait du Timée qui évidemment peut servir d'enseigne à la philosophie de l'assimilation μυρίῳ κάλλιον ὅμοιον ἀνομοίου « le semblable est mille fois préférable au non semblable ». En face de pareil accord, si se dressait ce qu'il appelait un « *Si omnes ego non* », type Stirner ou type Nietzsche, il était voué au pilori.

Il fallait insister, je crois, sur ce départ très significatif. Je ne peux plus que survoler la suite du cours. Mais le point de départ, avec son renversement chronologique au profit de l'*Ursprung* et de la logique, était trop révélateur pour ne pas être souligné. Cependant préférer ainsi la démonstration rationnelle à la genèse selon le temps ne signifie pas que celle-là nous fasse toucher l'absolu. Citons un texte de 1907, repris presque dans les mêmes termes en 1948 *(Raison et normes)*. Le voici, pris en 1907 dans l'article sur une fausse exigence de la raison dans la méthode des sciences morales : « Demander qu'une science ou une démonstration soit rationnelle, ce n'est pas demander qu'elle s'adresse à un intellect pur, réduit à la seule faculté logique, et qu'elle arrive à lui imposer par une combinaison de concepts une réalité objective ou une obligation morale. Autant faire honte à un architecte de n'avoir pas creusé le sol jusqu'à un vide absolu où ses fondations tiennent par leurs propres moyens. » Certes nous ne pouvions pas en 1903-04 lire ces lignes de 1911. Mais imagerie à part — et celle-ci s'amplifiera en 1948 (*Raison et Normes,* p. 143) — notre cours nous avait, sur ce point, déjà révélé l'essentiel.

De la morale chrétienne il est « prélevé » davantage encore que de l'éthique aristotélicienne. Je trouve dans mes notes ce résumé qui a l'apparence d'avoir été dicté : La morale chrétienne telle qu'elle apparaît dans les Evangiles, est un des systèmes les plus solides et les plus cohérents. On ne peut, à ce point de vue, rapprocher d'elle que la morale de Spinoza. Nous voyons que toutes les morales, comme les utilitaires, qui *commencent par l'ordre naturel* et veulent arriver à l'*ordre intellectuel,* contiennent forcément un paralogisme. Eminemment intellectuelle, la morale chrétienne est sentimentale aussi, puisqu'elle fait appel à l'amour et à l'unité que favorise l'amour. Si bien qu'au terme de l'enquête, et quand viendra pour le cours le moment de formuler ce qui sera appelé la loi morale, la morale évangélique reparaîtra avec le précepte johannique (Jean XVII, 20-26) qu'après plus de 40 ans reprendra la *Raison et les normes* (pp. 222-223) : « que tous soient un comme toi, Père, tu es en moi et que je suis en toi. »

Ce que le cours appelle d'un mot la morale cartésienne englobe, — avec Descartes, — Malebranche, Spinoza et Leibniz. Ce dernier et Malebranche sont privilégiés comme théoriciens de la perfection et rapprochés de l'intellectualisme évangélique, alors que Spinoza qui était cité comme type de cohérence est ici écarté, malgré son idée de la *béatitude* et de l'*affranchissement,* mais en raison du panthéisme qui l'amène à louer la nature, alors que les autres cartésiens la combattent. Des cartésiens, au sens large de cette appellation, ce qui est donc retenu, c'est cet intellectualisme, armature en effet de la doctrine de Lalande.

Reste à scruter Kant avant d'être en mesure d'esquisser la « Solution du problème moral. »

L'importance de la rencontre avec Kant est, nous allons le voir, décisive. Elle nous place en effet à un véritable carrefour où se trouvent rassemblés, parce que déjà convergents, ceux des éléments que notre ample induction sélective avait, chemin faisant, entraînés à sa suite, tandis qu'elle laissait tomber ce qui semblait stérile. De ce carrefour précisément éclairé par la lumière kantienne, part la voie qui mène au cœur même de la doctrine de Lalande, de sa doctrine *purement philosophique,* c'est-à-dire réflexive et autonome, en tant qu'elle est rationalisme, à la fois éthique et axiologique, née dans la morale et de la morale, mais de telle sorte que son normativisme natif possède — nous allons voir comment — une puissance d'assimilation qui l'universalise.

Pareille puissance d'assimilation qui lui est propre, est l'essence même de la Raison, de la raison pure non moins que pratique. Lalande ne définit-il pas, en effet, dans l'un des présents articles, sa fameuse *Raison constituante* en l'appelant *Raison pure* pour la distinguer de la Raison *constituée,* laquelle se matérialise en codes naturellement variables, selon que change, au cours du temps, le monde qu'elle régit ; mais la variation dont il s'agit est orientée, et toujours sous la même impulsion autonome — et *opérationnelle,* pourrait-on dire, puisqu'il s'agit de l'exécution des directives constituantes. Que son mouvement vienne à côtoyer, en dehors d'elle, des mouvements analogues, de nature cosmique par exemple, cela peut suggérer des analogies, mais non un rapport de causalité. Comparaison n'est pas raison, même quand les apparences semblent inviter à le croire.

La cause, selon Lalande, est dominée par un jugement de valeur. Kant parle de sa « dignité » — Lalande est également d'accord avec Kant sur ce qu'il faut accorder à l'empirisme et sur ce qu'il faut lui refuser : utiliser ses services, dire non à ses prétentions. Plus d'accord aussi qu'on ne pourrait le croire avec Kant sur le rationalisme, si en effet l'un et l'autre refusent d'en faire un ontologisme, avec cette différence cependant que le *cours* n'acceptait pas de faire de la loi morale un formalisme sans contenu matériel, et que « l'hypothetico-déductif » y prenait la place du « categorico-déductif ». Mais ce qui est plus remarquable et que le cours de 1904 à Michelet indiquait, avec la même précision déjà que plus tard en 1948 (*Raison et Normes,* pp. 83 sq.), c'est l'importance, aux yeux de Lalande, d'une certaine note de la Préface de la *Critique de la raison pratique.*

La note en question répond, dit le texte de Kant, à « un critique digne de considération qui objectait que, dans les *Fondements de la métaphysique des mœurs,* le concept du bien n'avait pas été *établi* avant le principe moral ; et la note elle-même poursuit : « [le critique] a touché plus juste qu'il ne l'a peut-être pensé lui-même en disant qu'on n'y *établit* aucun principe nouveau, mais seulement une *formule nouvelle* de la moralité... comme si, avant lui, le monde avait été, à propos de la nature du devoir, dans une ignorance ou dans une erreur générale. Mais celui qui sait ce que signifie, pour le mathématicien, une *formule* qui détermine, d'une manière tout à fait exacte,... ce qu'il y a à faire pour résoudre un problème, ne regardera pas comme insignifiante et inutile une *formule* qui rend le même service pour tout devoir en général. »

Ce texte très important pour la suite de la pensée de Lalande se trouve déjà dans le cours, presque intégralement cité et brièvement commenté, pour faire comprendre qu'il y a en effet, supposées par tout exercice de la pensée, des affirmations postulées et mises au-dessus de la discussion. En ce qui concerne la morale, de telles affirmations ne sont donc ni à découvrir, ni à démontrer. Il s'agit seulement « de chercher une *formule* qui en ordonne toutes les appréciations » (*Raison et normes,* pp. 83 et 141). Précieuse caution kantienne que Lalande ne manquera pas de reprendre toutes les fois que de besoin.

Mais comment est-il permis de présupposer ainsi ce qui n'est rien moins qu'un ordre normatif ? Il y a donc des valeurs pratiquement *incontestées* ? Mais dira-t-on cette non-contestation n'est-elle pas elle-même un fait ? Les utilitaires eux-mêmes l'admettent, répond Lalande. Si oui, n'est-ce pas retour à la science des mœurs de Lévy-Bruhl ? Lalande ne cherche pas à esquiver la difficulté, même semble-t-il plutôt à l'accentuer, quand on l'entend citer le mot fameux de Poincaré : d'une majeure à l'indicatif on ne peut tirer une conclusion à l'impératif. Mais ce lui est justement au contraire l'occasion de nous révéler le cœur même de sa propre doctrine, avec cette assertion de si grande portée ; tandis que le droit ne peut résulter du fait, une assertion de fait peut résulter d'une règle de droit. D'où, sous une forme aussi générale que possible, cette audacieuse et féconde idée-force qui arme son triple-normativisme : c'est le fait qui, en vérité, n'est lui-même que *second,* car il *présuppose,* pour être connu *en tant que fait,* élevé, si l'on peut dire, à la *dignité de fait,* une logique normative seule capable de l'authentifier.

Ce sommet de la pensée de Lalande ne se profile pas sans doute explicitement dans le cours, mais il est aisé de l'y apercevoir précisément à propos de l'analogie indiquée avec le point de vue kantien. Je lis dans mon cahier cette phrase : Kant *prétend* bien *faire sortir* de *la seule affirmation* de l'*existence* du devoir la *formule* du devoir qui n'enveloppe aucune fin fournie par notre expérience et n'est liée qu'à notre liberté. La théorie de Lalande se précise davantage dès que l'on se réfère (p. 134 du présent recueil) à l'article de 1911 sur « *le parallélisme formel des sciences normatives* ». On y peut lire ces premières lignes audacieuses : « Par sciences normatives j'entends les recherches systématiques qui ont *pour matière non des faits,* mais des *jugements de valeur considérés comme tels* » ; ce qui veut dire, est-il ajouté « ne tirant pas d'une science étrangère leur caractère appréciatif ou impératif ». Une *science normative a donc quelque caractère de ce que Kant appelait une critique* si ce n'est qu'elle ne porte pas exclusivement sur des idées, mais tout au contraire réclame « une documentation expériencielle ». Et cette conclusion vigoureusement affirmée : « Je ne conteste donc nullement l'impossibilité de tirer jamais le droit du fait... mais il reste tout à fait légitime de tirer le droit du droit par l'intermédiaire du fait, de travailler par conséquent à introduire la preuve objectivement valable dans le domaine de la volonté. »

A quoi répond ailleurs, à propos de la vérité, une position analogue (Qu'est-ce que la vérité, 1927, ici p. 173) « Il en est de la vérité comme du devoir : il y a des affirmations vraies et fausses... nous sommes *parfaitement d'accord pour les distinguer.* C'est ce qu'il y a de fondé dans la doctrine de Spinoza : le vrai porte en lui-même la marque de sa vérité ». Ne reconnaît-on pas, fortifié évidemment par l'élaboration de Lalande, le ἃ γὰρ πᾶσι δοκεῖ d'où nous sommes partis avec Aristote ?

La position décisive et que j'ai plus haut indiquée comme le sommet, le caractère puissamment original s'exprime finalement, bien avant *la Raison et les normes,* dans le remarquable article que l'on lira ici p. 77 sous le titre « Logique normative et vérités de fait ».

De là se peuvent tirer toutes les conclusions si largement philosophiques qu'en a tirées l'auteur lui-même et qu'il serait aisé d'appliquer en outre à la justification de la légitimité. Il serait intéressant aussi d'en rapprocher l'esprit de théories kantiennes dont Lalande n'eut pas l'occasion de parler : par exemple du crédit fait à la « bonne volonté » qualifiée prospectivement de *péremptoire* pour un comportement qui, au moment où il s'exerce, ne peut être encore que *provisoire.* C'est la thèse du « comme si ». Mais ceci est une autre histoire. Ce serait celle du raisonnement grâce auquel Kant investit d'une légitimité à terme le premier occupant du sol et le premier détenteur d'autorité ; ce qui revient à établir rétroactivement une priorité du droit sur le fait, et, dans l'espèce, à consacrer, comme ferait un *a priori,* le caractère authentiquement normatif d'une simple déclaration subjective. Celle-ci se voyait privilégiée, en vertu de sa « *bonne volonté* ». Par cette expression rigoureusement kantienne, il faut entendre l'intention formelle de demeurer universalisable jusqu'à l'heure venue du premier « état civil », au sens de Rousseau. « *Ubi societas ibi jus* », dit l'adage latin, que l'on peut traduire : sans *obligation* pas de vie commune possible. Tel est le fondement en effet de la théorie du Droit de Kant. On sait que la raison normative de Lalande est, elle aussi, communautaire et égalitaire. Par des itinéraires un peu différents, moins compliqués chez Lalande, c'est bien le même but qui est atteint, dans le même esprit et la même atmosphère d'assimilation entre égaux et de libertés conciliées sous la même loi.

Tout cela construit et déduit, côté Lalande non moins que côté Kant, rationnellement, par réflexion critique, et sans appui extérieur — ni ontologique ni cosmologique — ; des deux côtés enfin, en partant de faits dont il faut trouver la formule explicative et justificative. Le paysage est bien celui d'un rationalisme critique attaché à l'objectivité.

Que l'on veuille bien se reporter à la définition de la « vraie critique philosophique », qui n'est pas, lisons-nous p. 22 *(Raison* et *normes)* de creuser jusqu'au vide, mais « consiste à s'interroger d'abord soi-même sérieusement sur ce que l'on admet comme vrai, et à ne recevoir comme tel que ce qu'il est impossible de rejeter sans des reproches secrets de la raison, puis de l'éprouver sur d'autres... C'est par ce *va et vient* que s'accroît la vérité commune ». A quoi le même livre ajoute (p. 52) « combien est grande la part de l'invention humaine. » Ce qui répond parfaitement à cette définition de la Raison constituante « qui ne consiste pas dans l'assertion d'un fait, mais dans la position d'une valeur. » D'où suit cette conséquence (*ibid.*, p. 130) : « Prouver rationnellement un jugement moral, c'est découvrir chez le douteur un jugement d'appréciation qu'il admet, et nous aussi, et, partant de là, lui faire prendre conscience de cette affirmation à laquelle il adhérait sans s'en douter. » Toujours le souci de « vérité bien assise ».

Les textes que je viens de citer à propos de la méthode de réflexion critique sont aussi significatifs que le caractère si constamment philosophique du *Cours* que nous avons parcouru, et qui est constamment resté plus que discret sur l'intervention du principe de dégradation de l'énergie.

Avant d'en tirer conclusion, référons-nous d'autre part au Discours prononcé par Lalande en décembre 1935, à la séance annuelle de notre Académie, dont il exerçait alors la présidence : « Ce que je veux opposer à la divinisation délirante de la lutte pour la vie, disait-il, c'est ce *renversement,* cette involution, caractéristique de l'humanité, par laquelle *on renonce à faire de son intérêt individuel le but* de sa vie pour se *consacrer...* à *une science ou à une justice* dans laquelle *viendront communier* un *nombre illimité* d'autres hommes. » Il ajoutait : « que, pour les individus, la satisfaction la plus profonde, la mieux *voulue pour elle-même,* c'est encore de *s'aimer* et de *s'unir* pour ce qu'ils ont de commun. » (les passages soulignés le sont par moi).

Or si nous jetons de nouveau les yeux sur la solution que le cours de 1904, à Michelet, proposait du problème moral, nous constatons qu'en voici les étapes : 1° la loi morale est le principe d'une classification des valeurs ; 2° l'intention est une valeur morale ; 3° l'existence réelle du mal est nécessaire à la moralité. Et ces étapes préalables conduisent à la formulation finale : « La matière de la moralité qui consiste dans l'assimilation des êtres intelligents, a pour premier degré la *justice* et comme second l'*amour* ». Puis la loi morale nous était ainsi énoncée : « Travailler à transformer, en soi-même et dans les autres, la solidarité naturelle fondée sur la différenciation des individus et l'équilibre des intérêts, en un *accord des esprits,* fondé sur une même *connaissance du vrai* et tendant à réaliser en eux une même personnalité. »

On voit donc la loi morale ainsi définie, comme sommet de cette philosophie rationaliste de la valeur, et au terme d'un itinéraire confié à la seule raison, c'est-à-dire à une raison maîtresse d'elle-même, sans recours à aucun appui extérieur à elle, ni ontologique, ni davantage cosmologique. La transcendance ontologique, sans être exclue, n'a pas été invoquée, la loi de dégradation de l'énergie pas davantage.

Mais reste à appliquer l'idéal et le cours ici ouvre une sorte de parenthèse où viennent s'insérer les dangereuses images de la « Dissolution » à la faveur de la recherche des moyens. Ceux-ci opèrent dans l'expérience bien entendu, c'est-à-dire dans un état social donné de solidarité naturelle que le « cours » définit comme le « contrepied » de l'assimilation, comme « l'antithèse » de l'unité et de l'universalité. D'où l'usage d'une stratégie qui prend pour mot d'ordre : « Tout progrès moral se lie à une forme de destruction », comme si nulle autre stratégie n'était possible.

La parenthèse fermée, le cours reprendra, pour définir dans une analyse très fouillée les diverses notions morales (vertu, justice, amour, responsabilité, dignité de la personne, etc...), son allure rationaliste et axiologique constante. Ce qui ne se fera pas tout de même sans la précaution de ne pas pousser la destruction jusqu'au bout de sa route qui serait le néant.

C'est pourquoi nihilisme et anarchie étaient fermement condamnés ; et surtout il était non moins fermement spécifié, au nom même « du *caractère essentiellement intellectualiste* de la morale, qu'on ne pouvait se désintéresser de la santé du corps où l'intelligence s'incarne, ni la personnalité morale songer à détruire l'individualité organique sur laquelle elle doit venir se greffer. D'où tout de même le respect de la vie, l'immoralité du suicide, et plus quotidiennement, l'intérêt de se mêler au train du monde, pour y faire le bien et ne pas craindre de « boire du vin avec les publicains ».

Préceptes de raison que tout cela en vérité, ce qui, chez Lalande, signifie préceptes de cette pure Raison constituante et dynamique que nous avons définie, et qui sont autre chose — ne faut-il pas l'avouer ? — que soumission, résignée ou même voulue, à une loi fatale de dégradation.

Ce doute ne peut pas en effet ne pas surgir, à l'heure maintenant venue de conclure. Ne serait-ce pas desservir la mémoire de Lalande que de passer craintivement sous silence des objections, non taries par l'abandon du mot « dissolution », et où il est difficile de ne voir qu'obstination ou préjugé. Peut-être peut-on trouver, d'ailleurs sous la plume de Lalande lui-même, la réponse à ces doutes et le moyen de le défendre contre les critiques, et pourquoi pas, au besoin, de le défendre contre lui-même en desserrant, comme je l'ai laissé pressentir, l'analogie proposée. Celle-ci ne risque-t-elle pas de sembler retourner simplement en faveur de l'involution la liaison condamnée par Lalande lui-même chez Spencer, et de méconnaître le conseil de prudence, donné par Louis de Broglie aux philosophes assez naturellement tentés de s'appuyer sur la science. Car la science ne parle pas en 1967 comme au temps où Lalande s'appuyait sur elle. Aujourd'hui même parle-t-elle le même langage à Copenhague et à Paris ?

Je n'ignore pas qu'en 1909-1910, dans l'article ici

recueilli sur la Raison constituante et la Raison constituée, on peut lire (ici p. 75) : « La raison *même* constituante correspond à une *forme de devenir spontané* dont l'importance est capitale dans la nature ; et si elle n'en représente pas aussi la forme opposée, c'est parce qu'alors les choses ne seraient plus qu'identité, c'est-à-dire ne seraient rien. » Mais outre que, à la même date, et quelques lignes plus haut, il y a une allusion à la grande chute de chaleur qui va du soleil à la terre, est-il certain que cette chute a bien, aux yeux de la science d'aujourd'hui, le même résultat exclusivement destructeur ?

Mais laissons ce secret à la science de demain et cherchons sous une plume plus tardive de Lalande (en 1948) une moindre assurance *(Raison* et *Normes).*

Nous remarquerons au bas de la page 19 une note qui n'est pas moins capitale que la fameuse note de la Préface de la Critique de la Raison pratique dont nous avons vu l'influence sur la pensée de Lalande. Le texte de 1948 a trait au devenir de la Raison et à ses transformations. De celles-ci il demande : « Pourquoi ne seraient-elles pas ordonnées en une série dont on pourrait assigner la direction *de même que* [soulignons fortement ce « de même que »] les réactions physiques, se font toujours en fin de compte, dans le sens d'une entropie croissante et d'une égalisation des énergies par rapport aux masses qui peuvent en échanger » ? On croira que rien n'est changé au langage de l'article de 1909-1910 ? C'est ici qu'intervient la note pour nous détromper. Lisons-la de près : « *Mutatis mutandis* » car *dans ce cas* il s'agit d'une *régularité physique,* et dans *l'autre* d'une *règle de droit* ». Voilà qui en dit long et oppose ce qu'il était question d'assimiler. Mutation, et grande, en vérité !

De même, portant notre attention sur la lettre à Henri Gouhier, ici publiée ; c'est Lalande lui-même qui, le 20 février 1934, voulant répondre à une question de son collègue où certes il ne voit pas un simple préjugé, écrit ceci : « Vous posez une *seconde question qui n'est pas sans me donner des scrupules* [souligné par moi] : l'assimilation physique est-elle bien de même nature que l'assimilation des esprits ? Il est difficile d'y répondre. *Non* [souligné par Lalande] sans doute *puisqu'elle n'a rien de libre* [souligné par moi] ; *oui* [souligné par Lalande] puisque toutes les deux sont des assimilations et manifestent une tendance. — N'est-il pas permis de considérer le *non* mieux justifié que le *oui* ? et plus loin n'est-on pas fortifié dans cette préférence par ce qui suit : « la *ressemblance — énigmatique, je l'ai toujours senti* — entre le passage de l'autre au même dans le domaine de l'esprit et dans celui des choses, qui, n'étant pas esprit, ne manifestent pas non plus, actuellement du moins, les propriétés de la vie ». Ces textes de Lalande, non sans doute les seuls, ne suffisent-ils pas à desserrer — c'est le moins qu'on puisse dire — l'analogie ? D'autre part si l'on en rapproche la critique d'un logicien, lui aussi, et méthodologiste scientifique, Robert Blanché, très sympathique, et au rationalisme et à l'axiologisme de Lalande, on est frappé d'une possibilité de conciliation, car Blanché semble prolonger, sans y viser, le dialogue Gouhier-Lalande. Jugeons-en : « S'il n'est pas douteux que l'idéal de concorde spirituelle, fondée sur l'assimilation des intelligences et des volontés, soit tout autre chose qu'un idéal nihiliste, il est certain aussi que, pour le bien marquer, il eût fallu, cette fois, résister à la tentation assimilatrice et accentuer au contraire les différences entre l'égalitarisme humanitaire et l'égalisation thermique, celle-ci se faisant au niveau le plus bas. » Et plus loin : « en lui-même le fait cosmologique ne pèse d'aucun poids sur la thèse normative qu'on se plait à lui associer. »

C'est cette fois beaucoup dire peut-être, dans ces deux dernières lignes, car heureusement desserrée l'analogie peut conserver quelque poids, si elle n'a plus la prétention d'être influence étroite et directe.

Cete réserve faite, je suis prêt à conclure avec R. Blanché : « Le cœur de la doctrine de Lalande n'est pas là. Pour lui, la supériorité du même sur l'autre est avant tout une vérité normative... La philosophie de l'assimilation a une valeur perdurable. »

Je m'arrête sur cette dernière phrase que je fais mienne. Et je propose deux lectures possibles de cette philosophie des valeurs que signifie si exactement le titre « La Raison et les normes », ne faisant, moi-même, entre ces deux lectures, en réalité complémentaires et non antithétiques, que cette différence, tout de même capitale, que la première que j'appellerai purement philosophique se soutient par elle-même, sans risque de se perdre, fût-elle privée de son appui cosmologique, peut-être branlant. La seconde est utile pour marquer que le souci de ne pas se couper de la science, en particulier physique, n'a jamais abandonné Lalande ; mais s'il y avait dans ce souci quelque chose de régulateur, cela n'empêcherait pas l'exposé philosophique de se soutenir jusqu'au bout avec une conséquence impressionnante au bénéfice de sa philosophie. La preuve n'en est-elle pas dans les restrictions que peu à peu il a apportées à l'étroitesse de l'association première entre cosmologie et axiologie ?

J'ajouterai un dernier mot qu'il faudrait évidemment pouvoir justifier. Je pars de la déclaration de Lalande lui-même dans son autobiographie : « En pensant à l'ensemble des phénomènes observables, je maperçus, *non sans surprise,* [souligné par moi] que si le monde biologique restait opposé à celui des valeurs humaines, il n'en était pas de même du monde physico-chimique, où régnait au contraire une marche à l'identité et à la symétrie, en sorte que toutes les réactions physiques spontanées allaient à diminuer les inégalités, à uniformiser la répartition de l'énergie par rapport aux masses. On avait donc ainsi un domaine de différenciation conforme à l'idéal évolutionniste, entre deux domaines où le mouvement naturel dans l'un, l'effort vers le mieux dans l'autre, se trouvaient dirigés en sens inverse du premier. Je remarquai *seulement bien plus tard* l'accord de cette vue des choses avec le schéma de Cournot. »

Or c'est primitivement la question morale qui l'avait amené à critiquer l'évolutionnisme. De là à penser qu'un système philosophique contraire à l'évolutionnisme serait d'accord avec la morale, il n'y avait qu'un pas. Or le pas franchi, la doctrine que Lalande allait — assez dangereusement — appeler « *involution* » se trouvait toute prête au rapprochement avec le monde de la dégradation de l'énergie. Là-dessus vient le secours un peu illusoire de Meyerson, puisque celui-ci, tout en attirant son ami vers l'explication de la nature par l'identité, l'arrêtait en route et récusait l'appellation « involutionniste ».

Que l'on se représente donc la pensée de Lalande

se développant nécessairement dans le monde de la vie, qui ne lui inspire que répulsion, depuis qu'il ne le voit qu'à travers Spencer, mais toujours mue par sa propre tendance profonde à l'unité. Comment s'étonner que pareille tendance, rencontrant la répulsion, rebondisse, pour ainsi dire, succombe à la tentation thermodynamique réputée l'ennemie de la vie et marie ainsi, sous l'imprudent nom commun d'involution, l'assimilation intellectuelle et la dégradation de l'énergie. Si le mariage réussit il ne sera pas incompatible avec l'hégémonie de la Raison constituante ; et Lalande pourra, recensant les thèmes majeurs de sa doctrine, citer en tête la Raison constituante avec son « existence distincte et ses droits, c'est-à-dire son aptitude à remplir les fonctions traditionnelles qui font appel à son autorité dans tous les domaines ».

A cette autorité de la Raison ainsi définie, la loi de dégradation pourra fournir appui, mais certainement pas porter ombrage. L'universalité de la méthode hypothético-déductive assurera la rigueur de ce que Lalande appelle l'insertion de sa philosophie sous le thème fondamental de la valeur du Même.

GEORGES DAVY,
de l'Institut.
Avril 1967.

I

LE PHILOSOPHE
VU ET DÉFINI PAR LUI-MÊME

L'INVOLUTION

Autobiographie philosophique [1]

A la rentrée de 1882, Emile Durkheim, au sortir de l'Ecole normale, fut nommé professeur au Lycée de Sens; j'eus la chance, l'année suivante, d'y commencer avec lui mes études philosophiques. Il était pénétré de kantisme — il l'est toujours resté — et c'était déjà un excellent professeur; mais son influence, bien qu'elle ait été grande, ne m'empêchait pas d'être profondément séduit par une philosophie alors en plein essor, que Ribot et Espinas avaient popularisée en France quelques années plus tôt : l'évolutionnisme spencérien. Cette doctrine se répandait à travers le monde, se combinait dans l'opinion publique à l'idée darwinienne de lutte universelle pour la vie et à l'idéal hégélien de totalitarisme (peu sympathiques à Spencer lui-même); mais, tandis qu'elle poursuivait sa pénétration dans l'inconscient de plusieurs générations, qui finissaient par en appliquer les principes sans le savoir et parfois même en parlant avec mépris de cette doctrine, la suite de mes études philosophiques, continuées à l'Ecole normale, sous la direction de Victor Brochard et d'Emile Boutroux, m'amena peu à peu à juger tout à fait fausse la vision du monde que dessinait ce monisme organiciste. La vision du monde : car, en ce qui concerne la position même du problème

1. *Les études philosophiques,* janvier-mars 1947.

philosophique, je n'ai jamais renoncé à croire qu'il consiste dans la recherche d'une synthèse plus critique, et d'un degré plus élevé que celle des sciences particulières, mais non d'une autre nature, et que toutes les soi-disant théories de la connaissance, les dialectiques, les prétendues nécessités logiques découvertes en se repliant sur soi-même, ne sont qu'un jeu scolaire sans portée humaine et sans solidité. C'est dans cet esprit que j'écrivis, à vingt-six ans, un volume de *Lectures sur la philosophie des sciences,* d'un type assez hybride, qui encadrait dans une suite d'études personnelles une collection de textes plus ou moins étendus empruntés à des savants ou à des philosophes d'esprit positif. Je dus beaucoup, pour ce travail, à mon cousin germain Henri Pellat, mon aîné de près de vingt ans, alors maître de conférences et plus tard professeur de physique à la Sorbonne, avec qui je travaillais dans son laboratoire, et dont la lucidité d'esprit, la culture mathématique et même l'habileté manuelle, me furent de précieux modèles. J'eus aussi l'avantage de fréquenter, par lui, plusieurs de ses collègues et amis de la Faculté des Sciences, qu'il m'a été très utile d'écouter, surtout dans leurs conversations.

Le même souci de vérité bien assise, qui me donnait tant de goût pour la physique, telle qu'elle était alors, m'avait conduit, d'autre part, à me préoccuper de la question morale. C'était l'époque où s'organisaient la « Ligue d'éducation morale », la « Société contre la mendicité des enfants » (qui sévissait alors au Quartier Latin) et d'autres activités du même genre. Réagissant contre l'évolutionnisme, je commençai une thèse de doctorat, qui devait être d'abord une critique de la morale spencérienne. Elle m'amena rapidement à découvrir que, dans le domaine de la vie intellectuelle et même esthétique, aussi bien qu'en éthique, la loi du passage de l'homogène à l'hétérogène, le prétendu progrès par différenciation et par intégration était à la fois en contradiction avec certaines évidences de la conscience contemporaine et impossible à faire cadrer avec l'histoire authentique des idées. Bien au contraire, ce qu'on y trouvait, c'était, avant tout, un progrès du divers au même, l'abandon de légendes variées et de théories hétéroclites au profit d'une vérité unique, valable pour les astronomes, les physiciens ou les biologistes de tout pays; d'autre part, l'accord sur les règles de conduite universalisables, se substituant au conflit chaotique des intentions individuelles ou des maximes locales; enfin, dans un autre domaine, l'effort vers un art capable de faire communier un public de plus en plus vaste, de moins en moins borné par le goût d'un peuple, d'une classe ou d'une époque. Ce mouvement était confirmé par nombre de faits historiques sur lesquels, semble-t-il, on fermait alors les yeux systématiquement : le passage des castes et de l'esclavage aux simples classes sociales, et même, dans celles-ci, l'effacement graduel des différences entre les niveaux de vie et les mœurs; la tendance à l'assimilation entre le rôle social des hommes et celui des femmes, celui des jeunes gens et celui des hommes mûrs; en un mot, un courant général de marche à la ressemblance en même temps qu'à l'autonomie des personnes, tout opposé à la prétendue loi générale de différenciation et d'intégration.

Mais, en pensant à l'ensemble des phénomènes observables, je m'aperçus, non sans surprise, que si le monde biologique restait en cela opposé à celui des valeurs humaines, il n'en était pas de même du monde physico-chimique, où régnait au contraire une marche à l'identité et à la symétrie, en sorte que toutes les réactions physiques spontanées allaient à diminuer les inégalités, à uniformiser la répartition de l'énergie par rapport aux masses. On avait donc ainsi, dans la série classique des sciences, un domaine de différenciation conforme à l'idéal évolutionniste, entre deux domaines où le mouvement naturel dans l'un, l'effort vers le mieux dans l'autre, se trouvaient dirigés en sens inverse du premier. Je remarquai seulement bien plus tard l'accord de cette vue des choses avec le schéma de Cournot : descente, puis remontée des sciences, dans l'ordre de l'intelligible, en passant par un point nodal.

Spencer avait appelé *dissolution* le mouvement contraire à l'évolution biologique par différenciation et intégration. Je gardai ce mot, bien à tort : d'abord, parce que celui d'*évolution* s'étant démesurément élargi, au point de s'appliquer à toute espèce de progrès, ou même de transformation, son opposé perdait son sens précis; et surtout, parce qu'il était associé à des idées de décomposition, de ruine, de conduite « dissolue », qui ne pouvaient que faire tort à l'idée. Et de fait, à la soutenance de cette thèse, qui avait fini par s'appeler *La Dissolution opposée à l'Evolution,* Espinas, tout en parlant de l'ouvrage d'une manière très bienveillante à certains égards, ajoutait d'un air un peu effrayé : « Mais on sent dans votre livre comme une odeur de cadavre... »

Tout cela pouvait sans doute être évité si, dès cette époque, j'avais dit *involution.* Mais il est vrai, cependant, que dans cette première rédaction, l'ouvrage mettait avec trop de force l'accent sur l'aspect destructeur de celle-ci : frappé du contraste entre le mouvement de la vie proprement dite et celui de la pensée — contraste si opposé à tout ce qui se disait autour de moi — j'étais porté à souligner surtout ce pouvoir dissolvant de l'esprit, son action d'arrêt sur ce que j'appelais l'élan vital [2], c'est-à-dire sur la nutrition, la reproduction et l'expansion des espèces. Si bien que, dans un article de la *Revue de Paris,* le savant sanscritisant Victor Henry se fit un plaisir de relever l'accord de cette nouvelle philosophie avec les enseignements du bouddhisme.

De là vint aussi l'article *Progrès et destruction,* que je donnai peu après à la *Revue philosophique* [3] pour séparer ma cause de l'anarchie et du nihilisme. Ce ne fut pas d'ailleurs avec un plein succès : car vingt ans plus tard, dans la *Lettre à M. Brunschvicg* [4], j'étais encore obligé de marquer avec insistance l'aspect positif de l'assimilation, et de répondre à ceux qui n'y voyaient que l'apothéose du néant.

Dans les années qui suivirent, j'essayai de travailler à faire progresser l'assimilation plutôt qu'à en prouver la valeur et la réalité historique. Remarquant combien de discussions oiseuses engendraient les divers sens des mots, j'eus l'idée qu'une Société de philosophes pourrait utilement constituer un *vocabulaire technique et critique,* étalant les ambiguïtés du langage philosophique et cherchant à y remédier. J'allai donc un jour voir notre cher Xavier Léon pour lui parler de ce projet. « Comment, me dit-il, vous avez déjà reçu ma lettre ? Je ne l'ai mise à la poste que ce matin. » Il m'y proposait justement, lui aussi, de constituer une Société de philosophie, mais surtout destinée à réunir savants et philosophes dans des discussions communes. Les deux projets pouvaient aisément se combiner; et dès lors commença le long

2. Non pas tout à fait, on le voit, au sens où Bergson, quelques années plus tard, a rendu célèbre cette expression dans *L'évolution créatrice.*

3. Mars 1900.

4. *Bulletin* de la Société de Philosophie, juillet 1921.

travail qui, publié pendant vingt-cinq ans par fascicules, aboutit aux deux gros volumes de 1926. On trouvera dans la Préface un exposé détaillé de la méthode suivie dans la constitution de cet ouvrage.

Le désir d'accord intellectuel, et la conviction qu'il suffisait de ne pas le redouter pour le trouver, m'engagèrent aussi dans une autre voie. C'était primitivement la question morale qui m'avait amené à la critique de l'évolutionnisme. Je crus m'apercevoir que les oppositions des philosophes sur ce sujet — oppositions sans cesse exploitées par leurs adversaires et par les immoralistes — étaient en grande partie factices. On insistait beaucoup sur les désaccords, particulièrement en matière de mœurs; on laissait dans l'ombre la vaste région des convergences. De là divers articles, l'un sur *Les principes universels de l'éducation morale*[5], un autre sur *La moralité et les formules morales*[6], un autre sur *Une exigence faussement tenue pour rationnelle dans la méthode des sciences morales*[7], et enfin un petit *Précis raisonné de morale pratique*[8]. Cette tentative ne souleva guère d'objections; mais, comme il arrive souvent en pareil cas, ceux qui aiment mieux discuter que conclure la laissèrent tranquillement de côté. Combien de fois a-t-on vu reparaître, dans des articles ou des livres publiés depuis cette époque, des affirmations ou des arguments qui y étaient réfutés par avance de la manière la moins contestable !

Se rattache encore à la même intention — on pourrait presque dire à la même campagne — un cours sur la Raison, sur ses variations et sur leur

5. *Revue de métaphysique et de morale*, mars 1901.
6. *Revue pédagogique*, janvier 1908.
7. *Revue de métaphysique et de morale*, janvier 1907.
8. In-12, Alcan, 1907; 3e édition, 1930.

sens, qui fut fait à la Sorbonne dans l'hiver 1909-1910 et qui proposait la distinction de la *Raison constituante* et de la *Raison constituée.* Il s'agissait de montrer que si l'on ne pouvait admettre un tableau éternel des catégories et des principes — l'évolution des principes rationnels était alors proclamée sous toutes les formes — ces variations n'étaient ni de purs accidents, ni la simple adaptation à un monde de réalités empiriques ayant leurs lois, mais un effort permanent dans un même sens, celui de l'identification. On reconnaît le thème essentiel de *La Dissolution;* mais on peut y retrouver aussi le jugement de valeur que portait Platon dans le *Timée,* tout contraire à l'apothéose de l'hétérogène : « Le semblable vaut mille fois mieux que le dissemblable. » Une analyse historique et critique des notions de temps, d'espace, de nombre, de cause, de raison suffisante, y aboutissait à cette même conclusion, jugée si paradoxale à ses débuts.

Elle l'était déjà sensiblement moins : car dans l'intervalle avaient paru, non seulement *Les idées égalitaires* de Bouglé, qui en confirmaient tout le côté sociologique, mais surtout la première de ces œuvres vigoureuses et décisives d'Emile Meyerson, qui ont si fortement marqué dans l'épistémologie : *Identité et Réalité.* Lui-même, malgré le puissant concours apporté par ses recherches à la preuve historique de l'assimilation[9], n'a jamais voulu se déclarer « involutionniste », au sens où ce mot impliquerait l'adhésion à un jugement de valeur prospectif. Il a même souligné quelquefois, avec un scrupule excessif, que sans doute cette norme avait toujours été la directive essentielle des savants, mais

9. Voir surtout *L'explication dans les sciences,* notamment ch. V et ch. XVII.

qu'après tout cela pouvait changer : « Seulement, ajoutait-il, s'ils venaient demain à en accepter une autre, il n'en resterait pas moins vrai qu'elle l'a toujours été jusqu'à présent. » Il est vrai que ses recherches ne concernaient directement que l'assimilation des choses entre elles; mais elles touchaient aussi, par moments, à l'assimilation des choses à l'esprit, et rendaient bien plausibles les autres formes de « marche à l'identité ».

C'est aussi vers la même époque que je donnai à la *Revue philosophique* une série d'études sur le Pragmatisme et ses formes si diverses, d'abord en vue de faire connaître en France ce mouvement d'esprit si intéressant, mais aussi pour en dégager la portée durable, et pour montrer qu'au fond, si l'action était nécessaire à la pensée, la norme de la vérité, de l'aveu plus ou moins implicite des pragmatistes eux-mêmes, reposait en définitive sur la concordance de ses résultats et sur l'accord entre les esprits. Une conférence faite à Genève et à Lausanne en 1926 : « Qu'est-ce que la vérité ? », résumait ces études, et diverses leçons faites à la Sorbonne sur cette question depuis une dizaine d'années; elle a été publiée par la *Revue de théologie et de philosophie* (de Lausanne) en 1927.

La question des valeurs, qui apparaissait ainsi en liaison étroite avec celle de l'involution, tendait par là à passer au premier plan. Déjà, dès la première édition des *Lectures sur la philosophie des sciences*, il s'y trouvait un chapitre — alors nouveau — sur les « Sciences normatives » et leur méthode. Il avait été complété plus tard par une communication au Congrès de Bologne sur *Le parallélisme formel des sciences normatives*. Cette question est reprise dans un petit livre, actuellement sous presse, *La Raison et les Normes*, dont elle forme l'un des chapitres.

Elle a également été à l'origine de *La Psychologie des jugements de valeur,* cours fait en 1929 en Egypte, à l'Université Fouad-Ier, où j'avais été appelé à enseigner peu après sa création, et qui l'a publié dans la collection de ses travaux. A cet ordre d'études se rattachent aussi *Logique normative et vérités de fait*[10], où j'ai essayé de combattre la routine qui traite la logique comme une science constative et de montrer combien de difficultés longtemps débattues s'évanouissent quand on commence par reconnaître qu'elle est une science de droit, conditionnant la notion même de fait ; *La mission de la philosophie dans notre temps*[11] et *Sur quelques préjugés qui s'opposent au développement des forces morales*[12], communications au Congrès de philosophie et au Congrès d'Education morale tenus respectivement à Prague et à Cracovie, en 1934.

A côté de ces recherches ou de ces exposés sur l'involution, je dois mentionner un ensemble de travaux parallèles, inspirés sans doute de la même conception, mais d'un caractère plus technique, on pourrait dire plus professionnel. L'organisation des études, à la Sorbonne, m'avait spécialisé à partir de 1906 dans l'enseignement de la Logique et de la Méthodologie des Sciences. J'y donnai un cours cyclique couvrant en quatre années le programme de cet enseignement — les sommaires en ont été publiés dans la *Revue de l'enseignement secondaire des jeunes filles*[13] — et j'y consacrai un certain nom-

10. *Revue philosophique*, mars 1929.

11. Publié dans les *Ricerche filosofiche*, 1935.

12. Publié aussi dans *L'Education morale*, mai 1935.

13. Une première fois, en 1931-1932; une seconde fois, avec quelques corrections et additions, dans les numéros du 15 avril, du 1er et du 15 mai 1935. — C'est par suite de mes fonctions à l'Ecole Normale Supérieure de Sèvres, où j'ai enseigné de 1901 à 1935, que la *Revue* avait été amenée à me demander ces sommaires.

bre de cours spéciaux, notamment *La recherche et la preuve* (1913-1914); *Les sciences normatives et les jugements de valeur* (1914-1915); *Les sciences de la nature et les sciences de la vie* (1915-1916); *La finalité* (1916-1917); *Les utopies et la méthode utopique* (1917-1918); *L'organisation et l'assimilation* (1918-1919). La plupart sont restés inédits et ne sont pas actuellement au point pour être publiés. Un autre, *Les théories de l'induction et de l'expérimentation* (1921-1922) a paru sous le même titre, en 1929, dans la « Bibliothèque de la Revue des cours et conférences ». Au même groupe de travaux se rattachent une étude sur *Les rapports de la logique et de la psychologie (Scientia,* 1916), *La psychologie, ses différents objets et ses méthodes,* contribution (et, dans la première édition, Introduction) au grand *Traité de Psychologie* publié sous la direction de Georges Dumas [14]; *Logique normative et vérités de fait,* dont j'ai déjà parlé; une communication au Congrès d'Oxford de 1906 : *Le formalisme et les valeurs logiques; Sciences physiques et sciences morales* (*Revue de synthèse,* 1931), et de nombreux comptes rendus critiques d'ouvrages de science ou de logique, publiés surtout dans la « Revue philosophique », notamment sur *Thought and Things, or Genetic Logic,* de J.-M. Baldwin; sur *La Logique d'Edmond Goblot,* à propos de laquelle, et en m'appuyant sur ses remarques, je proposais quelques rectifications à la logique traditionnelle; enfin sur celle de M. Marcel Boll, où étaient discutés, sous le titre *Logique et Logistique,* quelques-uns des problèmes que pose le mouvement actuel de la logique

14. Elle n'avait pas été jugée, par certains des collaborateurs, assez biologique ni assez naturiste pour rester la porte d'entrée de ce vaste édifice.

formelle vers la combinatoire, d'une part, et de l'autre vers le symbolisme.

En résumé, sur le thème fondamental de la valeur supérieure du *même*, et sur l'idée que le donné, c'est le divers, l'incoordonné, l'hétérogène, le variable, tandis que la norme est le semblable, l'universel, le permanent, les études dont il vient d'être question ont essayé de soutenir les thèses suivantes :

— l'existence distincte et les droits de la raison, c'est-à-dire son aptitude à remplir les fonctions traditionnelles qui font appel à son autorité, dans tous les domaines ;

— l'universalité de la méthode hypothético-déductive, qui repose sur la distinction entre les *principes*, points de départ choisis par l'esprit et justifiés par leurs conséquences, et les *fondements*, constitués par les propositions vraies, mais plus spéciales ou même singulières, immédiatement acceptées comme telles par tous ceux qui participent à la constitution ou à l'acquisition d'une même vérité, dans les sciences humaines aussi bien que dans les sciences physiques ;

— l'insertion de la philosophie dans cette situation fondamentale, et le caractère normatif des trois études qui en forment le centre : logique, esthétique et éthique, caractérisées par la détermination convergente de valeurs objectives ;

— l'opposition des deux relations souvent confondues sous le nom de « Société » : l'une, interdépendance réciproque d'êtres différents, spécialisés dans une sorte de superorganisme totalitaire ; l'autre, accord de pensée et de sentiment, communauté et fraternité ;

— la tendance régressive et les dangereuses équivoques enveloppées dans le culte contemporain de « la Vie » ; la réalité de l'*homo duplex :* l'opposition de la personne morale et de l'individualité biologique, solidaires en nous, mais définies, celle-ci par l'évolution différenciatrice, organisatrice et conquérante, celle-là par un effort dont la première étape est la paix et la justice, et dont la limite (si on veut l'envisager) serait la réalisation de l'Esprit unique, dans un monde qui nous est actuellement donné comme une poussière d'esprits.

Lettre écrite à M. Henri GOUHIER, Membre de l'Institut, le 20 février 1934

MON CHER COLLÈGUE ET AMI,

Merci pour l'article que vous avez eu l'amabilité de consacrer à mes livres dans la nouvelle *Revue d'histoire de la philosophie.* Je suis frappé de voir combien, tout en faisant vos réserves, vous êtes entré dans l'idée principale, et avec quel relief vous avez fait ressortir un lien philosophique entre ces différents travaux.

A la question : « Que devient l'individu dans cette marche à l'identité ? » j'ai essayé de donner une réponse en m'expliquant avec Arnold Reymond à la Société de philosophie; car c'était aussi sa principale préoccupation. Je ne me souviens pas si vous étiez à cette séance, mais vous avez sans doute lu le Bulletin. Lui ai-je, et vous ai-je donné satisfaction ? Il me semble que si l'on éclaircit bien les notions d'individu et de personne, le personnalisme n'a rien à craindre des « freins » par lesquels est enrayé ou même détruit « l'élan vital »...

Vous posez une seconde question qui n'est pas sans me donner des scrupules : l'assimilation physique est-elle bien de même nature que l'assimilation des esprits ? Il est difficile d'y répondre. *Non,* sans doute, puisqu'elle n'a rien de libre; *oui* puisque toutes les deux sont des assimilations et manifestent une tendance. A cet égard, j'aurais dû sérier autrement mon exposé, et commencer par l'ordre humain : l'intelligence, l'art, la moralité, l'effacement des différenciations (ou plutôt des différences) sociales originaires, de caractère vital et organique. Puis montrer que la vie proprement dite en est l'opposé, et non la préfiguration. Enfin, arriver à la physique, et constater la ressemblance — énigmatique, je l'ai toujours senti — entre le passage de l'Autre au Même dans le domaine de l'esprit et dans celui des choses qui, n'étant pas esprit, ne manifestent pas non plus, actuellement du moins, les propriétés de la vie. Remarquez que chez M. Bergson aussi, il existe une correspondance entre matière non-vivante et intelligence. Seulement, c'est pour les mettre l'une et l'autre au-dessous de la vie et de l'intuition.

Si une philosophie a le droit de se définir par ce qu'elle rejette, je ferais consister l'essentiel de l'involutionnisme dans la volonté de dire *non,* tout d'abord, aux doctrines de la concurrence vitale, pour qui les Etats doivent être impérialistes et les individus hommes de lutte, et qui veulent que l'éducation vise à faire des êtres « bien armés pour la vie » ;

— à celles qui admettent que tout progrès étant innovation, toute innovation est aussi progrès, et qu'avant tout *il faut faire du nouveau ;* devise connue des petits cénacles et des grands magasins, non des vrais savants et des philosophes;

— à celles qui nient la dualité humaine; mais aussi, en sens inverse, à celles qui pensent que chaque individu, par cela seul qu'il vit, a son message et sa fonction divine;

— aux Menenius Agrippa passés et présents, qui veulent nous faire croire qu'on s'aime vraiment en tant que coopérateurs différenciés, en tant qu'échangistes, comme dans le sympathique et absurde sonnet de Sully-Prudhomme...

Je serais tenté de continuer la liste de ces « incompatibilités », mais je ne voulais que vous remercier, et voilà que je vous adresse une épître interminable. Je souhaite qu'elle ne vous ait pas trop ennuyé, et je vous prie de croire à mes sentiments bien cordiaux.

Extrait de la notice d'André Lalande sur la vie et les travaux d'Alfred Espinas lue dans la séance du 24 janvier 1925 de l'Académie des Sciences Morales et Politiques

Après avoir suivi la formation de la pensée biologique d'Espinas, Lalande pose, pour en dégager l'esprit, cette question : « Est-ce à dire que pour Espinas la biologie engloutisse la psychologie et la sociologie ? »

C'est à cette question que répond d'abord l'extrait ci-après reproduit de sa notice sur Espinas :

A mesure qu'on s'élève dans la complexité des phénomènes, il devient de plus en plus impossible d'en négliger l'aspect psychologique. Les sociétés inférieures se constituent sous l'empire direct des besoins de nutrition ; dans les sociétés dont le lien principal est la reproduction apparaît déjà le rôle de l'idée et du sentiment... La famille psychologique n'y intervient qu'en tant qu'elle donne à ce penchant fondamental l'occasion de se manifester entre les petits nés d'un même couple. Et cet amour fraternel ne naît pas des liens du sang : un jeune d'une famille étrangère, élevé au milieu des autres, est traité par eux comme un frère. Souvent aussi on voit les mâles faire bande ensemble, les femelles de même. Qui se ressemble s'assemble : là est l'origine de la société proprement dite.

On voit à quel point la pensée d'Espinas, sur ce point, dépasse la conception biomorphique courante, — bien qu'il en ait toujours défendu vigoureusement le principe — et combien il se rapproche des penseurs qu'on se plaît souvent à lui opposer, et auxquels son caractère assez entier l'a conduit à s'opposer lui-même. Est-ce Tarde, est-ce Espinas qui a écrit cette phrase, en parlant du sentiment de la fraternité humaine : « Ce sentiment exquis et puissant est la douceur même de la vie sociale, son charme et sa magie propres, le seul contrepoids à tous ses inconvénients... Si cet unique avantage avait cessé un jour de se montrer dans une société, elle fut tombée aussitôt en poussière » ? C'est Tarde, dans ses belles *Lois de l'imitation*. Mais ouvrez *les Sociétés animales* et vous lirez : « Ces associations (dues à l'intérêt) sont le plus souvent temporaires, partielles, incomplètes ; et là où la sympathie est impossible, *là où elle ne vient pas corriger par ses charmes désintéressés* la rigueur du calcul utilitaire... le plus fort finit toujours par se subordonner le plus faible et par abuser de lui. » Il n'y a plus société, mais exploitation : « Au fond de tout commerce auquel la sympathie ne mêle pas sa douceur, il y a un antagonisme latent. »

A coup sûr, un accord si frappant entre deux pensées si différentes est un grand argument de vérité. Mais faut-il conclure que toute difficulté est aplanie ? Pourrons-nous donner raison à l'un et à l'autre, hors de cette région où ils se rencontrent d'une manière si caractéristique ? Il est trop évident que c'est impossible, si l'on se place au point de vue historique : en avant comme en arrière, les deux routes ont divergé. Partons donc plutôt de ce point commun, et voyons ce qu'il implique en dehors de toute doctrine préconçue, sans nous dissimuler que nous allons nous écarter à la fois de certaines thèses, opposées entre elles, et qu'ils ont soutenues, l'un, en vertu de son individualisme, l'autre, au contraire, en raison de son respect pour la division du travail et l'organisation.

S'il est vrai que la sympathie est le lien social par excellence, la qualité fondamentale à laquelle elle s'attache sera donc la valeur supérieure. Or, cette qualité est la ressemblance, ou, si l'on nous permet un terme fort abstrait, mais classique, le *même*, en tant qu'il s'oppose à l'*autre*. C'est déjà ce que disait Platon : Μυρίῳ κάλλιον ὅμοιον ἀνομοίου. Trois voies convergentes, pour ne rien dire des sentiers secondaires, mènent à cette grande pensée : l'une est morale et sociale, et nous venons de la suivre, sans peut-être en marquer tous les alentours : car, à côté de la morale de la sympathie, la morale de la raison invoque le même postulat. Cette joie de l'identité qu'expriment naïvement les jeux gracieux des hirondelles, nous la retrouvons dans l'idéal presque mystique d'un Aristote, pour qui la vertu suprême est cette unité parfaite que peut seule réaliser intégralement la pensée de la pensée; dans la morale stoïcienne, qui fait reposer l'amitié des sages sur leur commune sagesse, et qui leur propose pour fin de s'assimiler tous à Dieu; mieux encore, dans la règle chrétienne qui nous enseigne non seulement à aimer notre prochain comme nous-même — l'Ancien Testament l'avait déjà dit — mais précisément à comprendre sous ce nom de *prochain*, non pas nos proches selon la chair, mais tous les hommes de bonne volonté : le prochain reste toujours le semblable, mais le domaine de cette similitude est étendu à l'infini. Et c'est encore ce qu'on retrouve dans la sévère formule d'un Kant, pour qui le devoir se détermine par l'universalité. Tandis que les *indi-*

vidus s'opposent par leurs différences, et s'organisent en se complétant, les *personnes morales* se rapprochent par la communauté de leur idéal, et tendent, suivant l'émouvante parole de l'Evangile, à être consommées en un. — Mais ce que nous venons de dire de la morale, nous pourrions le répéter de la science. Assimiler les esprits entre eux, en substituant au chaos des opinions individuelles l'unité conquise de la vérité ; découvrir en même temps par où les choses se ressemblent, dissoudre les différences apparentes de la sensation, retrouver le même sous l'autre ; enfin assimiler les choses à l'esprit en découvrant le biais par où le mouvement des phénomènes est identique au mouvement de la pensée, partir de l'observation donnée pour aboutir à l'observation prévue — voilà quelles sont les démarches essentielles de la connaissance vraie : et l'on sait à quel point d'illustres travaux contemporains, qui ne visaient aucunement à confirmer cette philosophie, sont venus cependant lui apporter en divers sens des témoignages concordants. — Enfin la beauté s'alimente de cette même sympathie, qui assimile l'artiste à tout ce qu'il perçoit, qui fait imiter et sentir au peintre, dans tout son organisme, la souplesse du saule ou l'élancement du peuplier, pour qu'à son tour il évoque cette même correspondance dans l'âme et le corps de ceux qui verront son œuvre et qui seront capables de la comprendre. Assimilation, réalisation du même à travers les discordances, les luttes, les différenciations de la vie, voilà donc le principe commun de la sociabilité morale, qu'expriment, sous des aspects divers, la justice, la charité, la science, l'art, la religion, en un mot toute l'activité spirituelle.

Mais il se produit entre les êtres un *autre genre* de liaison sociale, dont l'existence fut précisément pour Espinas la grande difficulté philosophique : car son monisme et sa croyance à l'unité de la nature l'ont toujours écarté de la solution qui peut seule faire disparaître la contradiction dans la philosophie en reconnaissant un dualisme ou un pluralisme dans les choses. Les êtres semblables s'unissent pour le plaisir de sentir leur similitude et de la développer; pour eux, le lien social est un effort vers l'identité, cette identité où le mystique se plonge, et qui l'absorbe dans l'unité divine. Mais il est pour les individus une manière toute différente, contraire même, de s'attacher l'un à l'autre : non plus cette fois en vertu de leurs ressemblances et par amour, mais par suite de leurs différences et de l'utilité qu'ils en tirent. C'est la société des membres et de l'estomac, des fournisseurs et des clients, des patrons et des ouvriers, en un mot des organes différenciés, intégrés, dont l'interdépendance se réalise sous la forme la plus nette dans les organismes biologiques, tout faits de division du travail et de spécialisation. Comme l'ont vu de grands naturalistes, auxquels a malheureusement échappé l'aspect contraire de la nature, cette autre société est essentiellement antagonisme et équilibre de forces en conflit. Ses effets éclatent autour de nous dans la lutte pour la vie, les rivalités d'ambition, les guerres, la recherche du bénéfice économique, de l'enrichissement et du pouvoir individuels. Lien social sans doute, mais contraire au premier dans tous ses caractères et dans son action sur les êtres qu'il rapproche. Ici, les individus n'ont plus de valeur que comme instruments de l'ensemble, qui seul est vraiment une fin, — en attendant qu'il devienne lui-même l'organe d'un être plus gigantesque. L'idéal de la *totalité* se substitue à celui de la *communauté ;* l'idéal du producteur ou du commerçant, spécialisés dans leur fonction, à celui de l'esprit fait à l'image des autres esprits, reflet ou ébauche d'un esprit universel. Dans les *Sociétés animales,* Espinas avait cru pouvoir identifier complètement l'une et l'autre : la société spirituelle, pour lui, sortirait tout naturellement de la société des éléments histologiques et des organes différenciés, ou même, comme le croyait encore Durkheim au début de sa carrière, elle ne serait qu'un sous-produit de cette différenciation biologique qui impose à chaque participant une fonction particulière. Toute sa défiance du platonisme et du christianisme, toute la profonde influence qu'il avait subie de Spencer, l'engageaient dans ce monisme biomorphique auquel, en principe, il n'a jamais renoncé. Et cependant sa grande bonne foi, jointe à l'effet de ses réflexions, l'a conduit à des réserves, voire même, sur un point, à l'abandon d'une de ses formules : dans *Etre ou ne pas être,* il renonce à appeler du même nom les organismes animaux et les sociétés humaines proprement dites, qu'il en distinguait d'ailleurs nettement dès 1877, nous l'avons vu, en insistant sur leur caractère psychologique et conscient[1]. Mais en diminuant ainsi l'unité philosophique de son organicisme, il entendait ne rien abandonner de son évolutionnisme. Il n'a jamais admis qu'on pût reconnaître dans les choses un conflit de

1. *Être ou ne pas être,* « Revue philosophique », 1901, I, notamment, p. 465. Il ajoute aussitôt après : « Mais après avoir montré la démarcation entre le sociologique et le biologique, nous devrons montrer le rapport étroit qui les unit. Ce lien, c'est la famille. » *Ibid.*, p. 466. « L'âme sociale se manifeste dans toute sa puissance incoercible et atteste la réalité, le caractère naturel, les profondes racines biologiques... de la nation. » *Ibid.*, p. 471. Le rôle croissant qu'il accorde à la famille dans la société — la différence est sensible à cet égard entre *Être ou ne pas être* et les *Sociétés animales* — vient peut-être d'un besoin de compenser l'atténuation qu'il apportait d'autre part à sa thèse primitive.

tendances contraires ; c'était, pour lui, recourir à une intervention surnaturelle qui rendrait la science impossible : « Peu importe, m'écrivait-il en 1899, que l'esprit soit pour vous un groupe de phénomènes : si ce groupe a une loi fondamentale, opposée à celle de tous les autres, ou du moins de ceux qui l'avoisinent du plus près [2], alors il sort de la nature, et il ne faut plus parler de positivisme. » Derrière le dualisme, il croyait voir la croyance à l'indéterminé, au miracle, toute une conspiration du spiritualisme cousinien, du renouviérisme, du fidéisme, qui lui semblait menacer la raison et la science. — S'il eût mieux connu les générations nouvelles, il se fût aperçu que le plus grand ennemi de la pensée libre, et même de l'esprit, ce n'est pas une croyance métaphysique ou religieuse quelconque, mais précisément cet organicisme qui tend à faire de chaque individu l'instrument docile d'un corps social, dont le triomphe devient la seule règle de foi.

2. Les phénomènes biologiques. La réserve vient de ce qu'il avait été, peu de temps auparavant, un des examinateurs de ma thèse, qu'il avait lue avec l'attention qu'il apportait à tout son travail : j'y opposais le mouvement d'assimilation et de dissolution qui domine dans les phénomènes *physiques* et *psychologiques*, au mouvement ou à la loi d'évolution par différenciation, qui domine dans ceux de la *biologie*.

Extrait d'une lettre d'André LALANDE à Maurice BLONDEL du 19 août 1922 concernant plusieurs mots du « Vocabulaire technique et critique de la Philosophie »

Dans votre commentaire sur le mot *vie*, vous vous attachez à ce qui atténue la différence entre la vie physique et la vie spirituelle; à ce qui en efface l'opposition ; tout mon effort avait été au contraire, dans mon article, de lutter contre cette assimilation — assimilation constante chez ceux qui divinisent la vie, à la manière de Nietzsche, de Guyau, de tous les naturistes... En tout cas, n'est-ce pas dépasser votre sentiment que d'écrire comme vous le faites : « On ne peut dire qu'il y ait opposition entre le sens biologique et le sens spirituel du mot » ?

Extrait de la réponse du 23 août 1922, de Maurice BLONDEL à André LALANDE

5° Sur le sens de la *Vie,* nous avons je crois tous les deux raison, diversement raison. Autant que vous j'ai horreur des confusions de sens et des interprétations naturistes, qui par une extrapolation sophistique, rabaisseraient les formes les plus hautes de la vie à ce monisme que vous appelez justement malsain et purement imaginatif. Comme vous également j'estime que bien souvent un même mot couvre des idées très hétérogènes.... Toutefois, il ne faudrait pas non plus méconnaître les dérivations normales qui obéissent à une logique subconsciente ou qui traduisent la loi réelle des êtres... Si l'on approfondit l'idée même de vie, on est amené à voir que dès ses formes rudimentaires elle est suspendue à une Pensée en acte, que ce n'est pas la vie qui explique et réalise la pensée, mais que c'est la pensée qui rend compte de la vie, qui en est l'ébauche et la condition, mais non la cause et l'actuation pleine. Autant donc il me paraît opportun et salutaire de montrer qu'au sens brut la vie biologique est pure adaptation immanente de l'être organisé au milieu cosmique selon des fonctions spécifiquement déterminées et en équilibre toujours instable et modifiable, autant il me semble vrai et fécond de noter que cette incommensurabilité ne constitue pas une « opposition », qu'entre les divers emplois du mot vie il n'y a pas seulement une rencontre fortuite destituée de toute relation réelle, et qu'il faut, pour éviter les confusions, rompre toute continuité, comme s'il s'agissait de notions qui n'ont aucune relation réelle [1].

Extrait d'une lettre d'André LALANDE à Maurice BLONDEL du 3 mars 1934

J'ai lu tout de suite l'Introduction de *La Pensée* et les notes qui s'y rapportent. Tout cela m'a charmé par ce qu'il y a de libre, de concret, de personnel dans votre manière de proposer vos réflexions. Oui, il faut envoyer promener les vieux cadres scolaires

1. Voir dans le *Vocabulaire de la Philosophie* (pp. 1204 à 1209 de la 9e édition) la note de Maurice Blondel et les remarques dont, après avoir pris son accord, André Lalande les a fait suivre.

de la prétendue « Théorie de la connaissance », prendre son point d'appui sur des vérités solides, banales, actives, ces « laissés pour compte », comme vous dites, dédaignés par la *nobilis philosophia* — on pourrait dire aussi : la pierre rejetée par les architectes. Mais cela suffira-t-il pour justifier, autrement que comme une belle espérance, cette attente « immuable et inlassable » de l'unité parfaite entre la pensée et son objet, « la possibilité, l'ébauche, la promesse en voie de réalisation de cette union entre l'intelligible et l'intelligence » ? Je n'ai pas besoin de vous dire combien je le souhaiterais; mais les raisons d'espérer sont aussi des raisons de craindre : on croit ce que l'on souhaite ; et pourtant le désir, le besoin même de manger ne donnent pas de pain.

Supprimer l'irrationnel comme on supprime les boucles et les nœuds d'un peloton de ficelle bien débrouillé, quelle tentation ! Mais à quel prix ? Certaines de vos expressions m'inquiètent : vous pensez que la vie, « la vie dans sa croissance organique », est capable de synthétiser, de résoudre ces points de vue que l'intelligence oppose. Le point qui m'a toujours arrêté devant le bergsonisme, si plein de vérités et même de grandes vérités, c'est la divinisation de l'*élan vital*... Le culte de la vie me paraît le πρῶτον ψεῦδος de notre époque, la source de la plupart des maux politiques et sociaux dont nous souffrons.

LA MARCHE VERS L'IDENTIQUE CONDUIRAIT-ELLE LE MONDE AU NÉANT ?

André Lalande déplorait les malentendus suscités par le mot « dissolution », qu'il avait employé dans sa thèse de doctorat, pour l'opposer à évolution, au lieu du mot « involution » que la Sorbonne d'alors avait jugé trop inusité pour une thèse. Dissolution, cela faisait songer à une sorte d'évanouissement progressif de toute réalité. Des contradicteurs voyaient le processus d'involution aboutir à une homogénéité totale et ainsi, selon eux, au néant.

Bien qu'André Lalande en eût combattu l'idée, celle-ci réapparaissait de temps à autre, peut-être entretenue par des philosophes qui croyaient trop au rôle de la Vie, des individualités fortes, des esprits dominants, pour admettre que le progrès dût toujours se faire dans le sens de l'assimilation, de la substitution du même au divers, sur le plan social comme sur le plan intellectuel. Il s'en préoccupait encore à la fin de sa vie, regrettant de ne pas avoir fait rééditer *Les Illusions Evolutionnistes*, auxquelles il aurait donné sur quelques points un texte plus explicite. « Dans cet essai sur l'accroissement et sur la valeur des similitudes », écrivait-il, « ceux qui le mentionnent cesseront-ils de voir, les uns une apologie de la destruction et de la mort, les autres une exhortation au nivellement, à la suppression de toute différence ? »

Il avait pourtant exposé déjà, et à plusieurs reprises, que l'aboutissement au néant, ou à une telle uniformité qu'elle n'en vaudrait guère mieux, n'était pas fatalement impliqué par le processus d'involution, même au bout de millénaires. De ces passages, importants pour bien comprendre sa pensée et pour mettre fin à des préjugés, nous réunissons ici les principaux.

Le premier est extrait d'un article (mars 1900) de la *Revue philosophique* intitulé « Progrès et destruction ».

« Dans les objections qui m'ont été verbalement adressées au sujet de *La Dissolution*, comme dans la critique qu'en a faite ici même M. Paulhan, un point commun consiste à penser que mettre le Bien dans l'assimilation, c'est s'engager dans la voie du néant, et à la limite, le considérer comme la seule perfection.

» En effet, qui entretient et renouvelle sans cesse les différences, soit animales, soit humaines, soit sociales, sinon les forces vitales en lutte qui provoquent la sélection, s'appuient sur l'hérédité, et finalement tendent sans cesse à faire un monde plus organisé et plus divers ? Au-dessous de l'homme, dans le domaine des purs instincts végétatifs, nutritifs ou reproducteurs, ce sont elles qui ont créé, nous n'en doutons guère depuis Darwin, la riche multiplicité des formes biologiques, la scandaleuse inégalité des vivants, l'exploitation et la mangerie universelle des plus faibles par les mieux armés. Si donc, par quelque procédé que ce soit, nous ruinons la vie, soit dans les individus, soit dans les sociétés, nous ne détruirons jamais qu'une chose mauvaise.

Je remarque en premier lieu qu'il ne saurait être question d'anéantir une partie seulement de la vie : rien que l'humanité, par exemple, ou rien que la faune et la flore terrestres. Car on s'expose à ramener par là le monde à un degré inférieur de son progrès. C'est ce qui arriverait visiblement si les nations les plus civilisées poussaient la culture jusqu'à épuiser en elles les sources de la vie...

» Supposons qu'en éteignant l'intelligence nous puissions faire du même coup qu'il n'y ait plus *rien*. Est-ce réalisable, même théoriquement ? C'est douteux. Serait-ce souhaitable au nom des principes dont nous sommes partis ? Non. Car ce qui est bon pour nous est apparu comme une égalisation et là où rien n'existe, rien ne peut plus être en voie de s'égaliser... C'est en posant l'homme, c'est-à-dire la réalité et l'union d'une pensée et d'un objet ayant l'un et l'autre une part au moins de fixité, que nous apercevons dans leurs changements un mieux ou un pire. Hors de là, plus de jugement d'appréciation : le néant total n'est donc susceptible de qualification normative que par un faux passage à la limite, semblable à ce sophisme, bien connu des mathématiciens, par lequel on démontre que la demi-circonférence est égale au diamètre...

» Mais l'idéal vers lequel nous marchons par cette dissolution n'est-il pas une imperceptibilité croissante et par conséquent, à la limite, le néant même de ce qui est objet de perception ? Sans doute ; mais d'abord, cette matière de la sensation peut décroître indéfiniment sans jamais s'annuler ; l'égalisation mécanique marche d'autant plus lentement qu'elle est plus avancée ; elle est peut-être asymptote à la ligne du temps.

» D'autre part, quand même nous nous accorderions de considérer la limite idéale où le sensible deviendrait nul, comment prouver que la sensation est le seul mode d'existence qui convienne à des esprits ? Nous ne savons pas quelles virtualités se cachent derrière les quelques idées conscientes qui se jouent à la surface de notre pensée. Comment un poisson comprendrait-il la vie sans eau, la respiration sans branchies ? Et cependant il est vraisemblable que les animaux terrestres dérivent d'animaux marins. Rien n'empêche donc qu'il y ait un état de l'esprit dont nous ne pouvons nous faire une idée claire aujourd'hui, mais qui serait quelque chose comme la pensée pure du Dieu d'Aristote. L'intelligence n'était pas supprimée chez Plotin en état d'ὑπερνόησις, ou chez les mystiques en extase. Je reconnais que je ne puis pas réaliser cette manière de penser, quelques essais que je fasse pour m'en rendre compte ; j'accorderai donc volontiers qu'elle n'est pas praticable par la moyenne de l'humanité, ni même des philosophes tels qu'ils existent actuellement. Mais on ne peut aller jusqu'à dire qu'elle n'existe pas, et qu'il est impossible de concevoir un progrès de l'intelligence qui en élimine par degré la sensation.

» Mais là n'est pas l'argument le plus probant et le plus solide. La vérité est qu'il est contraire à une bonne méthode de s'engager sur ce terrain. On s'y perd dans les hypothèses, toutes séduisantes, toutes incertaines, et l'on prête le flanc aux objections très fortes du positivisme contre ceux qui veulent résoudre les questions d'origine ou de fin. La morale doit prendre pied *in medias res*, comme la physique qui se constitue par la construction rationnelle des données sensibles, renonçant à définir l'essence de la matière, et la cause première du mouvement vers lesquelles elle s'était d'abord élancée.

» C'est donc mal poser le problème que de se demander où nous allons ; la question est de savoir *dans quel sens* nous avançons. Car lors même que le but serait défini, il ne justifierait pas la marche, qui suppose aussi le point le départ, et la route, et les muscles de l'homme qui va. De même l'observation, qui nous révèle la liaison du progrès et de la désintégration, paraît aussi nous montrer que l'exercice intérieur et graduel de la dissolution possède une vertu que la destruction violente ne réalise pas. Il faut prendre ces résultats en eux-mêmes et ne pas essayer d'épuiser l'idée morale par une formule du souverain bien, qui ne contiendrait que la dissolution au détriment de l'intelligence concrète, ou l'intelligence au détriment de la dissolution. C'est une idée d'adolescence que de chercher un dernier mot des choses qui porterait d'un seul coup la pensée au terme de son développement, et permettrait de mesurer le progrès par la distance restant à parcourir. Il en est sans doute du meilleur et du pire, comme du grand et du petit, qui suffisent à se déterminer l'un l'autre sans passer par l'intermédiaire d'un étalon subsistant en soi. Il me semble même que vouloir apprécier les choses non par leurs caractères différentiels, mais par leur comparaison à un absolu, c'est rester sous la suggestion de l'objectivisme et du finitisme grecs, qui ne comprennent le mouvement que vers un but posé d'avance et déjà réalisé quelque part, au moins dans la conscience claire de l'agent. Ce ne serait pas la peine de nous être affranchis de cette limitation dans les autres sciences, si nous en exceptions la morale et si nous réclamions pour elle le ruineux privilège de définir *hic et nunc* une certaine perfection finale dès aujourd'hui descriptible, après laquelle il n'y aurait plus qu'à se croiser les bras. »

⁂

A la suite d'une communication de Léon Brunschvicg à la Société Française de Philosophie, en 1921, André Lalande lui écrivit une lettre extrêmement intéressante sur la loi qui régit le mouvement propre de la raison. Avant de clore sa lettre, il y réfute, avec de nouveaux arguments, l'objection que si le développement de l'esprit est une marche à l'identité, la limite à laquelle celui-ci tend serait l'homogénéité absolue et que l'homogénéité absolue serait le néant.

« Je réponds d'abord que ce mouvement peut continuer indéfiniment sans se perdre dans l'indéterminé, tout comme la série décimale qui représente les nombres e ou π, laquelle marche toujours vers sa limite sans l'atteindre. Ainsi nous aurions devant nous une possibilité indéfinie de progrès finis, et pourtant reconnaissables pour tels par notre conscience, en vertu de sa loi intérieure. A cette question que vous posiez : l'intelligence est-elle capable de comprendre ? c'est-à-dire de tout comprendre (*tout* en compréhension, ou mieux *n'importe quoi;* et *tout,* non d'un coup, mais graduellement), il faudra donc répondre : oui, comme vous le faites; encore qu'à mon sens ce ne soit pas précisément par le biais indiqué, et qui consiste à rechercher la totalité plutôt que la similitude : substitution qui atténue trop les faits réels de l'histoire des sciences, et qui me paraît avoir son origine dans l'apparence étrange, inquiétante, que présente au premier coup d'œil un idéal scientifique où comprendre, c'est assimiler, alors qu'assimiler, c'est dissoudre.

» Mais on peut donner une seconde réponse, moins pragmatique, à cette inquiétude de l'anéantissement. Mettons les choses au pis. Prenons un être qui nous observe du dehors, et pour qui cette assimilation, indéfinie pour nous, pourrait atteindre son terme, de même qu'Achille rattrape la tortue par une somme infinie de progrès infinitésimaux : pourquoi la disparition de ce qui s'atténue sans cesse n'aboutirait-elle pas à faire surgir un ordre supérieur de réalité, dont la position de notre analyse nous exclut actuellement ? Imaginez un triangle équilatéral, dont les côtés se dédoubleraient indéfiniment, tantôt sur un point, tantôt sur un autre, mais toujours suivant une loi telle que les nouveaux côtés et les nouveaux angles appartiennent à l'un des polygones réguliers qui peuvent dériver de ce triangle primitif. Supposons que des éléments aient conscience d'eux-mêmes et de leurs changements. Admettons enfin que le rythme en soit tel que, pour un spectateur qui les contemple, ils doivent atteindre leur limite en un temps fini. — Ce polygone en devenir ne sait vers quoi il tend : il ne connaît que la loi de son développement interne. A chaque progrès qui se réalise sur tel ou tel de ses points, c'est un côté qui se dédouble, et se dédouble encore, si bien que ses fragments tendent chacun vers zéro; c'est un angle qui s'ouvre davantage, dont les côtés diminuent, et qui comprend qu'à la limite il perdra, et son sommet individuel, et son caractère angulaire, qui sont pour lui tout son être. Ainsi, du dedans, ce polygone en travail croirait marcher au néant par la dissolution de tous ses éléments constitutifs. — Mais le géomètre qui le verrait ainsi se transformer dans l'infini du temps n'aurait point d'inquiétude à son sujet, et connaissant cette limite qu'il ignore, il attendrait sans crainte le moment où tous ces côtés et tous ces angles évanescents s'anéantiraient, en même temps que la durée propre mesurée à leur horloge intérieure, — parce qu'ils seraient transfigurés en un *cercle*. Alors serait réalisé, d'une manière impossible à préfigurer pour une intelligence essentiellement polygonale, l'ordre supérieur vers lequel ils tendaient cependant. Sans doute, cet ordre se réalise par leur disparition individuelle. Mais on voit combien cette disparition est différente de celle qui aurait lieu si côtés et angles étaient purement et simplement supprimés, ce qui ne laisserait subsister aucune figure, comme un coup d'éponge sur le tableau noir. »

⁂

La thèse de doctorat d'André Lalande avait paru en librairie sous le titre : « La dissolution opposée à l'évolution dans les sciences physiques et morales ». Elle fut rééditée en 1930 avec un nouveau titre, *Les Illusions Evolutionnistes,* d'où était écarté le mot « dissolution », et un texte allégé en certains points mais complété sur d'autres et en particulier, au chapitre sur l'involution principe directeur de l'action, dans le passage suivant :

« Contrairement à l'évolution, l'assimilation ne rencontre pas de limites dans la nature des choses. *Elle pourrait* se poursuivre jusqu'à l'épuisement de toutes les différences qui forment un objet de connaissances et d'action. Elle offre donc à l'esprit un champ immense, infini peut-être, où ne se rencontre pas de contradiction, où chaque progrès, loin d'enrayer et de rendre finalement impossible le progrès ultérieur — comme dans la vie la vieillesse et la mort — facilite la marche en avant et s'accorde avec tout ce qui l'a précédé.

» Dira-t-on que si l'univers est limité, nous marchons tout simplement au néant ?

» D'abord, même dans ce cas, il se peut très bien qu'on y marche en asymptote; et comme nous devenons en toutes choses plus sensibles aux nuances à mesure que nous sommes débarrassés des oppositions plus grossières, on conçoit que notre activité spirituelle puisse trouver indéfiniment devant elle une matière analogue à celle qu'elle élabore actuellement. Mais admettons qu'on puisse effectivement atteindre la limite. Ce sera le « néant » si l'on veut, mais le néant de quoi ? De cela seulement que nous avons toujours travaillé à détruire. Le néant est un obstacle quand il est contradiction, c'est-à-dire quand il est l'anéantissement de ce à quoi l'agent consacre ses efforts : ainsi le néant final de l'individu, inévitable, condamne l'individualisme égoïste. Mais quand il est la disparition de ce qu'on travaille à épuiser, y aboutir est le succès même. Un ouvrier qui polit un verre s'afflige-t-il d'en voir les aspérités tomber à néant ? Et si la glace, une fois montée, est si plane qu'on ne la voit même pas et que la baie qu'elle occupe semble vide, l'ouvrier ne méritera-t-il pas d'être loué de son travail ?

» Dira-t-on que la disparition de la différence serait un néant absolu ? Mais dans l'ordre physique lui-même il existe des invariants. A la limite, si on nous donne le droit de la considérer, ils seront donc encore tout ce qu'ils étaient aujourd'hui. On conçoit un monde où chaque chose ayant trouvé son équilibre et sa place définitive, toute monade, toute conscience serait absorbée dans la contemplation de son état et de la perfection immuable des relations qu'elle soutient avec la totalité de l'univers. On a parfois quelque expérience d'un sentiment de ce genre, momentané, en face de certains aspects particulièrement achevés de l'art ou de la nature, qui donnent l'impression d'un ordre absolu... Un tel univers ne serait plus sans doute un objet de sensation. Mais la sensation est-elle la seule réalité ? On peut contester que nous possédions actuellement une pensée pure, dégagée des sens, mais non que les religions et les philosophies en aient conçu la possibilité et l'aient même affirmée comme la forme la plus parfaite de notre réalisation intellectuelle.

» Au reste nous n'avons guère à nous inquiéter de savoir comment nous nous trouverons de cet espèce de jugement dernier, si tel est l'état final vers lequel tend l'Esprit : les différences à dissoudre ne sont pas près de nous faire défaut. Il est nécessaire de s'arrêter quelques instants sur les réserves : elles sont, en effet, dans toute formule générale, la partie à laquelle d'ordinaire on accorde le moins d'attention. ... Faire progresser l'involution... fournit une orientation générale de la vie, de même qu'un phare aperçu dans le lointain fournit un alignement au navigateur qui veut marcher vers le port. » Mais il est souvent impossible d'y aller directement sans heurter le navire contre des écueils. « L'homme, la société, sont composés de tendances contraires, équilibrées en proportions variables... » Aussi serait-il dangereux de croire à une morale pratique immuable ou de faire d'un total et constant renoncement sa règle de conduite [1].

***

L'idée d'une marche inévitable vers le néant est de nouveau combattue dans *La Raison et les Normes.* D'abord dans le chapitre III, p. 70. « Cette image d'un néant final a souvent été agitée comme un épouvantail en face de notre tendance rationnelle à l'identification... »

Mais nous n'en reproduisons pas ici le texte parce qu'il reprend l'essentiel de la lettre adressée à Léon Brunschvicg, notamment l'image si frappante d'un polygone dont les côtés iraient en se dédoublant toujours, et l'affirmation d'un « ordre supérieur ».

Cet « *ordre supérieur* », valeur éminente, retrouve, de ce fait, un écho, à la fin du livre quand est présenté le tableau des valeurs et de leur parallélisme auquel on sait à quel point tenait Lalande. Aux trois valeurs parallèles peut-il en ajouter une 4e, l'Amour ? ou considérer que l'amour en figure le sommet ?

Ecoutons donc Lalande (*ibid.*, p. 221).

« L'amour présenté par M. Le Senne comme une quatrième valeur, parallèle aux précédentes, n'est pas véritablement dans le même plan que celles-ci. Il serait impossible de trouver dans les jugements ou les problèmes qui s'y rapportent une correspondance terme à terme comme toutes celles que nous venons de relever. Au reste, ne dit-il pas que l'amour

[1] *Les illusions évolutionnistes,* pp. 430 et s.

est l'esprit lui-même, et qu'il se manifeste en pénétrant de sa couleur émotionnelle toutes les autres valeurs ? S'il était nécessaire de lui faire une place dans le tableau de celles-ci — après l'avoir dégagé soigneusement de toutes les équivoques que glisse sous ce mot l'usage ordinaire, et même celui des Philosophes — c'est donc au principe même de la Raison constituante que nous devrions le rattacher : car le seul vrai et grand amour, le seul qui soit authentiquement une valeur, c'est de se réjouir du bonheur d'autrui comme du sien propre, et pour aller plus loin encore, c'est l'aspiration à ne faire qu'un. C'est par là seulement que se trouve sublimé, dans toute l'affectivité moderne, le simple instinct biologique qui rapproche les sexes : à son degré le plus humble, il se poétise et se moralise par l'idée de dévouement, par la joie profonde de se découvrir semblables dans ses goûts ou sa volonté [3] ; plus haut, il tend à l'identification si puissamment exprimée dans *Seraphita,* il conduit à rêver de " mourir ensemble " ; et pour aller jusqu'au plus extrême accomplissement métaphysique, on peut rappeler ici les admirables versets de l'évangile johannique : " Ce n'est pas seulement pour mes disciples que je prie, mais aussi pour ceux qui croiront en moi par leur parole : que tous soient un, comme toi, Père, tu es en moi, et que je suis en toi... " (JEAN XVII, 20-26) [4]. »

2. « Et, se souvenant d'Ioné, il lui parut qu'il l'aimait absolument et tout entière, comme jamais il ne l'avait aimée, parce que leurs âmes étaient pleines d'un même amour. » André Lichtenberger, *La mort de Corinthe.*

3. *La raison et les normes,* 2e édition, pp. 221 et s. Il est à remarquer que A. Lalande n'était pas un athée. Certes, il n'estimait pas possible de s'engager dans des discussions et des affirmations vers ce qui n'était pas du domaine de la raison, mais il s'affirmait en communion d'esprit avec l'Eglise chrétienne.

RAISON CONSTITUANTE ET RAISON CONSTITUÉE [1]

Dans toute question philosophique qui n'est pas purement verbale, on doit pouvoir reconnaître les intérêts, non pas seulement intellectuels mais affectifs et actifs qui en ont soutenu la discussion. Quand on parle de la raison, et que l'on voit s'opposer des partisans de l'*a priori* et des empiristes, des défenseurs et des contempteurs du rationnel, il y a lieu de se demander d'une part de quoi ils parlent, et si c'est bien du même sujet qu'ils affirment des thèses opposées ; — de l'autre, ce qui les anime et quelles tendances sont en jeu dans ces théories. Autrement dit, pourquoi les grands rationalistes stoïciens, cartésiens, kantiens, ont-ils défendu l'existence de la raison contre l'épicurisme, le « sensationnisme », le scepticisme, adversaire ou allié de la foi ? Quelle est, comme aimait à dire William James, la valeur monnayable de leur doctrine ?

Sans entrer dans l'analyse proprement sémantique du terme « raison », remarquons seulement qu'il est pris en deux grandes acceptions générales : 1° En tant que faculté de l'esprit humain, plus ou moins largement conçue ; 2° En tant qu'objet de connais-

1. Extrait de la leçon d'ouverture et conclusions d'un cours sur *la Raison et les principes rationnels*, professé à la Sorbonne en 1909-1910, par André Lalande et publié dans la *Revue des cours et conférences*, 15 avril 1925 et 30 avril 1925.

sance, comme lorsqu'on parle de la « raison » d'une progression, qui en est le principe générateur ; de la « raison des choses », qui permet de les comprendre ; des « raisons » d'un acte ou d'une théorie, qui permettent de les justifier. Nous laisserons ici de côté cette seconde série de sens, auxquels s'appliqueront d'ailleurs indirectement plusieurs des remarques que nous aurons à faire au sujet de la première.

Il semble qu'il y ait une bien grande différence entre ceux qui s'attachent à la raison comme à une réalité impersonnelle, révélatrice de l'absolu, qui en font comme Sénèque « pars divini spiritus in corpus humanum mersa », ou comme les grands philosophes chrétiens « la lumière qui éclaire tout homme venant en ce monde », et ceux qui n'y voient, comme Kant, qu'une structure de l'intelligence humaine, dont la seule fonction légitime, du moins dans l'ordre théorique, est la systématisation de l'expérience. A côté de ces différences, il me semble cependant apercevoir de grands intérêts communs, qu'on peut exprimer dans les thèses suivantes.

Tout d'abord, *l'homme est double.* Il a une nature inférieure semblable à celle des autres animaux et une nature supérieure, qui est sa vraie différence spécifique au milieu d'eux, et qui exprime sa participation à un nouvel ordre de valeurs. L'homme, considéré comme la suite et le plus haut degré d'évolution des êtres vivants, plus perfectionné, mais n'ayant point d'autres fins que les fins biologiques; l'esprit considéré comme étant dans son fond un instrument vital, voilà en première ligne ce que rejettent les défenseurs de la raison. L'individu, pour eux, se distingue nettement de la personne morale : en tant que différents des autres hommes, numériquement et qualitativement, sanguins ou nerveux, irritables ou placides, ressentant plus ou moins l'instinct de conservation et l'impulsion sexuelle ; en tant qu'adaptés à la division du travail, à une organisation économique et sociale qui rappelle celle des membres et de l'estomac, nous sommes des individus, nous entretenons et nous défendons notre individualité. Mais pour celui qui admet la raison, nous sommes aussi quelque chose d'autre et de plus, qu'il s'agit de préciser, et qui fait de nous des *personnes.*

Ce qui est vrai de la nature des hommes l'est encore plus de leur action. Toutes les doctrines rationalistes sont caractérisées par le fait de concevoir la raison comme une fonction normative, qui *juge* et qui *prescrit.* C'est le νοῦς pour Aristote, qui est à la fois « ce qui vaut le plus en nous », et ce qui nous révèle la hiérarchie des formes qui sont en même temps des fins. — Plus net encore est ce caractère chez les partisans de la « raison impersonnelle », au moment où le rationalisme classique atteint son apogée. « L'entendement, dit Bossuet, est la lumière que Dieu nous a donnée pour nous conduire. On lui donne divers noms : en tant qu'il invente et qu'il pénètre, il s'appelle esprit ; en tant qu'il juge et qu'il dirige au vrai et au bien, il s'appelle raison et jugement [2]. »

Malebranche s'adresse à elle comme au maître intérieur qui nous apprend comment agir : « Je vous rends grâce, dit-il, *ma raison et ma lumière,* de toutes les vérités que vous m'avez enseignées... Continuez, je vous prie, de m'instruire... En quoi consiste le bonheur ? Quel est celui de qui je peux l'espérer et que dois-je faire pour l'obtenir [3] ? » Mais

2. *Connaissance de Dieu et de soi-même,* ch. I, § 7.
3. *Méditations chrétiennes,* X, 1.

Kant, qui a tant réduit la portée métaphysique de la raison, ou pour mieux dire sa portée ontologique, n'est pas moins affirmatif que Bossuet, Fénelon ou Malebranche sur sa valeur pratique : c'est d'elle que viennent toutes les règles de conduite morale qui s'opposent à la dispersion et à l'hétéronomie de la sensibilité et de l'instinct. « Le règne animal, dit de même Renouvier, est essentiellement celui de la lutte et de la fatalité, et l'homme y tient par ses racines, y plonge par ses besoins. Au contraire, le règne de la raison est celui de l'ordre et de l'harmonie réalisés par la liberté[4]. »

Ainsi, existence en l'homme d'une nature supérieure et d'une nature inférieure, droit de prépondérance de la première sur la seconde, voilà les deux premières affirmations positives qui sont impliquées dans la croyance à la Raison. Faut-il dire aussi que celle-ci est seule créatrice de valeurs ? Non peut-être : mais cependant les autres ne sont reconnues que par elle. Même pour croire de foi religieuse, il faut des raisons de croire. C'est ce qu'ont affirmé saint Thomas, Bossuet, Malebranche, Leibniz, qui répond au disciple de Locke : « Je vous applaudis fort, Monsieur, lorsque vous voulez que la foi soit fondée en raison : sans cela, pourquoi préférerions-nous la Bible à l'Alcoran[5] ? » — et c'est ce qui a fait l'objet de la condamnation portée à diverses reprises par l'autorité catholique contre les « fidéistes » ou les « traditionalistes ».

D'autre part, la Raison est une législation théorique et pratique, immédiatement connue de chacun, et qui n'est autre que le lien social : « Eademque natura, *vi rationis,* dit Cicéron, hominem conciliat

4. *Science de la morale,* livre I et ch. X.
5. *Nouveaux essais,* éd. Jamet, I, 461.

homini et ad orationis et ad vitæ societatem[6]. » On la possède en soi ; mais un autre exemplaire semblable en est inscrit dans la conscience de chacun des autres hommes, et malgré les trahisons accidentelles de la mauvaise foi ou de la passion, on peut en général y faire appel avec succès, comme à un code qui nous départage. Ceux mêmes qui savent au fond qu'ils s'en écartent s'efforcent de lui rendre hommage en apparence, ne fût-ce qu'en donnant de « mauvaises raisons ». Il est infiniment rare qu'on refuse nettement de s'y rendre ; chacun veut au moins faire croire qu'il pense avoir la raison pour soi. Elle a par conséquent une existence *sui generis*, celle d'une autorité judiciaire à la fois intérieure et uniforme. Et c'est là une des choses qu'on veut dire quand on défend l'existence de la raison contre le scepticisme, l'individualisme radical, ou le sentimentalisme. Est-elle une Table de la Loi, dictée par un législateur personnel, conscient et réfléchi ? Est-elle la mère de la Cité, comme le pensait Cicéron, ou sa fille, comme l'ont dit les sociologues modernes ? C'est à discuter. Ces différentes conceptions s'accordent en tout cas à lui reconnaître ce caractère de communauté, d'universalité, qui a conduit à la faire entrer par excellence dans la définition de l'homme animal raisonnable autant qu'animal politique.

De plus la Raison est corrélative de la réalité ; elle en énonce les principes. Admettre le rationalisme, c'est admettre qu'il y a correspondance entre le système d'axiomes, que chacun de nous aperçoit plus ou moins clairement en lui-même, mais avec évidence, et les conditions d'existence du « réel » qui dépasse son individualité et qui est pour lui objet

6. Cicéron, *De officiis*, I, 4.

d'expérience. Ici encore, l'explication de cette correspondance, et des anticipations qu'elle permet peut être très différente : ce sera le reflet de la pensée créatrice des choses, communiquée à nos âmes par le Créateur, comme l'horaire d'un grand réseau est à la fois remis aux agents qui régleront la marche des trains et au public des voyageurs qui en useront ; — ou bien ce sera une fonction purement humaine, qui organisera la représentation et y imprimera ses caractères, comme une machine à faire le papier détermine par sa structure et ses dimensions, la largeur, l'épaisseur, les vergeures, les filigranes de la feuille qu'elle fabrique. — Peu importe, car tout cela n'est qu'hypothèse plus ou moins satisfaisante, peut-être même image symbolique, pour justifier ce fait actuel : que la raison prévoit et comprend l'expérience, et que le fonctionnement de la pensée n'est pas un pur empirisme. Et d'ailleurs l'empirisme lui-même ne fait-il pas sans cesse un effort pour passer de l'induction de fait à l'induction de droit ?

Enfin, si l'on définit Dieu l'esprit universel, le juge suprême entre les individus, l'auteur des lois de la nature, la raison est la présence en nous du divin. Même Kant, dont la critique sur « l'Idéal de la Raison pure » a souvent été jugée si dangereuse pour la religion, n'en a pas moins fini par établir dans ses postulats de la Raison pratique la liaison de ces deux idées. Il est vrai, d'autre part, que « rationalisme » a souvent été entendu comme synonyme d'irréligion, ou du moins comme impliquant le rejet de toute intuition ou de toute révélation qui dépasse ses principes. Cournot se défend d'être rationaliste, en ce sens qu'il se déclare persuadé, autant que qui que ce soit, de l'insuffisance pratique de la raison. Brunetière écrit que le fidéisme et le rationalisme sont deux hérésies contradictoires qu'on ne peut combattre par les mêmes moyens[7]. Mais c'est là un sens très spécial et propre aux controverses théologiques à peu près comme cette autre acception du même mot qui désigne l'idéalisme absolu, d'après lequel « il n'y a point de données vraiment empiriques, point d'irrationnel dans notre connaissance, mais tout peut en droit se déduire *a priori* des principes nécessaires qui constituent la nature de la pensée[8] ». — Disons, si l'on veut, pour ne rien exagérer, que ceux qui admettent la Raison, mais écartent l'idée de Dieu, transfèrent à celle-là, comme dans le culte révolutionnaire, tous les caractères essentiels que la tradition attribuait à celle-ci.

***

Telles sont les thèses pratiques, réelles, qui font l'intérêt d'une doctrine de la Raison, dégagée des subtilités verbales et inextricables où se perd toujours la soi-disant « théorie de la connaissance ». Ces thèses sont-elles vraies ? Trois grandes voies ont été tentées pour en faire la preuve : démontrer l'universalité, ou l'innéité, ou la nécessité *a priori* des « principes rationnels », ou comme on dit encore, des « principes directeurs de la connaissance ».

On fait d'abord un appel à l'expérience de ce qui se rencontre dans l'esprit de tous les hommes. C'est l'argument du consentement universel, *consensus omnium populorum :* « Nulla est gens tam fera quæ deos non agnoscat[9]. » Les grands rationalistes du XVIIe siècle insistent sur ce fait, qu'on retrouve à

7. Cournot, *Essai*, préface ; Brunetière, *Les raisons actuelles de croire*, p. 15.

8. Navelle, *Logique de l'hypothèse*, p. 19 ; Eucken, *Les grands courants de la pensée contemporaine*, trad. fr., p. 115, etc.

9. Cicéron.

la Chine et au Japon, dans le Mexique, et dans le Pérou, les mêmes principes de raison qui nous guident, et sans lesquels on ne serait jamais parvenu à comprendre le langage de ces pays lointains, à entrer en relations avec leurs habitants. — L'argument est aujourd'hui très décrié. Peut-être l'est-il trop. Cependant, il n'est pas soutenable si l'on veut le prendre au pied de la lettre. Il y a des transformations de la raison, qu'on peut constater dans l'histoire; et une partie importante du travail de ce cours sera précisément de les analyser. Il en est de même, si l'on observe les peuples non civilisés, comme le montre M. Lévy-Bruhl en étudiant *Les fonctions mentales dans les sociétés inférieures*[10]. Pour lui, certains d'entre eux ne posséderaient même pas le principe de contradiction. C'est peut-être aller bien loin. Mais on ne saurait en tout cas, et nous y reviendrons en détail, leur attribuer les mêmes idées de temps et d'espace, les mêmes principes de causalité ou de substance que nous trouvons chez nos compatriotes contemporains.

On a essayé d'autre part de prouver *l'innéité* de ces principes, comme Platon dans le *Ménon,* ou comme les cartésiens. Si la raison est l'expression d'une réalité supérieure, on doit la trouver toute faite dès qu'on pense. « La plupart des hommes, a-t-on dit, raisonnent plus ou mieux à douze ans qu'à cinquante. » Ici encore, il y a du vrai. Mais comment distinguer dans cette fonction logique, l'inné de l'acquis ? L'éducation commence dès la naissance, et même auparavant. Nous ne saurions renouveler sur les principes rationnels l'expérience

10. [Publié en décembre 1909, quelques jours avant la présente leçon. Il y aurait lieu d'y ajouter maintenant *La mentalité primitive.*]

de Psammétique. De plus, dans la mesure où cette idée d'innéité a un sens, l'inné dépasse de beaucoup le rationnel. Il y a de l'inné dans la structure organique, dans les mouvements, dans les sensations. Des enfants de cinq ans jouent spontanément sur le piano des airs qu'ils ont entendus. Faudra-t-il restreindre les axiomes de la raison à ce qui est à la fois inné et universel ? C'est retomber sur la difficulté précédente.

Au reste, abandonnant ces justifications jugées grossières et peu sûres, la plupart des rationalistes contemporains s'engagent sur une autre voie. Ils veulent prouver qu'il existe à la base des sciences des jugements synthétiques *a priori,* sans lesquels les mathématiques pures, la physique, la morale ne seraient pas possibles. Kant a essayé de les retrouver tous systématiquement. Renouvier les a recueillis dans le fonctionnement même de l'esprit. La Raison est l'ensemble des conditions de l'expérience.

Cette idée, comme les précédentes, n'est pas sans valeur, bien qu'elle ait quelque chose de beaucoup plus indirect et de plus factice. Mais tout d'abord elle ne montrerait que la possibilité d'extraire une raison actuelle de la science actuelle, ainsi que certaines formules de Kant semblent d'ailleurs le suggérer ; mais surtout les travaux modernes sur la constitution des sciences ont montré que ces conditions étaient variables. Pendant longtemps, on a cru pouvoir mettre à la base des sciences un tableau de propositions ayant le double caractère d'être reconnues pour vraies sans difficulté, pour ainsi dire à simple inspection, et de servir de point de départ aux démonstrations : par exemple les axiomes géométriques dans l'ordre mathématique, ou le principe « de causalité » dans l'ordre physique. Mais le progrès de l'esprit critique a précisément amené la dissociation de ces deux caractères, comme on peut le voir notamment dans les travaux de Hilbert, de Pièri, de Runell, sur les principes de la géométrie. Ils ont montré qu'au lieu de partir des évidences spatiales, on peut remonter logiquement bien au-delà, et que le point de départ de la science était ainsi non point fixe, mais variable avec l'état de nos connaissances; bien plus, qu'on peut adopter plusieurs systèmes différents de postulats, qui satisfont également aux réquisits. La même démonstration a été donnée par Mach, Poincaré, etc., en ce qui concerne les sciences de la nature : les principes y ont un caractère « arbitraire » (c'est-à-dire, pour parler plus exactement, *décisoire).* On n'en peut extraire un système de catégories unique et bien formulé. « Au lieu de concevoir la différence entre les « postulats »[11] et les autres propositions qu'ils servent à démontrer comme consistant dans la possession d'un certain caractère intrinsèque, qui les rend « par eux-mêmes » plus acceptables, plus évidents, etc..., le logicien les considère comme des propositions qui sont *sur le même pied que toutes les autres.* Le choix de ces postulats dépend du *but* qu'on vise et doit reposer, dans tous les cas, sur l'examen des relations de dépendance ou de connexion qui subsistent, ou qu'on peut établir entre eux et le reste de propositions d'une théorie donnée, sur la comparaison des formes que prendrait dans son développement le système total, suivant qu'on choisirait l'un ou l'autre de ces points de départ... Ils ont perdu le « droit divin » dont leur évidence semblait les investir et ils ont dû se résigner à devenir, non les chefs, mais les *servi servorum,* les « employés » des grandes associations de propositions

11. Au sens large : les principes.

qui forment les différentes branches des mathématiques[12]. »

D'où une distinction à faire, dans toutes les sciences, entre ce qu'on peut appeler les « principes » et les « fondements ». Les principes sont en effet *a priori*, et l'on ne saurait s'en passer ; mais ils sont variables, déterminés par un choix et une décision qui n'ont rien de nécessaire, qui ne reposent que sur la convenance et qui peuvent être faits de plusieurs manières différentes. Les fondements sont fixes, reçus, évidents, pour une époque et un milieu scientifique donnés. C'est en eux que se pose la certitude. Mais ils ne sont pas *a priori*, et varient sans cesse dans l'histoire. Ils semblent donc nous échapper dès que nous considérons cette variation. Et ceci n'est pas moins vrai de l'ordre moral que de l'ordre théorique : la diversité des règles exprimant le bien et le mal, leur adaptation aux différentes époques et aux différentes sociétés, ont toujours été l'argument capital du scepticisme pour soutenir qu'il n'y a là rien qui dépasse les besoins empiriques de la vie, aucune manifestation d'une véritable Raison pratique. En un mot, si l'on cherche à définir la raison par un tableau de vérités de fait et de droit ou même par un tableau de catégories, qui conditionneraient l'expérience ou l'action, on échoue et l'on est rejeté sur un empirisme qui lâche la bride au pur arbitraire des individus, ou à la contrainte de l'autorité, à un *sic jubeo* collectif qui est non moins arbitraire. Soit pour les uns, soit pour l'autre, rien n'est vrai, tout est permis. Et c'est bien là, en effet, l'essence de l'irrationalisme.

12. Vailati, *Pragmatisme et logique mathématique* (article publié en italien dans le *Leonardo* de février 1906, et en anglais dans le *Monist* d'octobre 1906). [*Œuvres*, p. 690.]

Il existe une autre méthode qui, me semble-t-il, n'aboutit pas à ces résultats. Examinons une à une les différentes idées fondamentales de l'esprit : temps, espace, nombre, matière, cause, loi, justice, etc., ainsi que les « principes directeurs » dans lesquels sont compris chacune d'elles : car les notions n'ont pas d'existence propre en dehors des assertions correspondantes. Nous trouverons les unes et les autres variables, multiples, mal déterminées, dépendant de l'époque et de la vie sociale. Mais nous chercherons un *sens* de cette variation, autrement dit si l'on peut en dégager une loi de convergence qui nous rendrait dans un autre domaine l'équivalent utile de la fixité et de la priorité que nous ne pouvons leur accorder sous leur forme actuelle. Il me semble que si nous pouvons y réussir, nous dégagerons non seulement une signification acceptable du rationalisme, mais que nous retrouverons presque intégralement les thèses que nous avons essayé de résumer plus haut.

⁂

[C'est à cette analyse qu'a été consacré l'ensemble du cours. Prenant tout à tour les idées de temps, d'espace, de nombre, de mesure (adaptation réciproque des idées de nombre et d'espace), de matière, de raison suffisante et de causalité, enfin de raison pratique, on a essayé de faire voir que chacune d'elles avait en effet changé sensiblement, même dans la période relativement brève que nous pouvons explorer avec quelque certitude, mais que ce changement reste dirigé et dominé par une orientation constante, particulièrement sensible dans ce qui se présente comme un succès ou un échec de l'esprit humain, un progrès ou un recul de ses entreprises.]

Cette vection est un mouvement, interrompu par certains remous et certaines réactions assez complexes, mais dont la direction générale consiste à partir d'éléments multiples, hétérogènes, et à tendre, non pas seulement à les organiser, mais à les uniformiser, à les assimiler de mieux en mieux. Au sommet de la hiérarchie, et par suite moins mobile que toute autre — on pourrait même dire immobile s'il n'y avait quelques changements dans le contenu auquel elle s'applique — se trouve l'idée de l'identité et de l'altérité. Celle de vérité lui est indissolublement unie, car le principe d'identité n'a de sens que s'il signifie, comme l'ont reconnu la plupart des logiciens modernes : ce qui est vrai reste vrai, la vérité est la pensée qui demeure fidèle à elle-même et idéalement identique malgré la différence numérique des actes de pensée, c'est-à-dire malgré l'écoulement du temps et malgré la multiplicité des individus qui pensent. — Au contraire, les notions de temps et d'espace sc sont singulièrement modifiées dans la période que nous connaissons ou que nous pouvons reconstruire par des hypothèses très plausibles. Le temps, ou pour mieux dire les temps, sont d'abord sentis sous la forme des rythmes biologiques, eux-mêmes variés (le cœur, la respiration, la marche, les divers mouvements musculaires) ; des rythmes astronomiques (le jour, les saisons, les lunes) ; des rythmes sociaux qui sont liés aux précédents, d'un côté par « les travaux et les jours », de l'autre par les fêtes qui forment le cycle des premiers calendriers, essentiellement religieux ; enfin, par les périodes purement sociales comme les olympiades, les lustres, l'indiction romaine. Mais ces temps divers sont pleins de disparité : biologiquement, d'un individu à l'autre, et dans un même individu, suivant la chronaxie des organes ; socialement, d'un peuple à l'autre, dans un même peuple, par la combinaison de systèmes différents (année rurale et année « vogue » des Egyptiens ; chez les Grecs, chez les

Romains et jusqu'aux temps modernes, réformes successives ayant pour but d'accorder l'année solaire et l'année lunaire, la semaine et le mois). On en dirait autant de la détermination des heures, qui s'est d'abord présentée, au cours de l'histoire, sous les formes les plus variées, et qui de nos jours est si près d'être cristallisée en un système unique que certaines personnes, en résistant au changement d'heure en été, croient défendre la nature des choses contre une fiction arbitraire [13]. La tendance à la détermination d'un temps unique, valable pour tous les esprits, et d'un temps uniforme, pouvant servir de variable indépendante idéale, n'atteint en fait son plein succès que dans la mécanique rationnelle et, loin d'être « une forme *a priori* de la faculté de sentir », elle passe lentement dans les intuitions du sens commun [14]. — De même, l'espace psychophysiologique, si bien analysé par Mach dans sa diversité et son hétérogénéité primitives [15]; l'espace sociologique, « profondément différencié selon les régions [16] », ont tendu par une lente involution à l'espace idéal des géomètres, homogène, homaloïdal, isotrope, continu, infini. Mais ici encore cette idée soi-disant rationnelle est un résultat qui n'est pas encore

13. On cite également la résistance victorieuse des paysans russes contre la réforme grégorienne, résistance fondée sur la crainte d'abréger leur vie en retranchant douze jours au calendrier.

14. La théorie « de la relativité » a montré dans ces dernières années qu'on ne pouvait peut-être pas achever cette rationalisation du temps *seul*, isolé de l'espace, de même qu'il a fallu élargir et modifier l'idée de nombre pour l'approprier à la mesure du contenu spatial.

15. *Erkenntnis und Irrtum*, ch. XX. — Paul Tannery a parlé du « profond abîme » qui séparait à l'origine l'arithmétique et la logistique, en tant que calcul concret. (*La géométrie grecque*, I, 52).

16. Durkheim et Mauss, *Classifications primitives*, « Année sociologique », 1901-1902, p. 70.

entièrement acquis ni stabilisé, et dont s'écarte plus ou moins l'idée subjective de l'espace dans la plupart des esprits, même cultivés.

La Raison existe donc de deux manières et en deux sens tout différents. D'une part, elle est l'ensemble des idées et des règles acquises à une époque donnée, des « principes rationnels » dont on peut faire la liste plus ou moins précise, aujourd'hui, pour les peuples qui participent à la civilisation. C'est une espèce de législation constituée peu à peu, grâce à ce qu'on a nommé quelquefois une « évolution convergente », c'est-à-dire une série de transformations qui ne se font pas au hasard des circonstances, ou plus exactement dans lesquelles le hasard des circonstances est sans cesse utilisé par une tendance générale qui profite de tout ce qui la favorise, et qui constitue l'autre pôle de la nature rationnelle. De même, dans une voiture, un écrou, trop serré pour qu'on puisse le dévisser au repos, cédera lentement sous la main, pour une pression légère, mais constante, pendant que le véhicule roulera ; ou si l'on veut encore : de même que la masse rigide d'un glacier s'écoule cependant à la longue sous l'action de la pesanteur, de même le tableau de la raison se transforme en un sens qu'on peut reconnaître, et qui est une marche à l'identité.

On pourrait encore comparer ce travail de l'esprit à la création d'une œuvre d'art, d'un poème : la conception en est d'abord inconsciente, indéterminée. Une première ébauche se dessine. On y fait des retouches, on l'adapte aux matériaux dont elle se nourrit. Des parties entières sont jetées au panier. On en reprend parfois quelque chose. Enfin se trouve constituée une forme à laquelle on s'arrête, du moins provisoirement. Mais même quand on la fixe en la publiant, on sent combien elle est inadéquate à cette idée créatrice qui ne se réaliserait que par un développement et des adaptations infinies.

Tant qu'on n'a rien écrit, il en est d'une idée
Comme d'une beauté qu'on n'a pas possédée ;
On l'adore, on la suit, ses détours sont charmants...
Pendant que l'on tisonne en regardant la cendre,
On la voit voltiger comme une salamandre.
Chaque mot fait pour elle est comme un billet doux.
Mais, dès qu'elle se rend, bonsoir, le charme cesse.
On sent dans sa prison l'hirondelle mourir [17].

Cette idée, qui s'exprime ainsi, est-elle quelque chose de fixe, de semblable en nature à ce qu'elle engendre, un modèle trop parfait, que sa perfection seule nous empêche de copier exactement ? Non. C'est une sorte d'élan dans une direction toujours ouverte, une exigence qui juge ce qui vient, qui l'évoque, mais qui ne le contient pas, car la matière à laquelle il s'applique a sa nature propre et résistante, ses diversités et ses qualités intrinsèques, qui ne se laissent pas employer comme un ciment fluide, mais plutôt comme des moellons irréguliers dont il faut tirer le meilleur parti possible.

Il y a ainsi une Raison pure qu'on pourrait appeler *constituante,* et une Raison mêlée d'éléments étrangers non rationnels, et qu'on peut appeler *Raison constituée.* La raison constituante est active, mais aussi insaisissable à l'état pur qu'une lumière sans ombre ; la raison constituée peut s'exprimer en formules, parce qu'elle a pris corps dans une matière ; mais c'est au détriment de sa rationalité. Elle comprend : 1° des vérités acquises, des catégories et des concepts consacrés par l'usage, des valeurs acceptées en commun ; 2° des règles de pensée, c'est-à-dire de procédure logique, efficace et tenue

17. Musset, *La coupe et les lèvres.*

en droit pour valable : c'est ce qu'au moyen âge on visait plus spécialement sous le nom de *ratio* ; 3° des règles de conduite sanctionnées (que la sanction en soit externe ou interne, juridique ou diffuse), et sans doute même des règles de jugement esthétique, mais qui sont encore bien loin d'avoir atteint le degré de cristallisation des précédentes. — Elle présente deux caractères : d'abord, on ne la découvre qu'*a posteriori,* par l'analyse de ce qui, *en fait,* est tenu pour probant, pour obligatoire, ou de ce qui s'impose par son évidence, *non dans l'abstrait et le général,* mais dans les faits singuliers ; d'autre part, elle n'est pas définitive ; elle peut se modifier quand il se produit un nouvel apport de la matière à laquelle elle s'applique, ou quand apparaît un manque d'unité entre ses parties. Mais elle ne se modifie que lentement, et non pas d'une façon quelconque ; elle change comme un corps qui va vers son équilibre par des oscillations ou des secousses accidentelles, ou parfois comme les mesures qui enserrent une grandeur entre des limites de plus en plus rapprochées. Son « développement » est donc moins analogue à celui d'un être vivant qui, partant d'un germe, s'épanouit en une parfaite *imago,* qu'à celui de *sin x* quand, par des excès et des défauts successifs, il se rapproche lentement d'une valeur qu'il ne saurait exprimer rigoureusement qu'à l'infini. Au reste, toute comparaison de ce genre est boiteuse par quelque endroit. Elle ne peut qu'aider l'esprit à saisir l'orientation de son travail, en lui rappelant des progrès plus simples, et dont la limite idéale lui est connue.

⁂

Nous comprendrons mieux la nature de ces deux raisons, ou plus exactement de ces deux aspects de la raison, en les rapportant à ce que nous avons dit au début de ce cours sur la « valeur monnayable » du rationalisme, et sur les thèses que soutiennent ses partisans contre ceux qui n'admettent pas l'existence ou l'autorité des principes rationnels.

1. La première est celle de la dualité humaine ; non pas la dualité du corps et de l'âme, qui ne me paraît qu'une expression symbolique assez imparfaite (à moins qu'elle ne corresponde peut-être à des faits de physiologie invisible que nous ne connaissons pas encore expérimentalement), mais la dualité, à l'intérieur même de notre pensée, de deux tendances et de deux conceptions du monde : l'une égocentrique, l'autre décentrée. Les cartes les plus anciennes représentent (comme le fait notre perception elle-même) les régions les plus voisines à une large échelle, qui diminue à mesure qu'on s'éloigne du pays, ou même de sa capitale. Memphis, chez les Egyptiens, Delphes, chez les Grecs, sont appelés le nombril du monde. La Chine est pour ses habitants l'Empire du Milieu. Au XIXe siècle, on faisait encore pour le Sultan du Maroc des cartes du monde où son royaume était à lui seul aussi grand que le reste de l'Afrique. Récemment, sur la Terre sphérique, on a vu des peuples chez qui la science est développée, dont aucun n'oserait plus penser qu'il est au centre des choses, et qui pourtant se disputaient encore l'honneur de posséder le méridien zéro. On pourrait retrouver cette opposition sous bien d'autres aspects. La moindre réflexion suffit à la transposer aux questions morales : l'égoïsme, sous toutes ses formes, résiste perpétuellement à l'universalisme, et non sans succès.

Ce qui fait échec à cette tendance égocentrique, c'est la raison constituante ; la raison constituée contient déjà en elle-même, dans son unité acquise — et c'est ce qui fait qu'on l'a souvent méconnue — l'opposition entre les données individualisées de la connaissance et de l'action, et le mouvement inverse qui tend à les dissoudre. Aussi les empiristes ont-ils beau jeu, en la prenant telle qu'elle est à leur époque, et en disséquant ses formules, à faire voir qu'elle est toute pleine de diversité, d'expérience et qu'elle admet des idées ou des vérités jugées autrefois inintelligibles. Mais cela n'empêche pas qu'il y ait dans la pensée une dualité de la matière et de la forme, une finalité propre de l'esprit qui s'exprime par le fait d'avoir constitué la raison dans l'expérience et avec l'expérience. Cette finalité ne peut pas plus être représentée isolément que l'inhibition ne peut s'isoler de l'action, la résistance d'une digue de la poussée du flot. Mais elle n'en est pas cependant une modalité ou un effet.

La raison constituée se met aisément au service des fins individuelles. Notre notion de l'espace nous sert à nous diriger, à chasser, à commercer, à combattre ; notre notion de raison suffisante, à prévoir des phénomènes que nous utiliserons à notre profit. Mais l'acte par lequel nous l'avons constituée a presque toujours devancé de beaucoup l'utilité de ce genre qu'on pouvait tirer de son résultat. Non seulement « le matelot qu'une exacte observation de la longitude préserve du naufrage doit la vie à une théorie conçue deux mille ans auparavant, par des hommes de génie qui avaient en vue de simples spéculations géométriques [1] », mais c'est presque toujours au détriment de leur vie animale que les grands penseurs et les

1. Condorcet, cité par Aug. Comte, *Cours*, 2e leçon, § 11.

grands savants ont fait progresser la connaissance. De même les préceptes de conduite morale, j'entends ceux qu'il est possible de résumer dans un traité de morale pratique, sont d'une part des résultantes des conditions historiques, et la science des mœurs n'a pas de peine à le montrer ; de l'autre, des conseils de bonne conduite généralement avantageux à celui qui les pratique. Mais dans l'aiguillon qui stimule les hommes passionnés de progrès moral, et qui ne leur est guère connu à eux-mêmes que par leurs réactions irrépressibles en face de l'injustice, il y a un principe d'action d'une autre nature, nettement opposé à celui du bien-être individuel ou de la prospérité nationale. C'est pourquoi la véritable bonne volonté est quelquefois perturbatrice à l'égard des règles formulées que prescrivent les catéchismes religieux ou civiques. Celui qui en est animé, et qui réfléchit, les respectera sans doute pour rendre hommage à leur raison d'être, pour exercer sa maîtrise de soi, pour ne pas affaiblir par le scandale une discipline qui soutient les tièdes et réfrène les caractères malfaisants. Mais il ne prendra pas ces règles pour des absolus : il saura même très bien s'en affranchir quand il sentira avec évidence que la lettre du code moral n'est pas conforme à l'esprit [2]. L'idée de la Raison, dans son rapport avec la dualité humaine, est donc nettement justifiée par les faits.

2. La raison est l'expression du lien social, de la ressemblance des esprits ; c'est elle qui permet aux hommes de vivre en commun et qui fait la valeur de leurs rapports.

Ici, une distinction importante est nécessaire, qui sépare nettement la thèse que nous exposons de la conception sociologique, d'après laquelle la raison

2. Cf. *La dissolution,* ch. VII, § 142, 154.

est l'effet des rapports sociaux, et la dualité de l'homme vient seulement de ce qu'il participe, d'une part, à la nature animale, de l'autre à la vie collective.

Les sociétés, telles que nous les observons, reposent elles-mêmes sur un double système de relations entre leurs membres. D'une part, elles sont des touts organisés où règne, comme dans les corps vivants, la spécialisation des éléments, et ce caractère a été mis en relief avec une singulière vigueur dans la thèse célèbre de M. Durkheim sur *La division du travail social.* Outre la différenciation et la solidarité des fonctions économiques, étudiée dès le XVIIIe siècle, il y a une différenciation intellectuelle, dans la mesure où les savants font partie de corps constitués, ou sont poussés, quelquefois contraints, par les nécessités de la vie autant que par l'état de la science et la diversité de ses matériaux, à s'enfermer dans un travail limité. Dans l'ordre politique, il existe des centres d'autorité, des pouvoirs législatif, exécutif, judiciaire, une tradition historique et une hérédité sociale différenciant les Etats. Une société a ses fonctions et ses organes et maintient sa vitalité par une interdépendance administrative, industrielle, commerciale, où la concurrence, le concours, la contrainte, jouent un rôle intérieur et extérieur de premier ordre.

Mais d'autre part, elle est aussi une fraternité. On le voit dans l'existence d'une langue unifiée, d'un droit devenu commun, de représentations et de croyances générales, de sentiments universellement partagés. On n'exerce pas moins un rapport social quand on admire ensemble une belle œuvre d'art, ou quand on s'inscrit à une même ligue, que lorsqu'on s'efforce de dépasser un concurrent ou d'obtenir les plus grands avantages possibles au moindre prix. Cette seconde société peut avoir la même aire d'extension que la société quasi organique, mais elle peut être aussi plus étroite, comme le groupe formé par une école littéraire ; ou plus large, comme une association scientifique internationale. Toutes deux se développent avec le temps : la première en complexité différenciée et intégrée, la seconde en richesse et souvent en nombre.

Le rapport de la raison est différent à l'égard de l'une et de l'autre.

La raison constituée exprime évidemment, tout d'abord, la vie sociale en tant que communautaire. Elle comprend, au premier degré, l'ensemble des idées et des règles élémentaires qu'il faut admettre pour « avoir sa raison », pour n'être pas fou ; au second degré, la possession réfléchie des principes qui dominent la vie intellectuelle et morale. Ainsi entendue, la raison est impersonnelle ; elle est reçue par l'éducation, entretenue par les mœurs, les lois, le langage, les institutions, les conditions légales de la preuve. On peut dire d'elle, avec Fénelon, que nous la recevons sans cesse du dehors, comme nous voyons toutes choses à la lumière du soleil, ou comme nous respirons l'air ambiant. Mais il faut ajouter que nous ne la respirons pas seulement : nous y aspirons, par suite de la raison constituante qui travaille en nous. Sans doute la société exerce une action constante sur ses membres pour leur suggérer ou leur imposer « d'être raisonnables » ; mais une part d'eux-mêmes va au-devant de cette exigence, et dans certains cas la dépasse. M. Baldwin a noté avec finesse que les enfants imitent par plaisir, se font un point d'honneur de deviner le jugement des grandes personnes, d'un camarade ayant de l'autorité. « Tu verras ce que dira papa... Tu verras qu'un tel me donnera raison. » Il n'en est pas autrement des adultes. Les hommes d'une haute raison sont ceux qui prévoient l'assentiment universel : non pas seulement l'accord social momentané que dictent l'intérêt, la passion ou la mode, mais l'assentiment durable, indéfini, qui ne suppose ni séduction ni contrainte. Pour d'autres, cette réalisation intérieure de la raison constituée est faible ou instable : l'isolement suffit à l'ébranler, à la détruire ; il peut aller jusqu'à produire la folie.

En quoi donc la raison, ainsi comprise, diffère-t-elle du *sens commun ?* En ceci, d'abord, que le sens commun appartient à la masse : il exclut les capacités, les compétences spéciales, dans lesquelles la raison constituée trouve au contraire à chaque moment sa forme la plus parfaite. Ce qu'elle y a déjà réalisé ne descend que peu à peu dans la pensée et le langage des premiers venus. De plus, le sens commun porte sur le singulier, ou sur un faible degré de généralité ; il est essentiellement matériel ; la raison est surtout formelle ; elle ramène les « cas particuliers » aux principes et les éclaire. C'est ce qui faisait dire aux Stoïciens que le sage est le seul bon cordonnier. Enfin, ce qui s'y rattache d'ailleurs étroitement, elle reste en relation avec la raison constituante et, quand elle est pleinement consciente, elle s'y subordonne expressément.

Il est assez dangereux de dire que la vraie morale se moque de la morale, parce qu'en l'absence d'un commentaire précis, cette formule peut être aisément invoquée pour justifier ce qui descend au-dessous de la raison constituée comme ce qui s'élève au-dessus d'elle. Mais on peut dire en toute rigueur, me semble-t-il, que les règles morales sont seulement le signe incomplet et toujours perfectible des sentiments et des tendances qui constituent la moralité. « On doit donc s'y conformer exactement, mais sans jamais cesser d'en rechercher une conscience plus vive et une formule plus parfaite, et l'on ne peut interpréter aucune d'entre elles sans tenir compte de toutes les autres et de l'esprit général qu'elles expriment[3]. »

A l'égard de la société, en tant qu'organisme différencié et intégré, solidaire à la façon des producteurs et des consommateurs, il est certain que la Raison constituée l'exprime, parce qu'elle y est adaptée ; mais *elle l'exprime de moins en moins à mesure qu'elle se développe.* Les analyses détaillées que nous avons faites des différentes catégories nous ont montré partout ce mouvement.

L'espace est d'abord le calque de la tribu, mobile avec elle ; puis il devient fixe ; puis commun à tous les peuples ; puis il se dégage presque complètement de tout sociomorphisme et se trouve pensé de même par des esprits appartenant aux systèmes sociaux les plus divers. A la limite, il tend à se confondre avec la forme pure de l'homogénéité, de l'identité rigoureuse d'une multiplicité coexistante.

Le temps apparaît sous la forme d'une périodicité de rites et de travaux, réglée par des mouvements collectifs, ponctuée par des fêtes. Il est étroitement solidaire de la religion du groupe. Tout cela s'élimine graduellement pour aboutir au temps du mathématicien, qui est presque, comme on l'a remarqué, une dimension de l'espace.

Le nombre passe de l'aspect magique et mystique (tel que nous en voyons des traces nombreuses dans l'Antiquité), à une détermination abstraite uniforme et positive, aussi indépendante des formes sociales que la première y est étroitement attachée.

Le jugement est d'abord tout juridique, comme l'a montré Jérusalem ; la proposition personnifie le sujet ; la causalité est la culpabilité (elle l'est encore aujourd'hui pour une part très sensible) ; le raison-

3. *Précis raisonné de morale pratique,* § 156.

nement, dans le syllogisme de la première figure, est calqué sur l'armature d'un procès : le point de droit, le point de fait, l'application de la loi à l'individu. Puis, au cours du temps, ces cadres sociaux se relâchent de plus en plus, en même temps qu'on se rapproche d'une identification de plus en plus complète entre le *terminus a quo* et le *terminus ad quem*, comme dans une égalité mathématique ; et le raisonnement, lui aussi, tend de plus en plus à prendre la forme d'une substitution du même au même. La causalité, qui était d'abord action, devient « vertu » ou propriété ; elle finit par s'absorber dans la conservation de l'énergie qui passe d'un corps à un autre[4]. L'*identité*, pôle de la raison constituante, l'emporte de plus en plus sur la *totalité*.

Enfin les transformations dirigées de la raison pratique portent témoignage dans le même sens. Au point de départ, dépendance étroite à l'égard de l'organisation sociale : l'obligation fondamentale est de jouer son rôle dans la cité. A mesure qu'on avance, et malgré des oscillations très sensibles, l'idéal stoïcien de la ressemblance des sages, l'idéal chrétien des âmes, toutes faites à l'image de Dieu, prennent une place de plus en plus grande dans le sentiment moral.

Le double sens d' « individualisme » répond à ce double aspect de la raison. Est-il vrai que le progrès de la vie sociale supérieure différencie les individus ? Historiquement, on n'en voit pas trace : Thersite, Achille, Ulysse, Agamemnon diffèrent autant l'un de l'autre que nos contemporains les plus divers. Ce qui est vrai, c'est qu'avec le temps le citoyen s'affranchit

4. Voir *Remarques sur le principe de causalité*, « Revue philosophique », septembre 1890. — Meyerson, *Identité et réalité*. — [Dans le cours dont nous donnons ici les conclusions, tous ces faits ont été développés en détail, non seulement en ce qui concerne la causalité physique, mais aussi la motivation.]

de plus en plus des structures organiques dont il est d'abord prisonnier, qu'il n'est plus emboîté pour la vie dans une caste, un métier, une réglementation déterminante. Toute liberté, comme on l'a justement fait remarquer, est une conquête sur une servitude préexistante. Au lieu d'être un rouage, l'homme devient une fin, une personne morale. Il se différencie donc dans une certaine mesure de ceux de son groupe, mais justement dans la mesure où il s'assimile aux membres d'autres groupes. Il ne faut pas confondre l'individu et la personne morale : ce qu'on loue et ce qu'on cherche à développer sous le nom d'individualisme, c'est le développement de la personnalité, c'est-à-dire la faculté pour chacun de ne pas subir l'opinion toute faite d'un milieu, mais de participer à la culture générale et d'y puiser ses principes d'action. L' « individualisme » moderne a précisément pour base le rationalisme, en tant qu'il s'oppose à l'autorité, à la tradition, à l'obligation pour l'individu de rester dans une classe sociale, dans un métier, ou même dans une profession de foi héréditaires. Il est l'adversaire de la raison d'Etat et il y oppose l'esprit d'universalité, qui est celui de la raison constituante.

Au contraire, sur les points où l'organisation sociale différenciée est parfaite, pénétrante, anatomique, la division du travail rigoureuse et complète, *il n'y a pas de raison.* C'est le cas des abeilles, et aussi bien des groupes humains qui leur ressemblent le plus [5]. La vie sociale, en tant qu'analogue à la vie organique, n'est donc pas la génératrice de la raison. Elle en est seulement la nourrice et lui fournit matière à

5. Des abeilles font, toutes ensemble, des opérations que chacune d'elles pourrait fort bien exécuter matériellement toute seule, mais qu'elle ne fait jamais en pareil cas. (G. Bonnier.) *L'apiculteur*, 1908.

s'exercer. La vie sociale, en tant que sympathie, est-elle une cause dont la raison constituante serait l'effet ? Ce serait une hypothèse intéressante si cette tendance même à la ressemblance pouvait s'expliquer comme un effet secondaire de la vie ; mais nous venons de voir qu'il n'en était rien. A vrai dire, il n'y a point ici de cause ni d'effet, mais une seule et même action qui ne diffère que par le nom qu'on lui donne suivant le domaine où elle s'exerce : la raison constituée et la communauté sociale sont l'*acquis* de la raison constituante. A l'égard de l'autre forme de la société, qui est celle qu'on envisage le plus ordinairement, l'esprit de la raison constituante en est l'antipode ; il est même l'antagoniste constant de la vie politique en tant que conforme au type de l'évolution spencérienne : le mouvement rationaliste est toujours un mouvement critique, destructeur des différenciations préexistantes : castes, classes, corps privilégiés, organisations traditionnelles, barrières ou oppositions de caractère entre les nationalités. On en a pour témoin les plaintes constantes des historicistes et des conservateurs contre la puissance dissolvante de la Raison.

Le double rapport, direct et inverse, entre la raison et la cité, se présente à des degrés divers de l'un à l'autre des deux pôles que nous avons essayé de caractériser ; il ne saurait être enfermé dans une formule unique, et ne se comprend, me semble-t-il, que lorsqu'on sépare nettement le principe directeur de l'esprit et le tableau des « principes rationnels ».

3. Que la raison, ainsi entendue, soit une fonction normative, cela résulte suffisamment de tout ce qui précède, si l'on se rend bien compte que la génératrice des valeurs n'est aucune des valeurs directement saisissables. Dans l'ordre intellectuel, dans l'ordre moral, on juge à deux degrés : d'abord et constam-

ment, par la conformité aux règles de la raison constituée ; ensuite, exceptionnellement et pour ainsi dire en appel, par la comparaison de ces règles mêmes à la *ratio legis,* c'est-à-dire par l'involution. Il est cependant un domaine où l'on serait assez disposé à voir un champ de valeurs d'une autre nature, irréductible à la raison. « L'art, c'est moi ; la science, c'est nous. » — « L'art, c'est la nature vue à travers un tempérament ». — « La science est l'expression de l'objectif ; l'essence de l'art est le subjectif. » Ce sont là des clichés, d'ailleurs à moitié vrais, comme beaucoup de clichés.

Assurément, l'art n'est pas une œuvre purement rationnelle. (La science non plus, d'ailleurs.) Il est même souvent en conflit avec telles ou telles formes de la raison, cristallisées en règles logiques, en procédés de classification ou de démonstration. Il ne faut ni lui demander « ce qu'il prouve », ni exiger de lui la précision conceptuelle d'une analyse ou la vérité d'une documentation. On ne le fausse pas moins en le subordonnant aux obligations morales, même légitimes, et les amoralistes ont beau jeu pour se moquer de l'art édifiant, ou pour montrer des œuvres de premier ordre dont les images, les sujets, les thèses, quelquefois même les effets, heurtent plus ou moins rudement l'idée contemporaine du bien et du mal. Mais remontons au principe et la convergence apparaît : la hiérarchie esthétique sous-entend, elle aussi, une volonté de permanence et de communion. Il serait long de le prouver en détail. Mais on en aura, comme disent les juristes, un bon commencement de preuve si l'on veut bien considérer les quelques faits suivants.

L'art n'est ni un sport, ni un jeu. Devant les faits historiques et sociaux accumulés, la théorie de Schiller et de Spencer est aujourd'hui devenue insoutenable : elle prend pour le fleuve un de ses affluents secondaires. Lamennais était beaucoup plus près de la vérité quand il disait : « Tous les arts sont sortis du temple ». C'est particulièrement frappant pour le théâtre, qui plus tard s'est si fortement opposé à l'art religieux. La grande source est dans les fonctions qui expriment la « société de religion », la communauté du sentiment, comme les fêtes, le culte, les cérémonies de tout genre auquelles il est étroitement lié. Même complètement détaché de toute religion positive, l'art reste « une religion », un moyen d'ouvrir les esprits les uns aux autres, non de les organiser en un système différencié. Il tend à créer une âme commune, soit à tous, soit du moins à une élite, et à relier les générations ; il participe à l'effort général de la raison pour échapper au temps, et se plaît souvent à parler de lui-même comme s'il y réussissait pleinement :

> Tout passe ; l'art robuste
> seul a l'éternité.
> Le buste
> survit à la cité[6].

Aussi n'est-il du « grand art » que par le degré de permanence et de généralité de ce qu'il exprime. Ce qui « date » est de qualité secondaire et perd sa valeur d'art pour ne plus avoir qu'une valeur de curiosité. Les œuvres de premier ordre supposent non seulement une certaine perfection de la forme, et d'une forme qui n'ait rien de conventionnel, mais aussi la mise en œuvre d'une matière qui n'ait rien de local ou d'accidentel. « L'art est supérieur lorsque prenant pour objet la nature, il manifeste tantôt quelque portion profonde de son fonds intime, tantôt

6. Théophile Gautier, *Emaux et camées*.

quelque moment supérieur de son développement[7]. » Il a toujours pour thème, disait aussi Brunetière, la nature, l'amour ou la mort.

Tout ce qui fait l'individualité d'un artiste n'est que moyen, et c'est pour cela qu'on peut le parodier : dans Shakespeare, l'incohérence, les anachronismes, les phrases énigmatiques ou les métaphores extraordinaires ; dans Wagner, la répétition de certaines formules harmoniques ou l'emploi quasi réglementaire du leit motiv. Au contraire, ce qui fait le génie, c'est la puissance de saisir et de faire saisir un réel qui devient l'objet d'une intuition sympathique et commune. Le besoin d'assimilation de l'esprit s'y donne satisfaction, non comme dans la science, mais de même que dans la science. Les moyens sont différents, quelquefois opposés ; mais la ligne suivie, si elle était prolongée, aboutirait au sommet de la même pyramide.

A la raison constituée répond l'ensemble des règles d'art que formule chaque époque : à la fois respectables et haïssables ; précieuses à l'égard de qui reste encore au-dessous d'elles, ou à l'encontre de qui veut les violer au profit d'un succès d'argent ou de célébrité temporaire ; haïssables dès qu'elles prétendent à arrêter l'involution qui les a elles-mêmes engendrées. Le mouvement, ici encore, est donc exactement symétrique de celui que montrent la recherche de la vérité, ou l'élévation du standard moral.

4. Nous passons naturellement de là à cette autre thèse du rationalisme, d'après laquelle la raison est une participation au divin : c'est presque un corollaire des faits précédents. En effet, si la raison constituée est la table des valeurs, le système de ce qu'il y a d'incorporé et d'objectivé dans la science, la morale,

7. Taine, *Philosophie de l'art,* II, 365.

ou l'art — en un mot dans la vie spirituelle — c'est là ce qu'on entend traditionnellement par les commandements et par la volonté de Dieu. La raison est bien « la marque de Dieu imprimée sur son ouvrage ». Et par conséquent, comme le voulaient les grands rationalistes, en tant que raison constituante, elle est aussi Dieu lui-même. Et rien ne s'accorde mieux avec cette pensée si souvent exprimée et sous tant de formes, que Dieu agit en nous, que nous sommes en lui, et que cependant nous ne saurions l'atteindre comme nous atteignons les principes rationnels qui l'expriment et les choses que ces principes nous permettent de penser. Savoir comment Dieu existe, immanent ou transcendant, personnel ou supra-personnel, ou étranger à toute qualification de cet ordre, c'est une autre question qui ne peut être discutée ici. Quoi qu'il soit, la Raison constituante le sera avec lui.

Considérons, par exemple, l'hypothèse sociologique exprimée par M. Durkheim [8], d'après laquelle toute religion serait, dans son essence, le sentiment d'un fait très réel, très positif, mais d'abord éprouvé d'une manière purement affective : qu'il existe au-dessus de l'individu une personnalité collective, à laquelle il participe, de laquelle il tire sa valeur, qui alimente sa pensée, qui surveille sa conduite et la sanctionne, et à l'existence de laquelle il collabore en retour par son dévouement à la vie du tout. Si cette hypothèse était vraie, la raison resterait la forme la plus parfaite de notre participation au divin, puisqu'elle met en nous, à notre portée, les lois au nom desquelles nous apprenons à nous juger nous-mêmes. Dire que la Raison est donnée à chacun par la Société se

8. Conférence faite à l'Ecole des Hautes Etudes sociales en 1905. Voir *Philosophical review*, 1906, pp. 255 et 257. — Cf. *Bulletin de la Société de Philosophie*, avril et mai 1906.

traduirait fort bien en disant qu'elle est le reflet de la pensée divine ; dire qu'elle est sanctionnée par la puissance sociale reviendrait à dire qu'elle est sanctionnée par la main de Dieu ; inversement, dire que la volonté d'être raisonnable est nécessaire aux fins sociales, c'est reconnaître que l'homme, par sa vie morale et religieuse, rend à Dieu un culte nécessaire à sa gloire et à son règne. — Mais ce parallélisme s'arrêterait si la société n'était que ce qu'elle est en acte, si l'on pouvait, comme M. Durkheim paraît le penser [9], comprendre ce qui est jugement de valeur pour l'individu comme la simple existence d'un fait naturel de niveau supérieur : l'existence de telle ou telle société réelle, observable, dont la structure et les besoins règlent les devoirs de ses membres. La Raison, dans ce cas, pourrait être l'expression de la nature d'un corps social, d'une Eglise historique : elle ne serait pas celle de Dieu. Au contraire, s'il y a dualité dans les sociétés elles-mêmes, comme nous l'avons vu plus haut, le parallélisme se poursuit et se complète. Puisque la sociabilité rationnelle s'élargit

9. [Depuis l'époque où ont été faites ces leçons, et même peut-être auparavant, Durkheim semble avoir admis de plus en plus que le rapport n'était pas aussi simple qu'il paraissait être dans *La division du travail social.* Dans sa communication sur *Le problème religieux et la dualité humaine* (« Bulletin de la Société de Philosophie », mars 1913), sa pensée se montre très complexe : d'une part il maintient que la société est un fait naturel, et que la dualité humaine ne s'explique que parce que l'homme appartient à la fois à l'ordre animal et à l'ordre social; mais d'autre part il accorde qu'il y a dans la société elle-même « une diversité réelle et profonde », notamment entre les rapports d'échange et les rapports de « communion des consciences » dans une « conscience résultante qui les absorbe momentanément » (p. 84). Il faut d'ailleurs noter que cette fusion en un *tout* n'est probablement pas dans sa pensée la même chose que l'assimilation des esprits. Voir dans le même numéro du « Bulletin » l'objection de M. Le Roy, p. 92, et la réponse de Durkheim.]

et tend vers l'identité toujours plus rapprochée d'un nombre d'êtres de plus en plus grand, la *raison constituante* ne diffère pas de cette puissance, transcendante par rapport à toutes ses réalisations partielles, qui se révèle par le mouvement général suivant lequel l'humanité tend à se constituer en un « règne de semblables », même au détriment de sa perfection animale, et à réaliser un vrai monothéisme. Ainsi plus que jamais, dans cette hypothèse, on pourrait dire avec Bossuet que « ces vérités éternelles sont quelque chose de Dieu ou plutôt sont Dieu même..., car elles ne sont au fond qu'une seule vérité » et que « qui les verrait parfaitement n'en verrait qu'une »[10]. Mais il n'est pas possible à notre intelligence d'en arriver là, car l'identité, si féconde tant qu'elle demeure un idéal, ne peut s'actualiser intégralement sans que nous nous abîmions en elle. Et ceci encore convient bien à l'idée de Dieu.

5. Reste la dernière thèse, qui présente la raison comme corrélative de la nature ; et c'est peut-être ici que notre distinction fondamentale peut nous servir le plus efficacement contre des difficultés probablement insurmontables par toute autre voie.

La raison constituée satisfait à coup sûr à cette condition, et même à deux points de vue. D'abord au point de vue exotérique, qui est celui du réalisme naïf. Il ne me semble pas méprisable, loin de là : car il est lui-même un produit de la raison, une partie cristallisée de son œuvre. Considérer l'esprit individuel comme se mouvant au milieu d'un monde de *choses* toutes faites, qu'il connaît, et que ses semblables connaissent comme lui, c'est non seulement un magnifique symbole de la volonté d'assimilation, mais une conquête singulièrement significative et

10. *Connaissance de Dieu et de soi-même*, ch. IV, § 5.

encourageante. — Dans cet ordre d'idées, on peut dire que la raison exprime d'abord la tribu, la cité ; et comme celles-ci sont une part de la nature, elle a, dès le début, quelque corrélation avec elle. Mais comme nous l'avons vu, elle progresse en éliminant ce qui n'appartient qu'aux accidents sociaux, à un clan, à une nation, et même à l'anthropomorphisme ou au sociomorphisme en général. Elle s'adapte donc de mieux en mieux à l'ordre universel.

Mais ce n'est pas moins vrai au point de vue critique. A cet égard, on peut dire qu'elle se constitue *en même temps que la nature.* A quoi jugeons-nous que quelque chose est réel ? Pourquoi refoulons-nous dans l' « imaginaire » ou l' « apparent » une grande partie des données immédiates qui traversent notre conscience ? Parce qu'elles ne sont pas assimilables à l'édifice des représentations communes et logiques dont juge la raison. Ce n'est pas parce que quelque chose existe en soi que je puis le reconnaître pour vrai, car il faudrait que ma pensée pût se confondre avec cet en-soi. C'est parce que je le juge acceptable et rationnel que je le dis réel, suivant le triple criterium de l'assimilation des esprits entre eux, des choses entre elles, et des choses aux esprits. Nous croyons que le monde est fait d'atomes, d'ions, d'électrons, parce que, malgré les difficultés que nous ne pouvons encore résoudre, c'en est pourtant, tout compté, l'interprétation la plus logique et la plus satisfaisante. Et la raison s'adapte à ces nouvelles conceptions en même temps qu'elle décide dans quelle mesure elles sont recevables. L'existence de l'air est aujourd'hui une chose acquise. Mais elle a commencé par être une invention coordinatrice, qui s'est complétée par degrés : Lucrèce éprouvait encore le besoin de donner les raisons d'y croire. Inversement, l'admission des irrationnelles a été imposée par le respect du principe de contradiction, devant lequel la catégorie du nombre a dû se réformer et s'élargir. Nous en avons vu d'autres exemples dans les leçons précédentes.

Le fait est peut-être encore plus frappant pour la réalité passée. Nous n'en avons aucune intuition (sauf peut-être pour notre propre personne et dans une bien faible mesure). Si nous nous le représentons comme ayant été tel ou tel, c'est conformément aux principes de notre raison constituée. Ainsi mon idée de Charlemagne, mon idée de la Terre à l'époque tertiaire, sont des reconstructions fondées sur les lois actuellement tenues pour vraies, et varient rétrospectivement avec elles. « Ce que les choses ont réellement été » — dont Ranke faisait l'objet de l'histoire — est un concept régulateur, une limite, presque autant que l'identité rigoureuse, la ligne sans épaisseur, l'objet physique indépendant de la connaissance qu'on en prend.

En ce qui concerne la *raison constituante,* la question de son rapport à la nature est tout différent, et bien plus délicat à préciser.

Prenons d'abord l'idée de la nature au sens large : le fait qu'il existe une diversité d'êtres, d'individus, de sensations. En tant que *donnée,* c'est le pluralisme qui est la vérité. A cet égard, la raison constituante est contraire à la nature ; ou plus exactement, elle dirige l'esprit vers une dissipation de la nature, puisqu'elle se manifeste par un effort dans le sens de l'identité, par une réduction de l'autre au même. Le donné c'est le divers ; le pensé, c'est le semblable. Et, bien que la pensée actuelle ne puisse jamais être que la similitude d'un divers, le progrès de la pensée est dans une prépondérance croissante du second sur le premier.

Prenons ensuite l'idée de la nature en un sens plus

restreint, en tant qu'elle s'oppose à la réflexion, à la culture, à la civilisation, comme la vie animale à la vie humaine. — Ici encore, il y a antinomie. D'un côté, le foisonnement des individus et des espèces, tout au plus « l'accord pour la vie », grâce à un équilibre que maintiennent l'adaptation et la différenciation ; de l'autre, l'assimilation, l'effacement des différences organiques et sociales. D'un côté l'individu, et le monde centré autour de lui ; de l'autre la pensée intellectuelle et le sentiment de justice, devant lesquels chacun, moi ou non-moi, ne compte que pour un ; la vue objective des choses, dont le centre est partout. L'opposition est donc complète ; le dualisme prend un autre aspect, mais il n'est pas moins radical.

Mais d'autre part, un accord bien singulier se manifeste au travers de cette opposition. Si nous considérons le monde physique, non dans ce qu'il est, mais dans ce qu'il devient, nous constatons que *les choses se transforment dans le sens qui diminue leur existence sensible,* leur propriété de pouvoir être objet de connaissance, de présentation actuelle dans la perception. Le monde physique n'est pas seulement ramené à l'unité d'une manière conceptuelle, comme dans l'assimilation savante du son à la vibration, de la lumière à l'onde électromagnétique : les dissymétries des causes se régularisent dans les effets. Deux récipients où le liquide est à des niveaux différents se mettent d'eux-mêmes en équilibre dès qu'on leur permet de communiquer ; deux corps inégalement chauds font échange d'énergie, si rien ne les en empêche, jusqu'à ce qu'ils se trouvent à la même température ; les potentiels tendent à s'égaliser ; les corps radioactifs se décomposent ; les combinaisons chimiques tendent à se stabiliser spontanément en cédant leurs réserves d'énergie différenciée. Et l'on sait que ce sont partout les différences qui sont la matière de la sensation.

Sans doute, la vie marche en un sens inverse, avec son pullulement, son effort pour l'accumulation des forces ou des richesses, sa différenciation et son organisation. Mais toute la vie que nous connaissons est subordonnée à la grande chute de chaleur qui va du Soleil à la Terre ; et cette chute est une forme d'égalisation de l'énergie. Le mouvement biologique d'orientation contraire ressemble à ces contre-courants qu'on voit au-dessous d'un barrage, et qui empruntent à la chute d'eau le mouvement paradoxal qui les fait remonter un moment vers la source.

A cet égard la raison, même constituante, correspond à une forme de devenir spontané dont l'importance est capitale dans la nature ; et si elle n'en représente pas aussi la face opposée, c'est parce qu'alors les choses ne seraient plus qu'identité, c'est-à-dire ne seraient rien. A ce point de vue encore, il nous est donc impossible de nous installer dans la raison constituante, et de l'isoler comme un objet ou comme une loi, bien qu'elle soit ce qu'il y a de plus actif dans la pensée. La recherche d'un principe premier de l'être, d'une thèse fondamentale d'où le monde pourrait découler logiquement, est une recherche non seulement inutile, mais contraire à la nature même de la raison. Tout travail de l'esprit, dans la philosophie et la morale comme dans les sciences, n'est rationnel qu'en tant qu'il prend pour matière des données réelles, multiples, et qu'il procède à l'élaboration de ces données. On fait un ouvrage de Pénélope, et l'on finit par se dégoûter de la raison quand on entreprend de s'en servir *à rebours*, pour expliquer que quelque chose soit, pour faire sortir le monde de rien, ou, ce qui revient au même, d'un absolu parfaitement satisfaisant pour elle, c'est-à-dire parfaitement un et identique. On constate au contraire sa solidité, et l'on s'y confie de plus en plus, quand on la met à l'œuvre *normalement,* c'est-à-dire en tant qu'elle s'avance d'un passé moins logique vers un avenir plus logique, d'une diversité donnée vers une assimilation acquise.

LOGIQUE NORMATIVE ET VÉRITÉS DE FAIT [1]

On accorde assez généralement, en théorie, qu'il faut mettre la Logique au rang des sciences normatives ; et parmi les exceptions, quelques-unes sont plus apparentes que réelles ; car leur refus d'admettre cette qualification suppose un sens du mot tout différent de celui que nous lui donnons ici, et une thèse que nous n'avons aucune intention de soutenir : une science normative, pour nous, n'est pas une science qui, partant des faits, aboutirait à créer, à légitimer, ou à imposer des valeurs : cela nous semble en effet parfaitement impossible. Ce n'est pas non plus une technique, greffée sur une connaissance expérimentale par l'intermédiaire d'une fin communément voulue, comme l'horlogerie, l'art de l'éclairage, du chauffage ou celui des communications électriques. Une science est normative, au sens acceptable du mot, quand elle a pour point de départ et d'arrivée des jugements de valeur, reconnus dès l'abord comme tels, de même qu'une science est physique quand elle a pour aboutissement des assertions sur la réalité physique, et pour point de départ des jugements de même sorte, supposés acquis, et sans lesquels aucun travail intellectuel ne serait possible ; ce qui n'empêche pas d'ailleurs que la science puisse avoir pour

1. *Revue philosophique*, mars 1929.

effet de transformer ou de rectifier quelques-uns d'entre eux.

D'autre part on sait, ou du moins l'on pourrait savoir qu'il existe entre Logique, Esthétique et Morale un parallélisme si marqué qu'il implique évidemment une nature commune [2]. Presque tous les traités de Logique contiennent même par tradition des formules énonçant d'une manière expresse des obligations ou des conseils, telles que : « Une définition *doit* être courte, claire, adéquate à son objet. » — « Nequaquam medium capiat conclusio *fas est.* » Mais sous l'influence du modèle respecté qu'offrent, soit les mathématiques, soit surtout les sciences de la nature, peut-être aussi sous l'influence de la conception kantienne d'une « Logique transcendentale » et sous celle de la *Logique* de Hegel, il semble qu'on soit un peu honteux de ce caractère et qu'on tâche de le réduire au minimum : les uns se sont enfermés dans le psychologisme ou le sociologisme, et se sont alors représentés la Logique comme une technique soutenant avec la connaissance de la mentalité individuelle ou sociale le même rapport que la médecine avec la physiologie ; les autres en ont voulu faire une algèbre, ou encore une phénoménologie générale, dans laquelle il y a bien implication, mais nullement obligation. Et quand on expose les théories ou quand on discute les problèmes logiques, personne ne paraît plus songer à ce trait essentiel, même ceux qui le reconnaissent le plus expressément en principe [3]. Dans cette suppression ou cet oubli, on

2. Voir ci-dessous, p. 134.

3. Je viens de parcourir une cinqantaine de pages de l'excellente *Logik* de Sigwart, dans la seconde partie du premier volume, qui s'intitule pourtant : *Zweiter, normativer Teil,* en y cherchant un exemple nettement caractérisé de jugement normatif, et je ne l'ai pas trouvé.

peut trouver la source de plusieurs difficultés traditionnelles, on pourrait presque dire célèbres, qui me paraissent avoir été créées de toutes pièces par une émulation irréfléchie.

I

L'exemple le plus frappant peut-être est celui du principe de l'induction ; je dis à dessein le *principe,* au sens strict, c'est-à-dire le problème de savoir quelle formule, ou quel ensemble de formules il faudrait postuler pour énoncer logiquement les inductions, et non le problème de savoir quel est le fondement de celles-ci, c'est-à-dire quelles sont les raisons propres à rétablir la confiance dans cette démarche intellectuelle quand nous éprouvons des inquiétudes sincères sur sa validité, ou quand elle est mise en doute dans la discussion. Les deux ne se confondraient que si toute vérité était la conclusion d'un raisonnement.

On a montré souvent, et avec force, que ce principe n'est ni le déterminisme (du moins le déterminisme *seul*), car il pourrait engendrer toujours du nouveau ; ni la loi des grands nombres, qui suppose une induction antérieure relative à la répartition des écarts ; ni le postulat que les mêmes causes produisent les mêmes effets, ou que les mêmes effets viennent des mêmes causes ; ni l'affirmation que ce qui s'est toujours passé d'une certaine façon continuera à se passer de même, ni celle qu'il existe des groupes de caractères qui se représentent en vertu d'une finalité ; — car ces postulats sont, les uns, visiblement faux, les autres insuffisants à ce qu'on en veut déduire [4]. Et, d'une manière générale, aucune

4. J. Nicod, *Le problème logique de l'induction;* M. Dorolle, *Les problèmes de l'induction,* etc.

formule exprimant une certaine structure du monde n'est apte à légitimer telle ou telle induction particulière. — Mais on est aussitôt tiré d'affaire si l'on reconnaît qu'étant un principe *logique,* cet énoncé doit exprimer non pas un fait, un caractère général ou une loi nécessaire de la représentation, mais une valeur ou une obligation, et si, par suite, on accepte de l'énoncer ainsi : « En l'absence de toute indication contraire, *on* DOIT *juger* que ce qui s'est toujours passé d'une certaine manière continuera à se passer de même[5]. » C'est une règle de présomption légale, ou, si l'on veut, de procédure, applicable à notre comportement intellectuel, et d'ailleurs en liaison évidente avec les remarques des théoriciens modernes de la probabilité sur la dépendance de celle-ci par rapport à un état d'information donné et sur la validité de conclusions qui seront peut-être démenties par les faits. Il n'y a pas lieu, pour le logicien, de se croire diminué par cette comparaison avec le juriste : car les notions mêmes de *loi,* de *preuve,* de *jugement* ont exactement la même parenté avec le Droit, où le caractère normatif apparaît en pleine lumière. Formalisme judiciaire, logique formelle, canonique musicale, prosodique ou architecturale sont des formes intellectuelles qui se répondent.

Le cas de l'induction est peut-être le plus apparent, en ce qui concerne le caractère normatif de la logique ; mais il n'est pas le seul. Le principe « d'identité et de contradiction », quand on l'énonce : « Ce qui est, est ; ce qui n'est pas, n'est pas » est une vague tautologie dont on ne peut tirer aucune application[6].

5. Nous avons donné une explication plus complète de cette formule et nous en avons indiqué les applications dans un petit volume qui vient de paraître, *Les théories de l'induction et de l'expérimentation* (Boivin, 1929).

6. Il est à peine utile de faire remarquer que cette formule ne

Il prend un sens plus réel si l'on dit, comme Sigwart ou Bradley : « Once true, always true » : une proposition vraie reste éternellement vraie, une proposition fausse éternellement fausse. Mais cette interprétation même ne reçoit sa pleine signification, sa *raison d'être logique,* que si l'on fait ressortir son caractère obligatoire, affirmant le *devoir* pour l'esprit de rester d'accord avec lui-même dans toute la suite de son raisonnement, et le *droit* de *condamner* celui qui altère en cours de route (soit inconsciemment, soit par fraude), les concepts sur lesquels il raisonne, ou les postulats dont il est parti. On dit souvent que ce principe est « nécessaire » ; il l'est si peu qu'il est resté maintes fois lettre morte, même chez de grands philosophes. Mais il n'en est pas moins *obligatoire,* car on ne détruit pas une obligation en la violant : quand on affirme ce qu'on avait nié, ou l'on a tort, ou l'on a eu tort. — On échappe du même coup à cette remarque sceptique, souvent exploitée, que l'expérience seule peut nous apprendre ce qui est contradictoire. Il suffit en effet de considérer une *lexis* unique, dans un esprit qui successivement l'adopte et la rejette, ou chez deux esprits dont l'un la soutient et dont l'autre la combat. La contradiction, ou même l'altérité, est une contre-valeur ; c'est le fond de la logique ; et si le « principe d'identité » reste en effet la pierre angulaire de la pensée, c'est en tant qu'il implique la supériorité du même sur l'autre, le μυρίῳ κάλλιον ὅμοιον ἀνομοίου[7].

signifie pas, comme on le lui fait dire quelquefois, que ce qui existe continuera à exister, car en ce cas elle serait fausse; c'est précisément un des problèmes essentiels de la science que de discerner *quelles sont* les existences qui jouissent de cette pérennité; — et qu'elle n'est pas non plus le principe suffisant de toute déduction, comme on le dit aussi quelquefois, fort inexactement, à propos du syllogisme ou des mathématiques.

7. *Timée,* 33 B.

Il en est de même de *Barbara,* qui cesse d'être une tautologie ou un cercle vicieux, si la majeure est conçue comme une loi, la mineure comme un fait, acceptés tous deux, pour quelque raison que ce soit, par un esprit déterminé, et qui dès lors lui créent une nouvelle obligation logique, à moins qu'il ne renonce expressément à ses prémisses. Le type du syllogisme de la première figure, c'est le plaidoyer idéal, l'épichérème à la manière du *Pro Milone,* établissant le point de droit, le point de fait, et s'acquérant ainsi, à l'égard de quiconque les avoue, adversaire ou juge, une autorité qui les contraint moralement à reconnaître aussi la conclusion. Si vous admettez que M est P et que S est M, vous êtes tenu d'admettre aussi que S est P ; sinon, vous êtes un esprit faible, ou de mauvaise foi. Voilà le véritable *dictum* qui fait parfaitement comprendre que majeure et mineure sont de simples *lexis,* dont la vérité assertorique intrinsèque n'a rien à voir avec la force probante du raisonnement [8].

Et qu'on ne dise pas qu'à réduire ainsi la déduction à un argument juridique, et même *ad homimen,* on en détruit la valeur objective : car l'objectivité, je crois l'avoir amplement fait voir ailleurs, n'est jamais autre chose que l'assimilation des esprits entre eux, et de l'esprit à lui-même dans les moments successifs, ou dans les plans divers de sa vie mentale, qui sont pour ainsi dire autant d'esprits différents.

Que reste-t-il du chapitre de logique concernant

8. On distingue souvent la *vérité matérielle* d'une conclusion, et sa *vérité formelle,* par laquelle on entend sa dépendance à l'égard de certaines prémisses. C'est une confusion : il n'y a qu'une seule sorte de vérité, et la prétendue vérité formelle de la conclusion n'est que la vérité matérielle, ou plutôt la vérité tout court, de l'assertion totale $p - q.q \supset r : \supset : p \supset r$. Elle porte sur la *copule principale* de cette assertion.

la définition, quand on en retranche d'une part les simples décisions qui en fixent la terminologie (définissant et défini, définitions constructives et explicatives, essentielles et accidentelles), et de l'autre toute la scolastique tissée autour de ces deux expressions primitivement naïves, devenues bientôt sophistiques, et que chacun entend d'une manière différente : *définitions de mots; définitions de choses*[9] ? — Il reste une déontologie de l'emploi et de la formation des termes, dont on trouve une ébauche dans l'opuscule de Pascal sur l'*Esprit géométrique* et dans la *Logique de Port-Royal*, un développement chez Whewell et chez Venn, et dont un bon exemple (entre divers autres) peut être fourni par les décisions du VIe Congrès international de psychologie[10]. — On en peut dire autant pour la théorie de la division et de la classification. Les *Aperçus de taxinomie générale* de Durand de Gros, par exemple, montrent à chaque instant ce qu'on n'aurait pas dû faire, ou ce qu'il aurait été bon de faire ; la part de description qui s'y trouve n'a pas d'autre raison d'être que l'appréciation.

Il est à peine nécessaire de faire remarquer que le chapitre des sophismes ne prend d'intérêt et même de sens que si l'on adopte résolument ce point de vue[11] ; et par là même, étant donné que beaucoup d'entre eux sont des violations pures et simples de lois du raisonnement, il souligne le caractère essentiellement normatif des inférences immédiates et de la syllogistique : dire qu'un des sophismes les plus

9. Voir *Vocabulaire de la Société Française de Philosophie*, t. I, V° *Définition*, la Critique et les observations des pages 147-149.

10. Genève, 1909. Voir à la fin du chapitre sur la *Méthodologie* dans le *Traité de psychologie* publié sous la direction de G. Dumas.

11. Voir par exemple Aikins, *The principles of logic*, ch. XVIII, XIX et XX.

usuels est la fausse réciproque, c'est dire qu'on est souvent tenté de conclure du conséquent à l'antécédent, et qu'on *n'a pas le droit* de prendre ainsi les implications à rebours. De même pour la généralisation hâtive, *fallacia inductionis,* qui ne tient pas compte des contre-indications dont nous avons parlé plus haut ; de même pour *l'ignoratio elenchi,* pour la *pétition de principe,* etc. Il s'agit toujours ici de ce qu'on n'a pas le droit de *faire,* et nous comprendrons mieux la portée de ce mot en nous rappelant la belle analyse par laquelle M. Goblot a montré que dans toute déduction féconde est impliquée une démarche analogue à une véritable action du corps, du genre de celles qu'on peut louer ou blâmer moralement. La conduite du discours maladroite ou malhonnête pourra pratiquement réussir dans certains cas ; elle n'en sera pas moins un raisonnement vicieux. La chose mérite à peine d'être dite : mais si elle est vraie, elle retentit sur tout le reste de la logique, et nous fait prévoir ce que nous gagnons à en énoncer toutes les thèses sous forme de prescriptions ou d'appréciations [12].

12. Dans les mathématiques, qui par un de leurs bords se confondent presque avec la logique, tandis qu'elles se relient par l'autre aux sciences de la nature, le caractère normatif reste parfois très apparent. A la base de toute l'analyse se trouve la loi de formation des nombres qui concerne ce qu'on a le droit de faire plutôt qu'elle n'énonce un rapport observable; puis viennent celles de l'écriture arithmétique et des opérations, règles semi-naturelles, semi-décisoires. « Moins par moins donne plus, » ne constate pas un fait; ce n'est pas non plus à proprement parler une convention; mais à coup sûr c'est une règle. Et de même on *doit changer* le signe d'un terme quand on le transporte d'un membre à l'autre d'une équation, on *n'a pas le droit* de prendre une racine carrée sans l'affecter du signe $\pm$, etc. On a essayé, à la manière d'Hermite et d'Abel, de se représenter les mathématiques supérieures sur le modèle d'une histoire naturelle; et c'est une attitude très légitime. Peut-être ne serait-il pas sans intérêt, en sens inverse, de reprendre

Un dernier exemple : la théorie de l'erreur. Ce n'est un secret pour personne qu'elle n'a jamais pu être constituée : il suffit de lire l'ouvrage bien connu de Brochard pour se convaincre qu'aucune des doctrines philosophiques qu'il passe en revue n'arrive à l'expliquer, ni même à la définir ; que sa propre théorie, malgré quelques remarques lumineuses et profondes, ne s'est pas plus imposée que les précédentes ; et qu'en définitive il n'y a rien à dire sur la question ainsi posée. Tout ce que l'on peut faire — et dans un tout autre plan — c'est d'étudier les circonstances psychologiques qui favorisent l'erreur, telles que l'ignorance, la précipitation, la prévention, la suffisance, etc. Mais tout cela n'est pas une théorie de l'erreur en elle-même ; et c'était à prévoir : car une logique nécessaire, et non obligatoire, implique nécessairement aussi qu'il n'y a pas d'erreur, ou pour le moins que lorsqu'il y a erreur, il n'y a plus de pensée — conclusion souvent admise, et pourtant si purement verbale qu'on peut la faire osciller à son gré entre une tautologie et une contradiction. Or toute cette fantasmagorie se dissipe si l'on renonce à la prétention trop modeste de modeler la logique sur les sciences de la nature. Pour les sciences normatives, le concept de base est nécessairement double puisqu'il représente une valeur qui varie du positif au négatif : pas de bien sans mal, au moins relatif, cela est trop évident, ni peut-être même sans mal radical. Elles impliquent donc par leur nature même,

sous une forme expressément normative ce qu'on appelle assez improprement l'axiomatique, et de voir si l'on n'éclairerait pas de cette manière certaines questions encore obscures et discutées dans les principes de l'analyse et de la géométrie. Il est au moins curieux de remarquer que plusieurs des postulats d'Euclide, tels qu'il les énonce, consistent à demander le *droit* d'effectuer certaines opérations.

et la norme, et la déviation ou même l'hostilité possible à l'égard de cette norme. Les logiciens ou les métaphysiciens qui veulent faire une théorie de l'erreur se donnent précisément la même tâche que s'ils voulaient trouver dans le titre II du Code pénal la raison pour laquelle il se produit des assassinats : c'est dans la notion même du Code qu'est comprise la possibilité du crime. Je ne veux pas reprendre ici la discussion de l'idée de vérité, à laquelle j'ai consacré ailleurs de longues pages. Mais il me semble qu'il n'est pas nécessaire de l'analyser à fond pour comprendre que s'il y a du vrai et du faux ce n'est pas seulement, selon le mot d'un grand logisticien qui s'en désintéresse, « comme il y a des roses blanches et des roses rouges », mais comme il y a de la bonne et de la mauvaise volonté.

II

Cependant ne faut-il pas qu'il y ait une logique intérieure des faits, une logique existant en soi, dans l'objet de la connaissance, comme les lois physiques ou les propriétés des courbes, qui ne sont pas choses obligatoires, mais nécessaires ? Dans le raisonnement, l'esprit suit sa marche, la nature suit la sienne, à partir d'un point commun ; et si le raisonnement est correct, l'événement effectif vient se superposer très bien à l'événement prévu, avec une approximation plus ou moins sensible, mais qu'explique suffisamment l'impossibilité de mesurer en toute rigueur le terme initial et le terme final. Les empiristes se représentent donc que notre logique doit être la trace laissée en nous par cette logique des choses ; et leurs adversaires classiques imaginent que l'une et l'autre sont l'expression d'une nécessité supra-physique, qui est consciente en nous, et qui existe ainsi en deux exemplaires : l'un dans la pensée, l'autre dans les faits. Quant aux « idéalistes », ils s'engagent dans une construction dialectique dont les triades de Hegel et celles d'Hamelin montrent à nu le caractère artificiel et la fragilité. Ce n'est pas que leur œuvre soit, comme le disait ce dernier avec abnégation, « une esquisse misérablement fautive » ; c'est qu'en dépit du nom qu'on leur donne, ils ont radicalement méconnu qu'il s'agissait d'un « idéal » à réaliser, d'un devoir à remplir par l'élaboration d'une matière qui y résiste, hors de nous et en nous. Cet irrationnel est inhérent à la constitution même de la réalité physique, et par conséquent de l'objet sur lequel nous travaillons par une méthode de prélèvements successifs. On peut en constater l'existence par une analyse historique du travail des savants, comme l'a fait M. Emile Meyerson dans ses excellents ouvrages *Identité et réalité*, *L'explication dans les sciences ;* on peut également, comme j'avais essayé de le faire dans *La Dissolution,* en prouver *a priori* l'existence nécessaire en montrant que la maîtresse norme de l'esprit, dans tous les domaines, étant la supériorité du même sur l'autre, tout progrès de la pensée intellectuelle doit comporter d'une part, une assimilation d'opinions diverses, donc l'existence et la correction d'erreurs ; et de l'autre, assimilation des choses entre elles, donc une altérité primitive dont il est impossible de rendre raison *a priori,* si ce n'est tout au plus dans son existence globale : je veux dire, si l'on admettait que le *bien logique absolu* n'est pas l'identité, mais seulement l'assimilation en acte, le mouvement d'identification. L'altérité, sous toutes ses formes, serait alors comme le désordre voulu d'un jeu de jonchets qu'on jette sur la table en tas enchevêtré pour les dégager ensuite délicatement un à un. Mais on voit que même dans cette hypothèse hasardée, la logique ne saurait être constitutive des choses, en tant que distinctes du *cosmos* qu'elles réalisent dans la pensée.

En revanche, ce sont bien à coup sûr « les lois de l'esprit » qui déterminent dans nos sensations brutes ce que nous devons considérer comme « illusoire » et ce que nous devons considérer comme « réel ». L'assimilation des choses à l'esprit, et de l'esprit aux choses, n'est pas la découverte pure et simple d'une seconde copie de ce dont on posséderait déjà un exemplaire : c'est un travail d'adaptation, personne je crois ne le conteste plus, qui progresse par une lente suite de succès et d'échecs. Or, quelles sont les conditions d'un succès ou d'un échec, sinon un idéal posé qu'on réalise ou qu'on ne réalise pas ? Ici encore, nous sommes au cœur du normatif.

On dira sans doute aussi que la Raison, en tant que législation, n'a ni la fixité ni l'autorité nécessaires pour jouer un pareil rôle : puisqu'elle est obligée de s'adapter aux choses, c'est que ses prétendues normes sont ployables suivant les conditions de fait où elle s'exerce. C'est la thèse commune des deux écoles, fort opposées cependant, qui exercent peut-être aujourd'hui la plus grande influence sur les générations nouvelles : d'une part, les apologistes de l'intuition, du sentiment, de la foi, qui les opposent à l'incertitude et à l'artificialité de l'entendement ; d'autre part, les disciples orthodoxes de Karl Marx, pour qui le caractère dérivé des « idéologies » est un axiome sacré, dont on ne s'écarte pas sans trahison. Mais les uns et les autres oublient que tout ce qu'ils disent n'est vrai que de la raison *constituée,* en tant qu'elle est constituée, et non pas en tant qu'elle est raison ; qu'aucun de leurs arguments ne touche à la raison *constituante,* qui ne consiste pas dans l'assertion d'un fait, mais dans la position d'une valeur : la supériorité du même sur l'autre, de la *communauté* sur l'*organisation*. Et nous y retrouvons ainsi à la fois le caractère normatif et la fixité d'orientation nécessaires à la Logique, telle que nous venons de la caractériser.

Objectera-t-on enfin que c'est renoncer à une notion de la Logique établie depuis ses origines[13] ? Il ne serait pas difficile de recueillir chez Aristote une foule de formules dont le caractère normatif ne saurait faire doute, et quelques-unes même qui ne s'entendent bien qu'en les interprétant ainsi. Mais surtout il est frappant que tous les vrais logiciens modernes, — ceux qui, par leur logique, ont incontestablement contribué au progrès du savoir, — se sont nettement placés à ce point de vue, bien qu'ils n'aient pas été amenés à en faire la théorie. Quand on va au fond de leurs sévérités pour la syllogistique et ses annexes, on y trouve souvent la déception de n'en pouvoir tirer les conseils ou les règles qu'ils jugent essentiels à la Logique : « Bien qu'elle contienne en effet beaucoup de préceptes très vrais et très bons, il y en a toutefois tant d'autres mêlés parmi, qui sont ou nuisibles ou superflus, qu'il est presque aussi malaisé de les en séparer que de tirer une Diane ou une Minerve hors d'un bloc de marbre qui n'est point encore ébauché[14]. » Au contraire, en quoi consiste leur propre logique ? En directives pour la conduite intellectuelle : « Super naturam datam primo *facienda est* comparentia ad intellectum omnium instantiarum notarum[15] » écrit Bacon ; et les formules de toutes ses autres tables sont du même

13. Il n'est pas rare d'entendre des partisans du matérialisme économique amenés à soutenir, pour la défense de leur thèse, que la notion de valeur et toute la *Werttheorie* sont un retranchement polémique récemment inventé par l'esprit bourgeois.

14. *Discours de la méthode,* II, 6.

15. *Nov. org.*, II, 11.

style. Il n'en va pas autrement des *Regulae ad directionem ingenii,* du *Discours de la méthode,* de la *Logique* de Port-Royal, de la *Recherche de la Vérité,* des *Regulae philosophandi* de Newton, de la *Logique* de Condillac, du *Novum organum renovatum,* etc. — Seulement, chez eux, ces préceptes ne sont pas posés systématiquement comme un objet d'études dont il y a lieu de chercher les dépendances et les relations, ce qui serait requis pour en constituer une science ; ils sont l'analogue d'une doctrine artistique pour laquelle on combat, ou d'une morale que l'on prêche, non d'une esthétique ou d'une élaboration réflexive de la morale. La Logique, selon la vieille formule, reste pour eux « un art » ; elle ne devient pas encore une science normative.

III

Voici une dernière remarque, de caractère plus général, qui se rattache à la conception d'une Logique nettement et consciemment normativiste. Peut-être lèvera-t-elle quelques-unes des difficultés qu'on croirait apercevoir dans ce qui précède.

Il est impossible de réaliser l'unité du droit et du fait en partant de ce dernier. On en reste toujours, non seulement au dualisme, mais à l'opposition ; et la solidité du fait incline alors l'esprit à mettre en doute l'autorité du droit.

Mais il n'en est plus de même si l'on comprend bien que tandis que le droit ne peut résulter du fait, *le fait résulte du droit.* D'une majeure à l'indicatif, disait Poincaré, on ne peut tirer une conclusion à l'impératif. Rien de plus vrai. Mais d'un impératif, il est souvent facile de tirer un indicatif, et même de plusieurs manières. D'abord, il est clair que toute règle de conduite, et d'une manière plus générale, tout conseil, toute appréciation, impliquent une situation sans laquelle ils n'auraient pas de sens. Un article de loi d'une cité grecque peut nous apprendre, sans doute possible, qu'on y pratiquait telle ou telle industrie, ou que la propriété y avait pris telle ou telle forme. Un décret d'abolition des dettes prouve qu'elles s'étaient généralisées. Le *Tu dois, donc tu peux,* est le type d'une conclusion passant d'une valeur à un fait. Dire qu'il vaut mieux sacrifier un petit plaisir présent que s'exposer à un grave danger futur, c'est affirmer à la fois l'existence d'une représentation intellectuelle et celle d'une fonction d'inhibition volontaire.

Mais on passe encore du droit au fait par une autre voie : les valeurs communément reconnues deviennent des faits, et le fait ne se distingue même des pures données sensibles que par l'autorité logique qui lui est inhérente. « Le phénomène peut n'être qu'une apparence, une perception individuelle ; le fait, au contraire, est toujours tenu pour réel ; il fait partie des choses telles qu'elles sont... Dire que mon existence est un phénomène, c'est en quelque façon la contester ; dire qu'elle est un fait, c'est la reconnaître [16]. » La réalité est le produit logique d'un système de valeurs, celles de tous les jugements sur lesquels l'accord est le plus complet, d'une part avec les normes logiques, de l'autre entre les différents esprits compétents, et qui présentent ainsi le plus haut degré d'objectivité. Ce caractère a été très bien aperçu par Whewell dans sa théorie si méconnue de la « colligation [17] ». Que l'air soit un corps, une chose matérielle, ce fut d'abord une théorie en faveur de laquelle Lucrèce se croyait encore obligé d'accumuler

16. Extrait d'une observation de Lachelier et de Couturat, approuvée par MM. Brunschvicg, Chartier et Pécaut, dans le *Vocabulaire de la Société Française de Philosophie*, I, 241-242.

17. Voir *Les théories de l'induction et de l'expérimentation*, ch. VIII, pp. 160-167.

des arguments. Si l'oxygène, après avoir été une hypothèse opposée à celle du phlogistique, est maintenant aussi réel que le fer ou le soufre, ce n'est pas qu'on ait fini par trouver moyen de le saisir dans une intuition, sensible ou métaphysique : c'est parce que les chimistes souscrivent tous à la validité logique des expériences et des raisonnements qui l'ont investi de cette réalité. Faire et maintenir la nature, sous certaines conditions rationnelles bien définies, est un devoir que tous les hommes civilisés reconnaissent implicitement, qu'ils ne songent même pas à discuter, et dont ils ne prennent pas conscience (suivant la loi bien connue de Claparède) parce qu'ils s'y conforment, en dépit quelquefois de leurs intérêts momentanés, beaucoup plus régulièrement qu'à n'importe quelle autre obligation. Mais ils ne s'y conforment pourtant pas d'une manière absolue : l'avidité de gagner, l'amour-propre, la passion nous montrent un nombre plus que suffisant de petits écarts et de tentatives pour se faire, ou pour faire à autrui, un monde quelque peu différent de celui que prescrirait la logique. Ces divergences seraient encore bien plus grandes, si les sanctions, dans ce domaine (sans être infaillibles, à beaucoup près) ne s'y exerçaient cependant avec beaucoup plus d'ampleur, d'évidence et de régularité que partout ailleurs. Et l'on se rend compte, une fois qu'on y songe, qu'un fléchissement sur ce point ne serait pas rigoureusement impossible, et constituerait un des plus graves dangers que pût courir la civilisation. Il ne paraît pas nous menacer en ce moment : mais si l'on veut comprendre la nature des autres valeurs, et, dans le détail, en mettre à l'épreuve les applications, il faut les comparer, non pas à ce produit qu'est le monde des faits, mais aux *normes* logiques qui servent d'armature à cette solide et rassurante cristallisation.

II

LOGIQUE ET VÉRITÉ

PRAGMATISME ET PRAGMATICISME [1]

I

La philosophie, telle qu'elle a été pratiquée au XIXe siècle et telle qu'elle l'est encore généralement, donne souvent des inquiétudes à ceux qui la cultivent et de la défiance à ceux qui la voient du dehors. Elle reste entourée d'une considération officielle, mais l'opinion publique la traite volontiers comme une survivance. Les savants ont deux manières de s'en moquer : la première est de la laisser à ses exercices et d'avancer dans leurs découvertes en dehors d'elle, la seconde, qui est plus subtile, est de philosopher eux-mêmes à leurs moments perdus, de faire accueillir leurs menus propos avec respect, quelquefois avec admiration, par les philosophes professionnels, et de montrer ainsi que l'enseignement de la philosophie est sans doute une fonction utile, mais que la philosophie n'est pas un savoir : car il n'y existe pas de *compétence*. Tout esprit de valeur y entre de plain-pied,

1. *Revue philosophique,* février 1906. — André Lalande avait approfondi l'étude du pragmatisme. Il avait écrit au sujet de cette doctrine, de ses développements, et aussi des critiques qu'elles suscitaient, plusieurs autres articles; en particulier, dans la *Revue philosophique,* « Pragmatisme, humanisme et vérité », en janvier 1908, « Le pluralisme de William James », en janvier 1910, et « L'idée de vérité d'après William James et ses adversaires », en janvier 1911.

et s'y trouve aussitôt de pair avec les hommes du métier. S'il est de plus un savant, il leur est même supérieur, en ce qu'il a non seulement des connaissances précises, mais l'aisance qu'en donne le maniement quotidien, chose essentielle et qui manque nécessairement aux autres ; et il n'a même pas l'obligation d'apprendre une terminologie spéciale, puisque jusqu'à ces derniers temps il était entendu qu'il n'y en avait pas, et que la liberté du penseur était perdue, si les mots ne gardaient pas, sous sa plume, toute la souplesse et l'élasticité de la langue commune.

Comment on en était venu là, je ne veux pas pour le moment en chercher les causes. Il y a eu, de la part des individus, négligence, littérature, et quant-à-soi ; il y a eu surtout des circonstances politiques, qui ont entretenu d'une façon factice la vitalité de cette philosophie, en lui demandant la direction intellectuelle et la fermentation morale que la religion devenait de moins en moins apte à fournir. « Traiter également les différentes opinions religieuses ou philosophiques » est devenu formule courante dans les débats parlementaires. Le besoin est si urgent qu'il fait passer n'importe quel produit. Et je crois bien qu'il y a eu là une des grandes raisons qui, faisant du philosophe un théologien-artiste, ont encouragé le goût de construire et d'argumenter, de rechercher éternellement une vérité pour laquelle on exige des conditions si absolues qu'on est assuré d'avance contre le péril de jamais la découvrir. Nous avons eu, en France, de beaux spécimens de cette culture sur le terrain du concours général et même du doctorat. C'est le temps où un jeune normalien, à qui l'on demandait pourquoi il avait choisi la philosophie, répondait : « Parce que c'est ce qu'il y a de plus littéraire. » L'art philosophique donnait sa fleur.

Il s'est heureusement trouvé quelques esprits, amenés à la philosophie par son affinité matérielle avec les sciences, qui ont fini par en avoir assez de ces finesses, et par crier rustiquement « Le roi est tout nu ! » Quelques-uns y avaient été pris au piège et s'en seraient volontiers évadés s'il n'était pas difficile de changer sa vie ; d'autres venaient du dehors, et en ressortaient avec déception. Le pragmatisme (ou du moins une des formes du pragmatisme) me semble être né de ce sentiment. Penser de bonne foi, ne plus chercher pour chercher, vouloir aboutir ; et par suite changer le standard de la vérité métaphysique : voilà l'esprit qui a fait naître cette nouvelle philosophie. « Quelle est la raison d'être de votre doctrine, demande à M. Ch. Peirce un interlocuteur imaginaire. Quel avantage en attendez-vous ? — Elle servira, répond-il, à montrer que presque toutes les propositions de métaphysique ontologique sont, les unes un fatras vide de sens, où l'on définit un mot par des mots, ceux-ci par d'autres mots, et ainsi de suite, sans atteindre jamais aucune conception réelle ; les autres, de parfaites absurdités. De sorte, qu'une fois tous ces vieux déchets balayés, ce qui restera de la philosophie sera une série de problèmes accessibles selon la méthode expériencielle des vraies sciences ; et l'on pourra découvrir la vérité sur chacun d'eux sans ces interminables malentendus et disputes qui ont fait de la plus haute des sciences positives un pur amusement pour les esprits oisifs, une sorte de jeu d'échecs, dont le but est le plaisir de discuter, et dont la méthode est purement livresque [2]. » — « Il

2. Charles S. Peirce, *What pragmatism is,* Monist, avril 1905, p. 171. — On sait que M. Ch. Peirce est le créateur du pragmatisme. Il l'a exposé d'abord dans un article de la revue *Popular science monthly* (janvier 1878) ayant pour titre : *How to make our ideas clear.* On en trouvera la traduction dans la *Revue philosophique* du 1er décembre 1878 et du 1er janvier 1879, avec celle

n'est pas rare, écrivait-il de même en 1878, de trouver parmi les dilettanti des hommes qui ont tellement perverti leur pensée qu'ils paraissent fâchés en songeant que les questions, sur lesquelles ils aiment à

d'un autre article plus ancien du même auteur sur la logique de la science, qui est très caractéristique de ses intentions. Il ne s'y servait pas encore du mot pragmatisme, mais dès cette époque il l'employait dans la conversation, et il s'est répandu par là d'une façon anonyme, en particulier sous le patronage de M.W. James. M. Peirce ne l'a imprimé lui-même pour la première fois qu'en 1902 pour l'article qui porte ce titre dans le Dictionnaire de Baldwin, et sur la demande expresse qui lui en avait été faite par celui-ci *(What pragmatism is,* p. 166). — Chose curieuse, le subtil et profond auteur de *L'action,* M. Maurice Blondel, a été amené à se servir de ce mot sans connaître l'emploi qu'en faisaient les Américains. Dans une séance de la Société de Philosophie (29 mai 1902) je m'étais servi, pour caractériser sa doctrine, du terme « alogisme »; il protesta contre ce mot, qu'il trouvait tout à fait impropre, et proposa le terme « pragmatisme » (voir *Bulletin de la Société Française de Philosophie,* vol. I, pp. 191-192). Récemment, quand le mot devint populaire, je lui demandai s'il l'avait emprunté ou créé, et voici ce qu'il me répondit : « Je me suis proposé à moi-même le nom de pragmatisme en 1888 et j'ai eu la conscience nette de le forger, n'ayant jamais rencontré ce mot, qui depuis quelques années a été employé en Angleterre, en Amérique, en Allemagne, en Belgique. Dans *L'action* (p. 204 et *passim)* j'ai indiqué la différence entre πράξις, πρὰγμα, ποιησις. Et si j'ai choisi le nom de pragmatisme, c'est afin de spécifier le caractère précis de mon étude. » Ce pragmatisme de M. Blondel repose sur un tout autre principe que celui de M. Peirce : il consiste à montrer, dans l'action, quelque chose de supra-phénoménal, auquel nous ne pouvons nous soustraire, et dont l'analyse nous entraîne forcément, si nous voulons être logiques, jusqu'à la nécessité de la foi religieuse. « Par son action volontaire, l'homme dépasse les phénomènes; il ne peut égaler ses propres exigences; il a en lui plus qu'il ne peut employer seul (324). »

Cette apologétique rejoint sans doute, en définitive, celle qu'on a tirée du pragmatisme anglo-américain. Elle me semble pourtant en différer d'une façon profonde par son esprit et sa méthode. C'est pourquoi je ne cherche pas à la classer dans le courant des doctrines en question. Ce sont deux fleuves parallèles qui ne se rejoignent qu'à leur embouchure.

exercer la finesse de leur esprit, peuvent finir par être résolues. Une découverte positive, qui met hors des débats littéraires un de leurs sujets favoris, rencontre chez eux un mauvais vouloir mal déguisé. Une pareille tendance est une véritable débauche de l'esprit [3]. »

Dès lors, qu'est-ce que la vérité, — la bonne vérité vraie, — celle que nous savons atteindre dans une observation bien faite, — et quel est le critérium de cette vérité ?

A la base de notre méthode est le fait que nous avons des *convictions*. Je traduis ainsi *belief*, bien qu'on rende habituellement ce mot par *croyance* [4]. Mais M. Peirce a signalé d'avance l'équivoque qui en résulte, et qui a été l'un des grands moyens d'altération du pragmatisme : « It is necessary to say that belief is troughout used merely as the name of the contrary to doubt, without regard to grades of certainty nor to the nature of the propositions held for true, i. e. believed [5]. » Ce serait proprement certitude, si l'on entendait ce mot en un sens franchement subjectif, et si l'on admettait qu'on peut, étant certain, se tromper.

Or, des certitudes de ce genre, nous en avons. Si nous n'en avions pas, la philosophie ne commencerait jamais. C'est une plaisanterie que de vouloir nous faire mettre en doute, comme Descartes ou Kant, ce que nous ne mettons jamais en doute réellement, et dans l'action. Il y a des hommes, ils agissent, désirent, échouent, réussissent, ils luttent, ils communiquent, ils s'accordent. Tout cela est vrai ; on

3. *Comment rendre nos idées claires*, « Revue philosophique », décembre 1878 et janvier 1879.

4. C'est celui qui a été employé dans les articles de la *Revue philosophique*.

5. *Ibid.*, 168.

est fou si l'on en doute. Voilà d'où il faut partir. — Cette méthode, qui rappelle assez, dans un autre plan, la réflexion *ad datae verae ideae normam,* nous conduit à découvrir que toute conception, toute pensée, n'est rien de plus que la somme de toutes ses applications passées, présentes ou possibles.

La règle fondamentale de la méthode pragmatique se formule en un canon précis, où l'on ne trouve guère d'autre différence, d'un article à l'autre, que l'emploi de la première ou de la seconde personne : « Consider what effects that might conceivably have pratical bearings you conceive the object of your conception to have : then your conception of those effects is the whole of your conception of the object[6]. » Il en résulte que « l'âme et l'intérêt de la pensée ne peuvent jamais, quoi qu'on fasse, tendre à autre chose qu'à produire une conviction *(belief)* ; la conviction est la cadence qui termine une phrase musicale dans cette symphonie qu'est notre vie intellectuelle. La pensée en mouvement a donc pour seule raison d'être, d'atteindre la pensée en repos. Alors, quand ce que nous pensons d'un objet est arrêté dans une conviction, notre action sur cet objet peut commencer d'une façon ferme et sûre. Les convictions, en un mot, sont réellement des règles pour l'action, et toute la fonction de penser n'est qu'un moment dans la production d'habitudes d'action. S'il y avait la moindre partie d'une pensée qui ne fît pas de différence dans les conséquences pratiques de cette pensée, cette partie serait absolument insignifiante, elle ne ferait pas partie de la pensée... Pour développer le sens *(meaning)* d'une pensée, nous n'avons qu'à déterminer

6. C.S. Peirce, *What pragmatism is,* 171; — *Baldwin's dictionary* V° Pragmatism; — *Popular science,* janvier 1878, 287; — W. James, *The pragmatic method,* « Journal of philosophy », 9 décembre 1904, 673-674.

quelle conduite elle est propre à produire ; cette conduite est pour nous sa seule signification[7]. Et le fait tangible qui est à la racine de toutes nos distinctions, si subtiles qu'elles soient, est qu'il n'en est aucune d'un ordre tellement élevé qu'elle consiste en autre chose qu'en une différence possible dans la pratique. Pour atteindre une clarté parfaite dans nos pensées sur un objet, nous n'avons qu'à considérer quels effets concevables cet objet peut impliquer dans l'ordre pratique, c'est-à-dire quelles sensations nous pouvons en attendre et quelles réactions nous devons préparer[8]. »

Tel est le premier élément commun du pragmatisme de Peirce et du pragmatisme de James : révolte contre le dilettantisme philosophique, revendication d'une homogénéité stricte entre la vérité scientifique et la vérité philosophique, expériencialisme absolu. (James, avant d'adopter le mot pragmatisme, acceptait l'expression d'empirisme radical, *radical empiricism.*) Voici encore une conséquence sur laquelle tous deux, je crois, sont aussi d'accord. Dire que toute l'essence d'une pensée ne consiste que dans l'expérience c'est rejeter toute idée, wolfienne ou kantienne, d'une raison pure s'exprimant elle-même par des axiomes évidents. Car, s'il en était ainsi, il y aurait une vérité qui consisterait dans la nature de l'esprit humain, et non dans une différence possible de perceptions. Bien plus, la dispute même du rationalisme leibnizien et du criticisme deviendrait ici un pur non-sens, puisque jamais on ne pourrait trouver

7. *Meaning significance* disent un peu plus que sens et signification. Dans *meaning* il y a l'idée d'intention, de but; dans *significance,* celle d'importance, de valeur; cf. insignifiant.

8 W. James, *The pragmatic method,* « Journal of philosophy », 8 décembre 1904, pp. 673-674. — Résumé de *How make our ideas clear* de Peirce. Voir *Revue philosophique,* 1879, I, 39 et suiv.

une expérience qui fût différente selon que le principe de causalité serait une pensée de Dieu gouvernant l'univers, ou seulement une loi de l'esprit humain. Il semble donc que ce critérium nous rejette en plein dans le vieil empirisme. Mais il n'est plus viable : car sceptiques et rationalistes se sont fait contre lui un tel arsenal d'arguments qu'il ne peut pas montrer la tête sans être immédiatement criblé à mort. Le lien de la causalité, avec la « dignité » spéciale qu'il implique, comme disait Kant, peut-il être saisi comme une donnée de la connaissance sensible ? Jamais. Tout ce qu'on peut faire est de constater des successions individuelles et tout au plus des classes de successions, par exemple que jusqu'à présent tout phénomène de la classe a a été suivi par un phénomène de la classe b. Et puis après ? Qu'en conclure pour demain ? Rien du tout, évidemment.

Voilà l'argument péremptoire et classique que Peirce et James n'acceptent pas. *Negant majorem :* à savoir que nous ne puissions percevoir que des choses individuelles. « Vous parlez d'une expérience en elle-même, et vous insistez sur cet *en elle-même ;* vous pensez évidemment à chaque expérience comme isolée de toute autre. C'est que vous n'avez pas réfléchi que toute série ordonnée d'expériences constitue elle-même une expérience unique. Quels sont les éléments essentiels d'une expérience ? D'abord, naturellement, un expérimentateur en chair et en os ; en second lieu, une hypothèse à vérifier, c'est-à-dire une proposition relative à l'univers environnant l'expérimentateur, ou à quelque partie bien définie de cet univers, et n'ayant pour objet que d'en affirmer ou d'en nier quelque possibilité ou quelque impossibilité d'expérience. Le troisième ingrédient indispensable est un doute sincère dans la pensée de l'expérimentateur, quant à la vérité de son hypothèse. Passons sur quelques ingrédients où il n'est pas nécessaire d'insister, le but, le plan, la décision, nous arrivons à l'acte par lequel l'expérimentateur choisit certains objets " identifiables " pour opérer sur eux. Vient ensuite l'action externe, ou quasi externe, par laquelle il modifie ces objets. Puis vient la réaction subséquente du monde sur l'expérimentateur, sous forme de perception, et celui-ci reconnaît finalement ce que lui a enseigné son expérience... En représentant le pragmaticiste [9] comme faisant consister le sens rationnel dans une expérience, dont vous parlez, vous, comme d'un événement passé, vous vous méprenez absolument sur son attitude d'esprit. Ce n'est pas dans une expérience mais dans un phénomène expérimental que consiste ce sens rationnel. Quand un expérimentaliste parle d'un phénomène, " le phénomène de Hall ", " le phénomène de Zeemann " et sa modification, " le phénomène de Michelson " ou " le phénomène de l'échiquier ", il n'a pas en vue un événement particulier qui est arrivé jadis à quelqu'un, dans le passé mort, mais quelque chose qui *doit sûrement* arriver à n'importe qui, dans le futur vivant, s'il se place dans certaines conditions. Un phénomène consiste dans ce fait que quand un expérimentaliste agira selon un certain schème qu'il a dans l'esprit, alors arrivera quelque chose d'autre, qui confondra le doute des sceptiques comme le feu du ciel descendant sur l'autel d'Elie [10]. »

Le pragmatisme est donc un réalisme. Et, de fait, si l'on ne met pas le général dans l'esprit de l'homme, il faut bien qu'il soit dans la nature. D'autre part, il est bien difficile et peut-être même contradictoire

9. Ce mot sera expliqué plus loin.
10. *What pragmatism is*, 173.

de le mettre seulement dans l'esprit de l'homme : car s'il s'agit de l'esprit de l'homme individuel, cela ne nous avance à rien; et s'il s'agit de l'esprit humain en général, n'est-il pas évident que nous concevons une nature dont cet esprit humain fait partie, et qui est, par conséquent, douée par elle-même de propriétés générales ? L'esprit humain, fût-il métaphysiquement unique, ou fût-il considéré *in abstracto* dans sa fonction de juger, comme le fait Kant, il n'en reste pas moins que les réalisations de cet esprit sont individuelles, multiples et analogues ; il y a là une de ces vérités primitives dont il est impossible, selon la méthode pragmatiste, de douter de bonne foi, et qu'implique la position même de tous nos problèmes relatifs à la connaissance. Ainsi l'on n'échappe pas à la nécessité de mettre le général dans les choses ; la possibilité de l'y trouver par expérience est comprise dans les postulats implicites sans lesquels on ne pourrait prononcer le premier mot de la science ou de la philosophie.

L'empirisme radical de W. James, pour lequel il a accepté le nom de pragmatisme, adopte la même vue. Il l'a exposé dans *A world of pure experience* et dans *The thing and its relations* [11].

Il est nécessaire que les relations liant les expériences soient elles-mêmes objet d'expériences, et toute relation qui est « expérience » doit être comptée pour aussi réelle que n'importe quel autre élément du système. L'erreur fondamentale est d'oublier que tout se tient, et que par abstraction seulement on peut parler d'un fait ou d'un objet. Le nominalisme de Berkeley, l'affirmation de Hume,

11. *Journal of philosophy, psychology and scientific methods*, sept. et oct. 1904, janvier 1905.

que tous nos objets de perception sont « aussi distincts et séparés que s'ils n'avaient aucun lien entre eux », James Mill niant que des semblables aient rien qui leur appartienne « réellement » en commun, la résolution du lien causal en consécution habituelle, la théorie de Stuart Mill que les choses physiques et les personnalités sont composées de possibilités discontinues, enfin la pulvérisation générale de toute l'expérience par l'association et la théorie de l'atomisme mental *(the mind dust theory)* voilà les résultats de ce faux départ [12].

Le pragmatisme aussi reconnaît l'existence du particulier. Mais c'est un particulier ouvert, et non pas formé de monades closes. Le seul fait de faire partie d'un même monde est déjà une communauté que nous fournit l'expérience. Près, loin, venant, partant, contre, parce que, pour, par, mien, même, autre, — tout cela correspond à des états de conscience qui, pour ne pas être réductibles à des objets de perceptions, n'en sont pas moins aussi réellement éprouvés que du rouge ou du chaud. Le *stream of consciousness* a pour exacte contrepartie la continuité de l'objet connu, ou plutôt l'un et l'autre ne sont qu'une seule et même continuité. Notre vie psychique est identique par son contenu à notre idée du monde. La relation même de connaissant et de connu n'est pas une relation

12. On oppose souvent, dans l'enseignement et dans les conversations philosophiques, l'esprit où tout se tient, à la matière, où règne la discontinuité, ou plutôt l'on oppose par ce caractère la science de l'esprit à la science des choses physiques. C'est une illusion : le *tout tient à tout* n'est pas moins vrai en physique qu'en psychologie. Et réciproquement, les articulations naturelles qui divisent le réel sans le trancher existent aussi bien dans l'objet de la psychologie que dans celui de la physique. Elles y sont seulement moins nettes que dans les parties des sciences « extérieures » où elles apparaissent le mieux.

transcendante qui coupe le réel en deux masses nettes. Elle n'est que l'une des plus importantes parmi les veines qui se dessinent (et qui se modifient plus ou moins lentement) dans le bloc total des choses. L'expérience grandit par ses bords, comme une culture dans une cuve. Chacun de ses états en fait pousser un autre, et le mouvement par lequel elle prolifère trace, suivant les cas, une liaison ou une division. Il en est de toutes choses comme du présent même de notre existence : un néant, du point de vue abstrait, le point-limite insaisissable du passé et de l'avenir du point de vue concret, toute la réalité vécue.

Mais cette expérience pure, avec laquelle il faut toujours revenir prendre contact, diffère pourtant beaucoup de ce que nous appelons communément le vrai ou le réel; elle peut se sentir, mais dans la mesure précise où l'on se confond avec elle, on ne la pense pas, et même on ne la connaît pas comme réalité. Pourquoi n'y plongeons-nous pas tout entiers et pourquoi en tirons-nous une représentation intellectuelle du monde, où l'unité primitive est décomposée, puis recomposée, la masse donnant naissance à des choses distinctes et la distinction de ces choses étant intégralement compensée (dans la science idéale) par l'établissement de relations qui les unissent en tout sens ?

« A cela, dit W. James, le Rationalisme et le Pragmatisme donnent deux réponses différentes :

» Parce que, dit le rationaliste, la vie théorique est un absolu, son intérêt est un impératif. Comprendre est le devoir de l'homme ; si quelqu'un le met en question, il n'est pas nécessaire de le lui prouver par un argument, car, par le fait seul d'argumenter, il abandonne sa thèse.

» Parce que, dit le pragmatiste, notre milieu nous

tue aussi bien qu'il nous soutient, et parce que la tendance de l'expérience toute brute à supprimer l'expérimentateur est atténuée précisément dans la mesure où les éléments de cette expérience qui influent sur la vie pratique sont dégagés par l'analyse de la continuité primitive, fixés par des mots, accouplés l'un à l'autre, de telle façon que nous puissions savoir ce qui est dans l'air et réagir à temps. Si l'expérience pure, dit le pragmatiste, avait toujours été parfaitement hygiénique, le besoin ne se serait jamais fait sentir d'isoler ou de traduire par des mots aucun de ses éléments. Nous aurions éprouvé les choses sans rien articuler, et nous en aurions joui sans raisonner. Ce fait de s'appuyer sur la *réaction*, dans l'explication pragmatiste, implique qu'en intellectualisant une expérience relativement pure, nous devons le faire dans l'intention de revenir ensuite à cette réalité pure, de redescendre au niveau du concret ; et que si un esprit reste perché parmi des termes abstraits et des relations générales, s'il ne rentre pas avec ses conclusions en quelque point particulier du courant immédiat de la vie, il manque à accomplir sa fonction, et laisse sa carrière normale inachevée[13]. »

13. *The thing and its relations*, 31. — L'article est en partie consacré à réfuter l'argumentation purement logique de M. Bradley contre cette thèse. L'auteur y annonce d'ailleurs qu'il reviendra dans un prochain article sur cette question, «which seems to me, dit-il, to offer other difficulties much harder for a philosophy of pure experience to deal with than any of absolutism's dialectic objection, 41. » — Et de ce fait, c'est là qu'est, à mon sens, l'insuffisance de ce point de vue. Si la multiplicité des esprits individuels est admise, nous avons une autre raison pratique de penser que la défense de notre vie matérielle; et même, pour être strict, en quoi la défense contre les dangers du milieu implique-t-elle la nécessité d' « intellectualiser » l'expérience pure ? N'aurions-nous pas pu aussi bien nous adapter inconsciemment et, comme dit M. W. James, «*unintellectually*» ? Il n'y a point là de véritable

Mais ce n'est pas encore là toute la définition de la pensée. Car le pragmatisme admet, comme une de ces vérités dont on ne doute jamais de bonne foi, et qui par conséquent sont le point de départ de toute recherche, la multiplicité des êtres pensants, et ce postulat qu'un même monde peut être connu par plusieurs esprits. Nous rejoignons ainsi la définition que donnait M. Peirce de la réalité dans *How make our ideas clear*. L'idée de réalité, comme toute autre idée, ne consiste que dans les effets perceptibles particuliers qu'elle implique. Quels sont-ils ? Essentiellement de mettre fin à la controverse, une fois connue la chose que nous appelons vraie ou réelle. « Un savant peut chercher quelle est la vitesse de la lumière en étudiant les passages de Vénus et les aberrations des étoiles ; un autre, en observant les oppositions de Mars et les éclipses des satellites de Jupiter ; un troisième emploiera la méthode de Fizeau ; un autre celle de Foucault ; un autre encore fera usage du mouvement des courbes de Lissajoux... Ils pourront d'abord obtenir des résultats différents mais chacun d'eux perfectionnant sa méthode et ses procédés, les résultats convergeront constamment vers un point central prédestiné... Modification des points de vue, choix d'autres faits comme sujets d'étude, inclination naturelle de l'esprit même, rien ne permet d'échapper à l'opinion fatale[14]. Cette grande loi est contenue

parce que. Nous constations le fait de ce morcellement et de cette unification; mais la théorie pragmatiste nous permet justement de l'admettre d'abord comme expérience sans être obligé pour cela de le justifier, et d'en faire une déduction !

14. « Par fatal, nous entendons simplement ce qui doit inévitablement arriver... c'est une erreur de supposer que le mot fatal ne puisse jamais être exempt d'une teinte de superstition. » (Note de M. Peirce.)

dans la notion de vérité et de réalité. L'opinion prédestinée à réunir finalement tous les chercheurs est ce que nous appelons le vrai, et l'objet de cette opinion est le réel[15]. »

II

Telle est la ferme et simple doctrine du pragmatisme primitif, que son auteur a appelé lui-même « un *sens-communisme* critique » et dont il a soigneusement montré les ressemblances et les différences avec la vieille doctrine écossaise[16]. Mais ce qu'il rappelle surtout par son ton, quelquefois même par le détail de ses formules, c'est le *De Intellectus Emendatione*. Cette philosophie est toute faite de foi dans la vérité, dans son unité et dans sa puissance, de sévère et tranquille négligence pour « les gens qui semblent croire qu'une controverse ne doit jamais finir, et que l'opinion qui convient à une nature d'homme ne convient pas à une autre[17] ». On l'oppose et elle s'oppose d'elle-même au rationalisme, parce qu'elle « renvoie au musée des antiques le bric-à-brac des catégories kantiennes[18] ». En ce sens, l'opposition est réelle, mais en ce sens seulement. Appliquez ici encore la méthode de Peirce ; prenez le rationalisme dans le sens où il a vraiment une portée pratique, où il représente un caractère intellectuel qui nous fait agir et juger différemment

15. *Comment rendre nos idées claires*, 55.
16. Ch.S. Peirce, *The issues of pragmaticisme*, «Monist», octobre 1905.
17. *Comment rendre nos idées claires*, 55.
18. «Kant's mind is the rarest and most intricate of all possible antique bric-à-brac museum.» W. James, *The pragmatic method*, «Journal of philosophy», I, 686.

dans les choses de la vie réelle, prenez-le, en un mot, dans le sens ancien et large où il s'oppose au fidéisme et au recours à l'autorité. Y a-t-il alors une doctrine qui mérite mieux d'être appelée rationaliste que celle-là ?

A peine née pourtant, et quand son nom commençait à peine à se répandre dans le monde philosophique, elle a subi les plus singulières transformations. Signe de vitalité sans doute, et pour le moins, symptôme du grand besoin de rénovation logique auquel elle répondait. Mais cette prolifération d'idées qui se développent, en se différenciant, sous une même étiquette, ne va pas sans de graves inconvénients : surtout lorsque la différenciation conduit jusqu'à des oppositions radicales, comme c'est ici le cas. Aussi M. Peirce a-t-il récemment pris le parti de prononcer son *Discerne causam meam.* Il en coûte un peu à son âme de père de se séparer du mot pragmatisme, mais il sait que quand les enfants sont grands et qu'ils ont de l'avenir, il serait égoïste et maladroit de les tenir en tutelle. Il l'embrasse donc une dernière fois, lui dit adieu et l'abandonne avec un soupçon d'ironie « à ses hautes destinées », puis, pour servir à exprimer précisément sa propre doctrine, il fait part à ses lecteurs de la naissance du mot « pragmaticisme » qui est assez laid pour n'avoir rien à craindre des voleurs d'enfants [19].

M. W. James est sans doute celui qui est resté le plus voisin du point de vue originel, qu'il a d'ailleurs grandement popularisé. Il se contente même souvent de l'exposer et de le commenter, comme nous l'avons vu il y a quelques instants. Lors même qu'il y change quelque chose, il n'entend

19. *What pragmatism is*, «Monist», 1905, 166-167.

pas le contredire, mais le rendre plus large[20]. Au reste, ce serait aller contre ses propres intentions que de lui demander sur ce point un formulaire bien défini. Il conçoit le pragmatisme beaucoup moins comme une doctrine que comme un mouvement d'esprit contemporain ; il n'accepte pas plus de le concentrer en une seule thèse qu'il ne voudrait d'une seule rose, fût-ce la plus parfaite, pour résumer toute la floraison du printemps. Il y voit une pensée inductive, qu'il ne faut pas trop presser logiquement si l'on ne veut la stériliser. Il faut s'y prêter avec sympathie, en adopter d'abord la tournure, comme font les savants à l'égard d'une théorie nouvelle. Ces grands courants intellectuels contiennent toujours quelque vérité. Leur imperfection formelle fait qu'il est très facile de leur opposer une réfutation logique bien construite et qui paraît irréfutable; ils n'ont rien à y répondre, mais ils grandissent et lui survivent. Si bien que quelques décades plus tard, quand ils se sont éclaircis, quand ils ont trouvé leur vraie forme précise et éliminé les contradictions verbales qu'ils charriaient d'abord, c'est la réfutation qui prend l'air d'une vieillerie et d'un morceau de scolastique[21].

Ce mouvement, entendu au sens large, il le désignerait plus volontiers par le nom d'*humanisme* que

20. «This is the principle of Peirce, the principle of pragmatism. I think myself that it should be expressed more broadly than M. Peirce expresses it.» *(The pragmatic method*, 674.)

21. W. James, *Humanism and truth*, «Mind», octobre 1904. — Cf. du même auteur, et dans la même revue, avril 1905, la discussion d'un article de H.W.B. Joseph parue dans le numéro de janvier sous ce titre : *Professor James on Humanism and Truth*. « La seule condition pour comprendre l'humanisme, dit M. W. James, est de se faire soi-même un esprit inductif, de lâcher les définitions rigoureuses et de suivre en gros les lignes de moindre résistance. » (*Humanism and truth once more*, 191.)

lui a donné F.C.S. Schiller, d'Oxford. Il y enveloppe, avec Peirce et lui-même, le professeur Dewey et l'école de Chicago, le professeur J. Royce, qui a toute une métaphysique à lui propre, mais qui la greffe sur la méthode et la tendance pragmatistes. Et il voit là un excellent exemple que tout le monde devrait suivre, au lieu d'insister sur les différences, et de vouloir endiguer le flot. Ne rien nier, absorber ce que l'on peut : voilà la véritable devise philosophique. « Bergson en France, ses disciples, les physiciens Wilbois et Leroy, sont en ce sens des humanistes à outrance. Il me semble aussi que le professeur Milhaud en est un ; et si le grand Poincaré ne l'est pas, il ne s'en faut que de l'épaisseur d'un cheveu. En Allemagne, le nom de Simmel se présente comme celui d'un humaniste de l'espèce la plus radicale. Mach et son école, Hertz, Ostwald, doivent se classer parmi les humanistes. C'est dans l'air[22]. »

Cette attitude explique, et même justifie, les diverses positions qu'il semble prendre lui-même dans l'affaire. A l'égard de Peirce, il est avancé. Je veux dire qu'il accorde beaucoup à la croyance, non pas seulement au sens très défini que donnait Peirce au mot *belief*, mais encore en ce sens subjectif où la croyance n'a pas d'objet extérieur qui la juge, et qui en soit indépendant. Sa *Volonté de croire*[23] est nettement animée d'un esprit fidéiste. « Il y a des cas où la foi crée sa propre vérification. » Qu'un homme obligé à faire un saut dangereux, dans

22. *Humanism and truth*, p. 462.

23. *The will to believe and other essays*, recueil d'articles dont l'unité est dans la théorie de l'empirisme radical et dont le premier donne son titre au volume. La doctrine est surtout exposée dans cet article et dans celui qui a pour titre « Le sentiment rationaliste ». La traduction de ce dernier a paru dans la *Critique philosophique*, t. XVI et XVII.

une course de montagne, le fasse avec confiance et hardiesse, il réussira. Qu'il ait été mis en défiance de ses forces par une circonstance quelconque, fût-elle purement fortuite, son doute le perdra : il sautera d'une façon hésitante, maladroite, et se rompra le cou. « Croyez et vous serez dans le vrai, car vous vous sauverez. Doutez et vous serez encore dans le vrai, car vous périrez. La seule différence est qu'il vous est très avantageux de croire[24]. » Et certainement, si l'on s'en tient là, il n'y a rien à répondre, sinon peut-être que de tels cas sont rares, et que le plus souvent les choses tournent bien ou mal d'elles-mêmes, en dépit de notre confiance et de nos craintes. — Mais la question a un autre aspect, car si l'on ajoute un mot de plus, on perd l'idée même de vérité. « Il y a là, dit M. Peirce, de quoi nous faire hésiter. On semble admettre comme principe que la fin de l'homme est l'action — et cet axiome stoïcien ne me paraît plus à soixante ans aussi évident que lorsque j'en avais trente. Si l'on admet, au contraire, que l'action a besoin d'une fin et que cette fin doit nécessairement avoir une certaine unité, l'esprit même de la maxime exige qu'on l'applique différemment. Le critérium qui juge la pratique, et la fait reconnaître pour bonne ou mauvaise, c'est en définitive non telle ou telle réaction individuelle, mais le développement de la rationalité *(reasonableness)*. La première règle reste toujours bonne ; mais il faut lui superposer un degré supérieur encore de clarté, qui vient de cette croyance au progrès continu de la vie raisonnable[25]. »

Tandis que M. Peirce limitait ainsi son pragma-

24. *The will to believe*, p. 96.

25. Résumé de l'article de M. Ch. Peirce, dans le *Baldwin's dictionary*, V° PRAGMATISM (paru en 1902).

tisme du côté de la foi, et l'orientait même en un sens opposé, M. W. James cédait au contraire de plus en plus à l'attrait du relativisme. Il ne va pas pourtant jusqu'à l'adopter expressément, et j'en ai donné plus haut les raisons [26] ; pourtant, après avoir fait ses réserves, et parlé en spectateur désintéressé, il finit par identifier entièrement sa cause avec celle des humanistes et par en faire son affaire contre leurs adversaires communs. Il semble d'ailleurs que son principal point d'attache avec eux soit de nier que la connaissance puisse être la *copie* d'une réalité transcendante ; thèse qu'il prête assez gratuitement aux partisans de la vérité absolue, car elle n'a probablement été soutenue par personne depuis Hume, et ce qui s'en approche le plus de nos jours serait peut-être le réalisme transfiguré d'Herbert Spencer. Cette alliance aboutit d'ailleurs à la proposition d'admettre un double critérium du réel et du vrai, pratique d'une part, intellectuel de l'autre, dont voici quelle serait en définitive la formule :

1° Une expérience perceptuelle ou conceptuelle doit être conforme à la réalité pour être vraie ;

2° Par *réalité,* l'humanisme n'entend rien de plus que les autres expériences, perceptuelles ou conceptuelles, avec lesquelles une expérience donnée et présente se trouve en fait être mélangée ;

3° Par *être conforme,* l'humanisme entend tenir compte de manière à obtenir un résultat pratiquement et intellectuellement satisfaisant ;

4° *Tenir compte,* et *satisfaisant,* sont des termes

26. Cf. *Humanism and truth,* p. 460 : «When I find myself playing sympathetically with humanism, something like what follows is what I end by conceiving it to mean.»

qui n'admettent pas de définition, tant il y a de manières de réaliser pratiquement ces conditions [27] ;

5° En gros et d'une façon générale, on peut dire pourtant qu'on tient compte d'une réalité quand on la conserve sous une forme aussi peu modifiée que possible. Pour être satisfaisante, il faut alors que cette réalité ne contredise pas d'autres réalités à côté de celle qui demande ainsi à être conservée. Nous devons conserver le maximum d'expérience possible, et réduire au minimum la contradiction dans ce que nous conservons : c'est à peu près tout ce qu'on peut énoncer d'avance ;

6° Ce double fait que les expériences, conceptuelles aussi bien que perceptuelles, demandent à être conservées, et cependant interfèrent les unes avec les autres, est le fondement de ce qu'on appelle *l'objectivité*, ou l'indépendance de la réalité à laquelle l'expérience présente doit se conformer ;

7° La vérité qu'une expérience, ainsi adoptée, incorpore à la science peut ajouter quelque chose de positif à la réalité antérieure, en sorte que les jugements futurs soient aussi tenus de se conformer à cette addition. Toutefois, virtuellement au moins, elle peut être conçue comme ayant été vraie d'avance. Au point de vue pragmatique, vérité actuelle ou vérité virtuelle veulent dire la même chose : c'est qu'une seule réponse est possible, une fois que la question est posée [28].

27. Cf. *Humanism and truth once more* : «Satisfaction is a many-dimensional term that can be realised in various ways» (1906).

28. W. James, *Humanism and truth, ad finem.* — Je donne ci-dessous le texte du paragraphe 7 qui m'a paru obscur. En le traduisant, j'ai tâché de l'éclaircir, mais je puis par là même en avoir faussé le sens : «The truth that the conforming experience embodies may be a positive addition to the previous reality and later judgments may have to conforme to it. Yet, virtually at least, it may have been true previously. Pragmatically, etc...»

Bien qu'il se réclame à son tour des idées de James, et à juste titre, car il y a surtout des éléments communs entre les deux doctrines, — il me semble cependant que l' « humanisme » de M. F.C.S. Schiller s'écarte un peu plus encore de la conception commune de la vérité ; j'entends par là, non pas l'idée qu'elle est un duplicata de choses inconnues, mais l'idée qu'on la découvre, et qu'on ne la fait pas à son gré.

Il a senti lui-même que la variété des thèses pragmatistes était une sérieuse difficulté pour les esprits qui sympathisent naturellement avec cette doctrine, et un sujet de critique assez plausible pour ceux qui s'en défient. Il a donc essayé, par une méthode bien connue, de sérier les définitions usuelles de telle façon qu'on passe de l'une à l'autre par transitions insensibles [29].

Il y a des propositions vraies et des propositions fausses. Comment les reconnaît-on ? La logique intellectualiste « dont les doctrines obscures et ambiguës ont été trop longtemps acceptées faute de mieux » ne sait vraiment que répondre à cette question, et la laisse en suspens. C'est ce qui fait l'intérêt de la tentative pragmatiste. Elle consiste à se placer sur le terrain de l'expérience, à regarder comment, en fait, nous nous y prenons pour distinguer le « vrai » du « faux » et à en tirer, par induction, une méthode générale pour déterminer la nature de la vérité. Sa première remarque est que, quand une assertion prétend être vraie, c'est toujours sur ses conséquences qu'on s'appuie pour justifier cette prétention. Si les conséquences sont bonnes, c'est-à-

29. F.C.S. Schiller, *The definition of pragmatism and humanism*, «Mind», avril 1905, résumé dans *The definition of pragmatism*, «Leonardo», avril 1905.

dire conformes à ce que l'on se propose, on dit que la proposition est justifiée ; on dit qu'elle est condamnée dans le cas contraire. Vrai et faux sont donc essentiellement des indications de valeur ; et ces valeurs logiques sont tout à fait analogues aux valeurs morales et esthétiques. La méthode d'épreuve expériencielle des mathématiques, celles de l'esthétique, de la physique, de la religion, paraissent au premier coup d'œil très différentes. Elles ont pourtant ceci de commun qu'elles sont toujours un appel à quelque chose qui réside hors de l'assertion même qu'on examine ; elles impliquent toujours un risque d'échec aussi bien qu'un espoir de succès ; et finalement, elles aboutissent toujours à un jugement d'appréciation. Notre première définition du pragmatisme sera donc qu'il est « (1°) la doctrine que les vérités sont des *valeurs logiques*, et la méthode qui éprouve systématiquement les assertions d'après ce principe ».

Il suit de là que si une soi-disant vérité n'a pas été ainsi appliquée et éprouvée, si son auteur « ne veut pas ou ne peut pas la soumettre au genre de vérification que sa nature comporte », elle ne mérite pas du tout d'être appelée une vérité. La vérité en est tout au plus partielle, la signification en est nulle, ou tout au moins conjecturale. Sa vraie portée et sa légitimité ne peuvent apparaître que si elle est appliquée à quelque problème de connaissance actuelle, c'est-à-dire quand elle est mise en œuvre, et par là, mise à l'épreuve. Par quoi nous arrivons à la seconde formule du pragmatisme, due à M. Alfred Sidgwick : « (2°) La vérité d'une assertion dépend de ses applications », ou encore : « (3°) Le sens d'une règle réside dans ses applications et comme il nous est impossible de faire aucune application d'une proposition qui prétend à la vérité, si ce n'est dans un ensemble d'actions où elle s'insère et qui tendent à un but[30], nous constatons que « (4°) toute signification dépend d'une intention ».

La grande importance des valeurs et des intentions, que cette analyse nous révèle, nous conduit à réfléchir sur la nature générale d'un esprit où se produisent de tels processus, et nous découvrons alors que « (5°) Toute la vie mentale est téléologique », ce qui, à bien des égards, peut être considéré comme la conception essentielle du pragmatisme. Nous pourrons donc encore le définir : « (6°) Une protestation systématique contre l'ignorance de cette finalité dans la connaissance actuelle. » Notre vie intellectuelle est pénétrée d'intérêts, de tendances, de désirs, d'émotions, de jugements sur le bon et le mauvais; les intellectualistes en font abstraction au nom de la « raison pure », les matérialistes, au nom « d'un pur mécanisme » tout aussi imaginaire; les uns et les autres méconnaissent ainsi la nature de l'instrument dont ils se servent : ils sont donc voués fatalement à l'erreur, et cela d'autant mieux qu'ils seront plus conséquents. « La raison humaine reste toujours glorieusement humaine (humaine, même quand elle fait le plus grand effort pour désavouer sa nature !) et elle interpose un voile impénétrable entre nous et toute vérité ou réalité qui est vraiment étrangère à notre nature[31]. »

Enfin, si nous avons le courage de pousser à bout notre pensée, c'est-à-dire de construire une métaphysique, nous arriverons inévitablement à la modeler sur cette nature humaine qui est notre type. La

30. «*...in the context of and in connexion with some purpose.*» *Ibid*, 45.

31. «*...which is really alien to our nature.*» Mais peut-on concevoir qu'il y ait dans le monde quelque chose de radicalement étranger à notre nature ? Il semble bien que, en ce sens du moins, le monisme est à peu près incontestable.

psychologie, aussi bien que la logique, nous y conduiraient également. Une fois cette idée atteinte, nous pouvons donc l'appliquer à la théorie de la connaissance et c'est notre dernière étape. Nous définirons alors le pragmatisme : « (7°) L'application consciente à l'épistémologie d'une psychologie téléologique, qui implique en dernière analyse une métaphysique volontariste. »

Toutes ces définitions, conclut M. Schiller, sont d'aspect assez varié; au fond, pourtant, elles reviennent au même : « Il reste à ajouter que puisque la réalité n'est pas quelque chose qui précède la vérité dans le fait de la connaissance *(in actual knowing)*, puisque la priorité qu'on lui accorde est toujours, comme dit W. James, un décret porté après coup, et un honneur qui lui est décerné postérieurement à sa découverte, il faut en conclure que ce que nous avons dit de la vérité est valable, *mutatis mutandis*, de la réalité, et que, par suite, dans le développement de notre connaissance, la « fabrication » de la réalité suit côte à côte la « fabrication » de la vérité. Notons seulement, comme avertissement final, que ni dans un cas ni dans l'autre, cette fabrication ne doit être conçue comme une création *ex nihilo* [32]. »

Ici, le sol commence à devenir mouvant. Sans être création *ex nihilo* la vérité ne comporterait-elle pas une part d'arbitraire, d'indétermination, impossible à justifier, ni par la nature fixe de l'esprit, ni par celle d'une réalité qui se présente comme essentiellement plastique ? Et si ce *clinamen* se glisse dans la connaissance, où sera le principe capable d'en limiter l'effet ? Partis, avec Peirce, d'une conception toute objectiviste de la vérité, nous nous trouvons

32. *Ibid.*, conclusion de l'article.

maintenant en communauté de formules, je ne dis pas même avec M. Poincaré, mais avec M. Leroy.

Il est visible que la nature d'esprit de M. Schiller est très opposée à celle qu'exprime *How make our ideas clear.* Dans l'article déjà cité du *Mind* il parle même en termes assez cavaliers du principe de Peirce : ce n'est qu'un truisme si on ne l'élargit pas ; ou il ne signifie rien, ou il implique toute la conception du monde qui constitue l'humanisme [33]. Aussi accepterait-il volontiers cette éternelle variété des opinions, que jugeait si sévèrement M. Peirce : il est prêt à accorder qu'il y aura toujours des humanistes et des absolutistes, ou du moins pendant un temps indéfini. Bien plus, il se félicite de ce que le professeur Dewey, tout en admettant des vues analogues, rejette quelques-unes de ses opinions favorites ; il ne faut pas que tout le monde pense de même [34]. — Il se peut bien que ce soient là de simples manières de parler ; et je ne serais pas étonné que plus tard M. Schiller cherchât de lui-même à limiter ce qu'a sa pensée de trop élastique et à se garder d'aboutir au fameux principe de Hume : *Anything may produce anything.* Et pourtant déjà ses jeunes disciples italiens ne le trouvent pas assez radical. Les rédacteurs du *Leonardo,* qui ont constitué à Florence un petit « club pragmatiste », ajoutent à ses sept formules une définition de plus : le pragmatisme c'est le déraidissement *(disirrigidimento)* des théories et des croyances ; il consiste à en reconnaître le caractère purement instrumental, à dire qu'elles ne valent que relativement à une fin ou à un ordre de fins donnés, et, par suite, qu'on peut les changer, modifier et transformer selon le

33. *The definition of pragmatism and humanism,* 236-237.
34. *Ibid.,* 239.

besoin. (Il en résulterait aussi, semble-t-il, que théories et croyances n'ont aucun besoin de s'accorder entre elles, pourvu seulement qu'elles servent à des usages ou à des ouvriers différents. Mais le manifeste du Club ne le déclare pas expressément.) Le pragmatisme englobe ainsi le *nominalisme* « qu'il élève du mot à la phrase, de l'idée générale à la totalité de la théorie » ; l'*utilitarisme ;* le *positivisme* (défini par l'exclusion des questions verbales et inutiles) ; le *kantisme,* à cause du primat de la raison pratique ; le *volontarisme* de Schopenhauer « qui a insisté sur l'influence que la volonté, comprenant les sentiments, exerce sur l'intelligence, c'est-à-dire aussi sur la science[35] » ; enfin le *fidéisme,* l'apologétique religieuse qui vient de Pascal, en tant qu'elle est intéressée à relever l'importance de la foi, à chercher les moyens de créer, développer ou reconstituer les croyances religieuses. Si complexe dans ses origines, ce n'est pas merveille que le pragmatisme soit infiniment varié dans ses formes. On peut les ramener à trois grandes classes ou plutôt à trois étages. La première concerne la relation du général au particulier : elle définit les idées par ce qu'elles impliquent et juge des positions par leurs résultats ; « d'où naît le besoin de déterminer quel autre critérium nous pouvons employer pour préférer une hypothèse à une autre, quand toutes deux conduisent aux mêmes conclusions ». (On remarquera l'opposition de cette thèse à celle de Peirce et de James, suivant qui deux hypothèses, dont toutes les conséquences sont identiques, ne sont au fond qu'une seule et même hypothèse.) — La

35. *Il pragmatismo messo in ordine*, «Leonardo», avril 1905, p. 46. — Cette interprétation de Schopenhauer est au moins hardie. Mais je n'aurais garde de discuter cet article. Je le cite seulement comme un aspect du pragmatisme.

seconde zone concerne le choix et la gradation des théories ; c'est la région des *écarts successifs :* on écarte d'abord les questions qui n'ont pas de sens, puis celles qui sont les moins intéressantes, puis celles dont l'étude paraît devoir être la moins rémunératrice. Tout y dépend des fins, qui sont posées par le sentiment et la volonté : applications pratiques, économies de la pensée, ordre et symétrie, tranquillité d'esprit, suppression de l'étonnement, libération à l'égard des craintes, etc... — La troisième terrasse est la culture de la croyance, ou *pistique.* On y découvre et l'on y considère les causes de la foi, le désir de croire, le plaisir du risque ; les effets de la foi, soit sur la chose même que l'on croit, soit sur la conduite de la vie. « Cette région est la plus importante, parce qu'elle enseigne à se faire des convictions, et par elles, à transformer la réalité... C'est pourquoi elle est considérée par quelques-uns comme l'unique théorie pragmatiste. » La conclusion est que le pragmatisme ainsi défini ne doit être considéré essentiellement ni comme un scepticisme, ni comme un mysticisme, ni comme une apologétique, ni comme un immoralisme, ni comme une philosophie de la réaction ou du caprice. Elle peut conduire à tout cela, mais aussi, *pourvu qu'on le veuille*[36], à toutes les théories contraires. Jusqu'à présent, il est vrai, ce sont surtout les apologétistes qui ont employé à leur profit la méthode d'acquérir la croyance par les actes correspondants ; mais pourquoi, si l'on en a envie, n'emploierait-on pas la même méthode à acquérir des croyances matérialistes ? Le pragmatisme « est donc en somme une théorie corridor, corridor d'un grand hôtel, où cent portes s'ouvrent sur cent chambres. Dans l'une,

36. *Se si vuole,* en italique dans le texte.

il y a un prie-dieu et un homme à genoux, qui veut reconquérir la foi ; dans l'autre, un bureau, et un homme qui veut détruire toute métaphysique ; dans la troisième, un laboratoire, où un savant cherche une nouvelle prise sur l'avenir. Mais le corridor est à tout le monde et tout le monde y passe ».

Le propre du pragmatisme, ainsi compris, est donc de nous mener, au point de vue intellectuel, où il nous plaît d'aller. C'est l'art de « plier la machine » et la théorie justificative de cet entraînement. Pas de vérité objective qui dépasse l'individu, et qu'on ait le droit de revendiquer contre lui. Liberté absolue de croire ; suppression de toute discipline commune, considérée comme une étroitesse d'esprit et une tyrannie. Il semble, en effet, qu'on ne saurait pousser plus loin le *disirrigidimento*... s'il n'était pas vrai qu'en matière de pensée comme en matière politique, la liberté absolue de tous, c'est l'oppression universelle, et que supprimer les lois, c'est n'affranchir que les plus forts, ou ceux qui resteront en sous-main les mieux organisés. Protagoras prépare la route à Gorgias.

De là vient aussi l'usage religieux de cette théorie logique. M. Irwing King s'en sert pour justifier une vue transformiste du dogme chrétien, que soutiennent aujourd'hui bien des théologiens libéraux [37]. S'il y avait une vérité leibnizienne ou kantienne, à laquelle la pensée fût soumise, comment expliquer qu'une affirmation, rejetée aujourd'hui comme fausse, ait pu être admise autrefois légitimement par la chrétienté ? Mais si la vérité n'est qu'un appendice de l'action, il suffira pour l'identité de la foi reli-

37. *Pragmatic interpretation of christian dogmas*, «Monist», avril 1905.

gieuse qu'elle ait toujours tendu pratiquement dans un même sens, et si les théologiens de jadis ont énergiquement défendu la fixité des espèces ou l'immobilité de la terre, ce ne sera pas plus une objection contre leur foi que le fait d'avoir préféré la poste au télégraphe ou le cierge à l'électricité. L'attitude religieuse est essentiellement pratique : la « conception fonctionnelle de la réalité » rend intelligible la naissance et la transformation des dogmes. Le Nouveau Testament ne formule pas le dogme de la Trinité. Pourquoi ? Parce que la chrétienté primitive est tout entière appliquée aux problèmes concrets de la vie. Il apparaît d'abord comme un « *working concept* [38] » qui complète la notion courante de la divinité. Le Saint-Esprit sert à exprimer l'ordre surnaturel, les événements dont on ne trouve pas une explication dans les faits habituels ou dans la présence immédiate de Dieu. L'idée du Fils est d'abord celle « du médiateur de certaines expériences déterminées », l'expression du chrétien idéal, de l'homme dans son rapport avec Dieu. Ainsi rien n'est plus sophistique que de demander si un pareil dogme est vrai ontologiquement : il est vrai s'il est utile ; c'est « un outil intellectuel ». La seule preuve de la validité de notre pensée, c'est la puissance de résoudre les crises qu'engendre l'expérience : ce qui résout ces crises est réel, mais peut n'être qu'un fragment de la réalité. Ainsi nous gardons toujours le droit de modifier nos idées sans toucher à ce qui fait vraiment la foi. Le seul danger est que les générations nouvelles prenant « *the meaningless intellectual machinery* » pour l'essence même de la religion, ne les rejettent l'une et l'autre indistinctement. Le pragmatisme y porte

38. *Ibid.*, 254.

remède, en nous apprenant que, si imparfaite que soit notre pensée, elle est vraie si elle suffit aux besoins qui l'ont fait naître, et que tout ce qu'on pourrait lui demander de plus est un non-sens.

Ainsi raisonne, au nom de la théorie nouvelle, un homme d'esprit religieux, préoccupé de sauver la foi par un élargissement du dogme, mais indépendant et libéral. Au service d'une orthodoxie plus stricte et plus disciplinée, le pragmatisme réalise un dernier avatar : il ressuscite la vieille doctrine de la « bonne cause » et reprend à son compte la méthode d'argumentation finaliste qui prouve l'immortalité de l'âme par sa vertu consolatrice, et la réalité de l'enfer par l'heureux concours que le diable apporte au gendarme. « Le côté religieux du système, dit M. Dessoulavy, sa capacité de moyen apologétique ne manqua pas d'attirer de bonne heure l'attention du monde religieux anglais. Déjà en 1902, on signalait dans le *Monthly Register* (novembre) l'utilité qu'il y aurait à faire valoir le pragmatisme. Une année plus tard, M. Vesey Hague, dans une série d'articles dans le *Irish Ecclesiastical Record,* considérait le pragmatisme au point de vue religieux, et tout dernièrement un auteur anonyme faisait de même dans le *Tablet* [39]. »

Comme les rédacteurs du *Leonardo,* l'auteur considère d'abord le pragmatisme comme le « point culminant » et la synthèse des philosophies du XIXe siècle. Il est la forme supérieure de l'utilitarisme, de l'évolutionnisme et du kantisme. Mais alors, ne tombera-t-on pas dans le scepticisme, qu'on a si souvent et avec de si fortes raisons reproché à ces doctrines ? « Non, parce qu'il reste un principe, un critère connu déjà, qui, selon l'ancien adage, est

39. C. Dessoulavy, *Le pragmatisme,* « Revue de philosophie », juillet 1905, p. 90.

Primum in cognitione, ultimum in executione; c'est la fin, le résultat, l'effet : το πρᾶγμα. La vérité se trouve dans, et se montre par le résultat : est vrai, ce dont bien résulte; est vrai en théorie ce qui est bien en pratique. Supposons deux propositions contradictoires : « Il est convenable que les méchants soient punis dans l'autre monde. » « Il répugne qu'une punition ultérieure atteigne les méchants [40]. » Supposons d'ailleurs qu'il soit impossible de démontrer une de ces propositions de manière à rendre l'autre insoutenable. Laissons maintenant discuter entre eux les métaphysiciens, et venons aux résultats; tour à tour, nous supposerons vraie la première, puis la seconde proposition : il est évident que la façon d'agir du monde serait autre, étant donnée la croyance universelle à la première proposition, qu'elle ne serait si tout le monde convenait de la répugnance aux punitions dans la vie suivante. Il est aussi clair que la conduite de ceux qui croiraient à une telle punition serait bien autrement correcte que celle de ceux qui n'y croient pas du tout; d'où il suit que la première proposition, étant bonne dans ses effets, est vraie [41]. » — « Les avantages du système pragmatique sont nombreux... la question de la liberté psychologique s'y trouve immédiatement résolue; l'existence de Dieu, la providence, l'immortalité, s'y démontrent par leurs heureux effets sur notre vie terrestre, et la démonstration a l'avantage d'être facile, compréhensible, à qui possède les rudiments de l'histoire... Le vrai c'est l'utile; c'est dans cette affirmation que consiste le pragmatisme [42]. »

40. On remarquera que ces deux propositions, ainsi énoncées, ne sont pas du tout contradictoires. Mais c'est sans doute pour en adoucir un peu l'expression.

41. *Ibid.*, 91.

42. *Ibid.*, 94.

III

Il ne saurait être question, en finissant, de juger une chose aussi diverse que le pragmatisme ; moins encore de « laisser de côté tout ce qu'en on dit les autres », à la façon cartésienne, et de conclure par un de ces exposés personnels qu'on intitule avec complaisance : *my own pragmatism.* Il vaut mieux tâcher de s'en rendre compte, et chercher quelle pièce de la vieille charpente intellectuelle a faibli, de telle sorte que son défaut provoque toute cette effervescence intellectuelle.

Le point de départ du sens commun, c'est qu'il existe un monde réel, et que la connaissance en est la copie. *Scientia est essentiae imago,* disait Bacon. La critique de la sensation a d'abord fait paraître cette thèse trop ambitieuse et elle a été restreinte à la partie rationnelle du monde, après déchet des qualités sensibles qui ne sont pas considérées comme existant en soi ; sous cette réserve, elle reste la croyance très ferme de Descartes, Spinoza, Leibniz et de toute leur école. C'est la théorie de la raison impersonnelle. Elle a fini par être à son tour abandonnée, et les pragmatistes, quand ils frappent à grand renfort d'arguments sur le système de la connaissance-copie, enfoncent en réalité une porte ouverte, voire démolie depuis un siècle. D'autre part, si la pensée ne reproduit rien qui lui soit extérieur, peut-elle encore être dite vraie ou fausse ? Sera-ce à la manière de Spinoza, en vertu de sa dénomination intrinsèque, en tant qu'elle sera parfaite, adéquate, sans obscurité ni lacune ? Mais ce critérium est devenu inapplicable pour un esprit moderne, averti de tout le mécanisme inconscient qui prépare l'esprit, et qui le fait aboutir au sentiment de la pleine conviction. Notre idée de l'espace, obscurcie, et légitimement obscurcie en un certain sens par les métagéomètres, ne peut plus nous donner cette satisfaction intégrale qui mettait un cartésien en présence de Dieu. — Sera-ce à la manière de Kant ? Mais s'il échappe au scepticisme — et tous ceux pour qui la métaphysique est une valeur d'usage, comme les théologiens, se refusent à croire qu'il y échappe — c'est uniquement par l'idée d'un esprit humain, d'un jugement pur, aussi parfaitement immuable qu'une espèce antédarwinienne, aussi constant que les instincts attachés depuis la création à la nature de cette espèce. Les irrévérences de M. W. James à son égard ne font que souligner une conclusion à laquelle la presque totalité des philosophes était déjà venue sans éclat : il n'y a pas actuellement d'esprit humain absolu ; pas de « principes métaphysiques de la science de la nature ». La tentative de saisir l'essence du jugement, le « je pense », pour en déduire des catégories et des principes, est une gageure que personne ne voudrait tenir aujourd'hui : cause, substance, réciprocité, possibilité, nécessité ont une histoire, où l'on voit leur dépendance à l'égard de l'expérience et peut-être même de la volonté. — Voilà le mal à nu : c'est une législation qui s'en va et qui n'est pas remplacée. Rien ne domine et ne mesure plus la valeur de la pensée individuelle, si ce n'est un sens commun mobile et contradictoire, contre lequel les grands hommes se sont insurgés sans cesse, avec raison, et avec succès.

Nous vivions sur une garantie dont l'authenticité se trouve compromise. Si ce n'est pas Dieu qui a donné à Moïse les tables de la loi, pourquoi chacun ne se ferait-il pas les dieux qui lui plaisent ? Et tout de suite les moins scrupuleux, ou ceux dont les appétits sont les plus robustes, sautent comme des écoliers en vacances : « Plus de règlements, plus de contrainte ! on va faire tout ce que l'on voudra. »

Le problème est donc précisément le même que celui de la morale indépendante ; en fait, il donne naissance à des solutions très analogues : scepticisme absolu et dilettantisme anarchiste ; scepticisme scientifique et refuge dans une religion positive ; tentative de faire vivre la science au jour le jour, comme la morale, en vertu de la vitesse acquise, en la pratiquant de façon honnête et en évitant d'en scruter les principes ; utilitarisme à tous ses degrés, justifiant l'idée par son succès ; appel à la conscience scientifique des hommes, effort pour leur montrer autour d'eux des vérités ou des règles dont personne ne doute effectivement. Toutes ces solutions sont les variétés du pragmatisme. Son problème général, qui n'est pas expressément posé, est celui-ci : trouver quelque chose qui domine et qui juge la pensée individuelle, qui la constitue à l'état de vérité et d'erreur. Sera-ce l'action ? — Il faut distinguer : non, s'il s'agit de l'action *individuelle.* Un aveugle ne conduit pas loin un autre aveugle. Nous les avons vus errer à l'aventure et finalement s'arrêter n'importe où. Il n'en est pas de même de l'action et de la pensée *collectives.* Elles peuvent fournir un critérium et rendre à l'individu cette autorité de la raison impersonnelle dont l'affaiblissement cause tant de perturbation. On s'explique même très bien, dans cette hypothèse, pourquoi l'idée de la science-copie persiste si fortement dans les esprits modernes, en dépit de tout le criticisme. Bien interprétée, elle est légitime. Si la vérité sur un sujet est la limite idéale vers laquelle tendent, dans leurs oscillations, les opinions humaines de mieux en mieux éclaircies, documentées et comparées, on comprend très bien pourquoi nous nous représentons tous instinctivement la pensée vraie comme un duplicata de son objet : tous les deux sont vraiment homogènes ; l'idée peut reproduire le réel, puisque le réel n'est autre que l'idée, en tant qu'elle ne devrait rien à l'individu comme tel, et qu'elle serait universellement valable. « Le vrai, c'est l'être », disait Bossuet ; on peut garder la formule si l'on se souvient que l'être, même le plus concret, est fait d'idées. Que ce type ne soit pas quelque chose d'antérieur, de tout fait, mais un ensemble de directions vers une unité virtuelle, qu'on ne pourrait prévoir *a priori,* qui ne se révèle que dans son progrès, cela ne diminue pas sa valeur, ni même son actualité. L'universalité du devenir et de l'action n'est ruineuse pour la vérité que si l'on y fait entrer le caprice, si l'on exclut la régularité de ce devenir et la convergence de cette action. Et il se pourrait sans doute qu'il en fût ainsi ; comme il se pourrait qu'un essaim d'atomes n'eût jamais fait un monde. Mais nos connaissances acquises et le mouvement présent de notre pensée nous invitent justement à choisir la conception contraire et à admettre des *limites* vers lesquelles tendent les perceptions et les désirs donnés dans l'expérience immédiate. Toutes futures et peut-être indéfiniment reculées que soient ces limites, elles sont aussi réelles que les anciennes substances ou les anciens principes dont elles prennent la place, puisqu'elles expriment, qu'elles condensent en elles l'essentiel des actions présentes, c'est-à-dire leur direction.

Je crois qu'il serait facile de trouver chez les pragmatistes les plus systématiques et notamment dans le pragmaticisme de M. Peirce les pierres d'attente d'une théorie de la vérité définie par la subordination de la pensée individuelle à la pensée collective, par la convergence des pensées, et par l'identification des « réalités connues » aux limites idéales de la connaissance *in actu*[43]. Ce serait sans doute arc-bouter l'idée purement pragmatique à une sorte de communisme intellectuel, mais ce ne serait pas l'affaiblir, ni même la faire déchoir à un rang inférieur.

On peut d'ailleurs remarquer que cette vue nous ouvrirait une troisième route entre les deux hypothèses opposées que considère M. William James : la vie intellectuelle existe-t-elle pour elle-même, est-elle une espèce d'impératif catégorique ? — ou bien n'est-elle qu'un moyen, le moyen d'assurer notre existence et de prévenir les dangers dont « l'expérience pure » nous menace à chaque instant ? Il a montré lui-même que la première supposition ne signifiait pas grand'chose, et nous avons fait voir plus haut que la seconde n'expliquait pas les faits : car rien ne serait plus facile que d'imaginer un être admirablement adapté, sans la moindre représentation intellectuelle du milieu auquel il s'adapte ; et il est bien connu d'ailleurs que plus cette correspondance est parfaite, et plus elle échappe à la conscience. Mais la représentation a un autre caractère : elle fait communiquer entre eux les esprits. Construire un monde objectif veut dire

43. Je viens de lire, trop tard pour pouvoir en parler dans le corps de cet article, la fin de la belle étude de M. Alfred Hoernlé, *Pragmatism versus absolutism*, parue dans les numéros du «Mind» de juillet et d'octobre. Je tiens cependant à la mentionner, tant pour son intérêt intrinsèque que pour ses conclusions. M. Hoernlé s'est donné pour but de critiquer impartialement M. Bradley d'un côté, M. Schiller de l'autre; il est amené à reconnaître que la question, dans ce qu'elle a d'essentiel, concerne le rapport de l'individuel et du collectif; ce que les humanistes et leurs adversaires n'ont aperçu qu'incidemment.

construire un monde valable pour tous, que tout le monde est censé, pour le moins, percevoir de la même façon. La science et l'intelligence ont donc certainement pour effet de démolir les cloisons qui séparent les individus. A la limite, elles remplaceraient la multiplicité des opinions et des images particulières par une pensée commune, où tous les esprits viendraient s'unifier [44]. Si l'on pose la question du pourquoi, ce progrès de l'unité intellectuelle me semble fournir, dans l'état actuel de nos connaissances, la réponse la plus plausible qu'on y puisse donner. Le but de l' « intellectualisation » serait alors de corriger le morcellement de la vie, l'incompréhension réciproque des êtres ; de construire cet Esprit universel, cette unité parfaite dont ont rêvé presque tous les grands philosophes, mais qu'ils se sont le plus souvent représentée comme étant à l'origine des choses, tandis qu'elle se place bien plus vraisemblablement à leur limite. S'affranchir par degrés des limitations de la vie individuelle, de son imperfection, de sa pauvreté, de son échec final et inévitable, s'efforcer de s'ouvrir sur les autres, de partager avec eux ce qu'on possède et d'acquérir en échange ce dont on manque ; tendre à réaliser la communion des âmes, l'unité divine, — voilà un plan qui ne manque pas d'attrait, qui répond en tout cas à un instinct réel, profond, souvent exprimé par les poètes, les métaphysiciens, les moralistes, les fondateurs de religions. S'il est vrai qu'il n'y a point de pensée sans action, point

44. Je ne puis indiquer ici cette idée qu'en passant, et d'une façon très générale. Je l'ai analysée avec plus de détail, et j'ai tâché d'en donner des preuves plus systématiques dans *La dissolution* (chap. IV, §§ 65 à 77 et conclusion); — et dans un article : *Sur l'apparence objective de l'espace visuel*, « Revue philosophique », avril 1902.

d'action sans but, et que, par suite, nous ne pouvons nous soustraire à la question de la finalité, celle-ci me paraît moins fantaisiste que le devoir de penser pour penser ; et elle rend mieux compte des faits que le besoin de se défendre contre les accidents de la vie. Elle est fragile sans doute, par son extrême généralité, mais du moins ne prend-elle son point d'appui que sur des données réelles et sur des sentiments observables. Pour le surplus, il serait bien contraire à la liberté de l'esprit de se l'interdire, il suffit seulement qu'on sache ce qu'on fait, et qu'on ne prenne pas une maquette pour un monument.

DU PARALLÉLISME FORMEL DES SCIENCES NORMATIVES [1]

Par *sciences normatives*, j'entends ici les recherches systématiques qui ont pour matière non des faits, mais des jugements de valeur, considérés comme tels. Et comme toute science, par ses applications, enveloppe des jugements de cette sorte, je restreins encore cette définition à celles qui ont pour principal objet une valeur catégorique, c'est-à-dire une valeur qui ne tire pas d'une science étrangère son caractère appréciatif ou impératif. On ne considérera donc pas la physique comme normative, parce qu'elle nous apprend que l'énergie cinétique est de valeur supérieure à l'énergie calorique : cela relève de l'économie. Et si l'économie elle-même apprécie des valeurs (ce qui n'est pas la même chose que de constater des prix), c'est dans la mesure seulement où elle se réfère à des jugements généraux d'utilité, et de hiérarchie dans les fins, qui sont d'ordre moral. On en dirait autant des rapports de la grammaire et de la logique. Il est facile de voir le sens de cette réserve, en la rapprochant de la distinction faite par Aristote entre les sciences qui sont architectoniques l'une de l'autre.

Mais, quand il s'agit de normes, on peut entendre de deux façons le rapport d'une science et de ce

1. *Revue de métaphysique et de morale*, juillet 1911 (numéro exceptionnel consacré au IVe Congrès de Philosophie).

qu'on appelle la « matière » de cette science. Ou bien on voit simplement, en ces normes, un produit historique, dont on constate et décrit les formes d'existence, les manifestations, soit objectives, soit individuelles ; et dans ce cas l'on se soucie peu qu'elles soient cohérentes ou contradictoires, praticables ou impraticables pour celui qui les étudie. On en parle comme Spinoza parlait des passions. Ou bien, au contraire, on postule d'abord la légitimité de l'attitude appréciative correspondante ; on admet qu'on ne fera pas évanouir la réalité dont il s'agit en critiquant les formes historiques qu'elle a revêtues ; on prend pour accordé, par exemple, qu'il y a du bien et du mal, du beau et du laid, ayant une valeur synnomique ; et par l'étude des jugements normatifs, de leurs causes, de leur enchaînement, de leur implication, on se propose d'instituer une analyse qui prête à la vie affective et volontaire le secours de l'intelligence, au besoin même qui lui impose son contrôle. Une science normative, en ce sens, est proche parente de ce que Kant appelait une *Critique,* si ce n'est que sa critique portait exclusivement sur les idées (au sens courant de ce mot), tandis que celle dont il s'agit réclame au contraire une documentation expérientielle aussi exacte et aussi complète que possible.

Je ne conteste donc nullement l'impossibilité de tirer jamais le droit du fait, la prescription ou l'appréciation de la simple constatation ; et c'est généralement en ce sens qu'on entend, pour la rejeter, l'expression de « science normative » ; — mais il reste tout à fait légitime de tirer le droit du droit, par l'intermédiaire du fait ; de travailler, par conséquent, à introduire la preuve objectivement valable dans le domaine de la volonté ; et c'est ainsi que j'entends cette même expression.

Ceci posé, on peut reconnaître, dans l'état actuel de nos études, trois sciences normatives irréductibles, consacrées d'ailleurs par une longue tradition, et qu'on doit considérer, bien plus que la métaphysique ou la théorie de la connaissance, comme l'étude de la vie spirituelle et le noyau vivant de toute philosophie : la logique, l'éthique ou morale, et l'esthétique. Entre ces trois sciences, malgré leur originalité indiscutable, et la spécificité de leur objet, il existe un parallélisme formel intéressant, que j'ai tenté de résumer en tableaux.

Je considère, dans ces tableaux, les caractères des sciences normatives telles qu'elles se présentent à l'observation : mais je ne doute pas que ce parallélisme ne continue dans toute analyse critique de ces études, et dans toute tentative pour les organiser plus parfaitement. On en trouve, par exemple, une confirmation dans le récent ouvrage posthume de M. J.-J. Gourd : *Philosophie de la Religion,* où il établit la correspondance de l'héroïsme moral, du sublime esthétique, et de l'incoordonnable logique, tous trois valeurs incontestées, et cependant « hors de la loi » du domaine normatif auquel ils ressortissent. Sans doute, chacune de ces sciences offre, sur certains points, un aspect ou un développement qui lui est propre : analogie n'est pas identité. La logique formelle, par exemple, apparaît comme une excroissance à laquelle rien ne répond dans la morale ou l'esthétique. Cependant, même dans ce cas, on trouve un caractère comparable dans les règles de la mélodie et surtout de l'harmonie. Ici, comme là, des schèmes formels se sont cristallisés en un système rigoureux, doté d'un algorithme précis, qui permet de les manipuler *in abstracto.* Il serait aussi difficile d'ajouter une note à la gamme qu'un mode au syllogisme. L'accord parfait n'a pas son rôle moins bien défini que la proposition universelle, ou les renversements que les oppositions. Et, d'autre part, la science harmonique, « la logique du discours musical », n'est pas plus capable à elle seule de produire la beauté que la logique formelle de réaliser une invention scientifique.

Ce parallélisme me paraît susceptible de trois sortes d'applications :

1° Il fournit un critère extérieur pour discerner les système dérivés des systèmes fondamentaux, et justifie ce que nous avons d'abord admis par provision : que ces trois sciences sont les sciences normatives essentielles, dont les autres empruntent toute leur faculté d'évaluation. Les correspondances qui se manifestent entre la logique, l'éthique et l'esthétique ne se retrouveraient pas intégralement entre elles et la science économique, la grammaire, le droit, la thérapeutique ou la connaissance de la mode. Quelques-unes sans doute subsisteraient, comme on peut s'y attendre : l'instinct linguistique est en quelque mesure l'analogue de l'évidence logique, de la conscience morale, de l'intuition artistique. Mais il n'y a pas de problème du « fondement de la grammaire », ni de la priorité de ses principes, parce que toutes les questions de ce genre nous renvoient immédiatement à la logique générale.

2° En tenant compte de cette analogie, on facilite, pour chacune de ces sciences, la solution de tout problème qui se trouve mieux posé, ou même résolu déjà dans l'une des sciences parallèles. C'est ainsi que la distinction des « fondements » et des « principes », si confuse en morale, a été faite en logique avec toute la clarté désirable par les mathématiciens modernes. — L'attitude de l'utilitaire nous fait comprendre celle du pragmatiste. On accuse l'un de ruiner les fondements du devoir, l'autre de ruiner les fondements de la vérité. Les deux accusations reposent sur le même malentendu : ils prennent leurs normes respectives pour valides, mais indéterminées, et ils cherchent quel en est le contenu, au lieu de les prendre pour bien définies, mais douteuses, et d'en chercher une justification. — La théorie qui fait de l'art un jeu s'éclaire par les remarques des géomètres contemporains, qui comparent leur travail à une partie d'échecs. On voit alors combien elle est tardive et dérivée ; on comprend que l'idéal artistique a été d'abord chose grave, sérieuse, sacrée, avant de « sortir du temple » et de prendre le caractère d'un sport individuel. — En même temps le caractère collectif et synnomique de l'idée de beauté, si mal apparent en elle-même, se dessine vigoureusement quand on la rapproche des idées de vérité et de bien moral. Et celles-ci sont à leur tour susceptibles de se mettre réciproquement en lumière : Littré disait que la justice a la même base que la science, et M. Paulhan proposait, dans son dernier livre, « de réformer la logique sur le modèle d'une morale qui serait elle-même convenablement élargie ». — On sait enfin que l'éthique, en cherchant son point d'appui dans la vie sociale, oscille sans cesse, tour à tour attirée et repoussée par l'interdépendance organique, qui résulte de la différenciation : elle ne peut formuler son idéal, comme dans le célèbre sonnet de Sully Prudhomme, sans découvrir aussitôt combien il est insuffisant ; mais tout s'éclaire si l'on se demande comment la Logique résout la même question ; car elle montre sans hésitation que la Société génératrice des valeurs spirituelles est une *autre* société que celle des membres et de l'estomac : non pas solidarité de besoins, mais communauté d'êtres qui se ressemblent et qui involuent dans le sens d'une sympathie toujours plus étendue, en surface comme en profondeur ;

3° Enfin l'intérêt philosophique de ce parallélisme est de nous suggérer fortement qu'une cause commune produit ces ressemblances de détail. Lorsqu'on faisait de la Raison une législation purement intellectuelle, et définitivement formulée en quatre ou en douze articles, il pouvait sembler intolérable d'en faire dépendre la morale et l'art. Mais si l'on y voit, ainsi que j'ai essayé de le montrer, une *vection* caractéristique de la vie de l'esprit, qui ne se présente jamais « à l'état pur », qui se manifeste au sein de matières très diverses, comme un même levain en différentes pâtes ; qui, par suite, apparaît sous les formes les plus variées, et pourtant reste toujours une dans sa direction fondamentale ; — on comprendra que les valeurs scientifiques, éthiques et artistiques puissent y trouver une loi commune et soient comme les faces extérieures d'une pyramide, qui, tout en se tournant le dos l'une à l'autre, concourent pourtant au même sommet [2].

2. Cet article était suivi, dans la *Revue de métaphysique et de morale*, de deux tableaux comparatifs de la logique, de l'éthique et de l'esthétique, l'un au point de vue de leur état, tel qu'on le constate en fait, l'autre au point de vue des problèmes qu'elles se posent.

LE FORMALISME ET LES VALEURS LOGIQUES [1]

Les récents progrès réalisés par le formalisme logique ont beaucoup contribué à séparer nettement la Logique de la Psychologie; mais peut-être ont-ils aussi contribué à rendre moins apparent le caractère essentiel qui fait cette distinction. Il est certain qu'il est impossible de tirer les principes logiques de la manière dont les hommes raisonnent, soit par une analyse du cours naturel de la pensée, soit en utilisant la connaissance de celui-ci pour une technique de l'assentiment. La Logique est plus ancienne que la Psychologie; elle est rigoureuse, tandis que les « lois » psychologiques sont fort lâches; et quant à la technique de la persuasion, cet art existe bien jusqu'à un certain point : mais, hélas, ses moyens les plus efficaces ne ressemblent guère à des démonstrations.

Des raisons analogues ne défendent pas moins de suspendre la Logique à la Sociologie : ce qu'expriment les règles logiques est bien sanctionné dans une certaine mesure par la Société, telle qu'elle existe en fait; mais elle sanctionne aussi des erreurs et des sophismes. Ce qu'elles visent est la communauté idéale de pensée où s'effacent les différences indivi-

1. Extrait des *Comptes rendus du VIIe Congrès international de philosophie*, Oxford, 1930, pp. 128 et suivantes.

duelles, non l'unité organique qui résulte de la division du travail social.

D'autre part le formalisme, en tant que système de notations à contenu variable et indéterminé, s'oppose assurément à la pensée concrète. Mais caractérise-t-il la Logique ? En ce qui concerne la prétendue Logique formelle de l'Ecole, Dr. F.C.S. Schiller paraît bien avoir montré, point par point, qu'elle était pleine de données étrangères. En ce qui concerne la Logistique, Couturat lui-même reconnaissait qu'elle n'est pas seulement un formalisme, car elle enveloppe des principes qui ne peuvent s'exprimer par de simples notations (par exemple le droit de substituer des constantes aux variables). D'autre part, si nous l'imaginons construite d'une manière entièrement décisoire, comme un simple jeu d'écritures, elle ne recouvrirait pas tout le domaine de ce qu'on nomme universellement « Logique »; et même, ce qui est capital, elle n'appartiendrait à ce domaine que par le *sens* qu'on attribuerait aux symboles. Or, la notion de sens déborde évidemment la forme. — Enfin, le formalisme et la possibilité d'opérer sur des symboles sans savoir ce qu'ils signifient peuvent se rencontrer ailleurs qu'en Logique ou en Mathématiques, par exemple en esthétique, dans la notation des rapports entre les sons musicaux et dans celle des lois de l'harmonie. Transposer est une opération d'algorithme que la surdité tonale la plus complète n'empêcherait pas d'effectuer correctement.

Ce *sens* pourrait être déterminé, dit-on, par les lois des objets sur lesquels on raisonne. Mais comment l'entendre ? Il peut s'agir, sous ce nom, des objets que considèrent les différentes sciences : c'est ainsi qu'on juge « logique » de négliger dans un calcul les décimales qui dépasseraient la précision des données. Mais alors la logique n'étant plus que la résultante de lois numériques, géométriques, physiques, sociologiques, etc., elle disparaîtrait en tant que discipline autonome. — Ou bien ce seraient les lois de tout objet de pensée en général, sans référence à aucune donnée d'expérience. Cette conception est admise par plusieurs écoles contemporaines. Mais elle est loin d'être satisfaisante. Ainsi qu'on l'a fait remarquer depuis longtemps, la formule $a = a$ est contradictoire en tant qu'elle exprimerait une nature : ou le second a est différent du premier, et la formule est fausse; ou il ne fait qu'un avec lui, et il n'y a plus rapport entre deux a. — De même, $a \supset b$ devrait signifier qu'un objet a rend nécessaire un autre objet b, qu'il en est la raison suffisante. Mais les consécutions expérientielles mises à part, un objet ne peut être la raison suffisante que de lui-même. Si l'effet diffère en quoi que ce soit de la cause (même au sens purement logique de ces mots) ce en quoi il diffère *n'est pas* effet de cette cause. Ainsi dans des objets de pensée considérés comme indépendants de l'acte par lequel quelqu'un les pense, ni le principe d'identité, ni l'idée d'implication n'ont une place intelligible. On en dirait autant de $(a')' = a$, $a^2 = a$, etc., et de tout ce qui en dérive.

Mais si nous acceptons de considérer toutes les formules de logique formelle ou de logistique comme l'énoncé de *valeurs* ou d'*obligations logiques,* tout s'éclaire et s'ordonne pour ainsi dire de soi-même.

Le sens de la formule $a \supset b$ (sens que personne ne conteste, même si l'on n'en fait pas l'essentiel) c'est qu'un esprit qui pense est tenu, s'il admet a, d'admettre b. Celui qui le refuse *a tort;* il est d'intelligence faible ou de mauvaise foi. Au minimum, il perd la partie, au jeu dans lequel $a \supset b$ est, soit un principe, soit une conséquence démontrée. Formellement, on sait que $a \supset b$ peut se définir par $a' \cup b$:

si l'on affirme *a,* on n'a pas le droit de nier *b;* si l'on nie *b* on n'a pas le droit d'affirmer *a : il faut choisir.* Une pareille alternative n'a pas moins que l'implication proprement dite un caractère d'obligation.

Mais $a \supset b$, ainsi entendu, est aussi satisfait pour $a'b$. D'où le paradoxe du faux qui implique tout. De notre point de vue, il revient à dire que celui qui a affirmé une proposition fausse *n'a le droit* de rien refuser au nom de cette proposition : ce qui est bien naturel, puisqu'elle est fausse. De même toute proposition, vraie ou fausse, implique le vrai, en ce sens que toute assertion (actuelle ou possible) suppose qu'*il y a* des propositions qu'on doit accepter; donc en affirmant quoi que ce soit, même une proposition fausse, on affirme qu'il y a du vrai; et par conséquent, *si* une proposition quelconque *p* est vraie, on s'engage à la faire sienne. Rien que de conséquent et d'intelligible en cela. Et du même coup on évite d'affirmer (ce qui est l'aspect choquant de la formule) qu'on pourra toujours déduire une proposition vraie donnée de n'importe quelle proposition fausse, qui peut n'avoir aucun rapport avec elle. Il faut, pour cette implication démonstrative, une condition de plus, la présence d'éléments communs entre les deux, ou leur insertion possible dans un système de propositions déjà constituées, en un mot d'autres obligations particulières liées à ces propositions en raison de leur contenu.

On voit que, sous cet aspect, la Logique reste parfaitement distincte de la Psychologie. Elle ne lui demande en aucune manière de lui communiquer les résultats de ses observations ou de ses inductions. Elle présuppose comme elle (et c'est pourquoi l'on s'y trompe) des esprits personnels, actifs, capables de juger et de choisir; mais elle présuppose de plus que ces jugements ou ces choix diffèrent en valeur. Pour qui s'établit fermement dans cette position, le redoutable axiome de Parménide devient une belle espérance : « Que la pensée soit identique à l'objet de la pensée ! » On peut le rapprocher de la suprême perfection intellectuelle d'Aristote, l'Immobile « qui nous meut en nous attirant ».

Faut-il ajouter que cette interprétation justifie très bien l'effort pour construire un algorithme aussi abstrait et aussi précis que possible ? Des obligations vagues n'ont aucune portée. La législation appelle une langue juridique rigoureuse. Des transactions honnêtes réclament des comptes en règle, dont Leibniz faisait déjà remarquer qu'ils sont une manière de raisonnements formels.

La Logique, telle qu'elle existe depuis l'Antiquité, a toujours posé des normes ; mais tantôt elle les énonce sous forme de règles, tantôt comme des lois nécessaires, tantôt comme des rapports entre des éléments métaphysiques. Parmi les règles du syllogisme, par exemple, les unes sont franchement normatives : « Aut semel aut iterum medius generaliter *esto* » ; d'autres semblent constater une sorte de fait : « Pejorem *sequitur* semper conclusio partem. » On ferait évanouir beaucoup de pseudo-problèmes si, d'un bout à l'autre, on donnait expressément aux propositions et aux opérations logiques la forme qui répond à leur caractère le plus constant.

Nous avons rappelé la contradiction inhérente à la formule $a = a$, en tant qu'elle exprimerait la nature d'un objet de pensée. Mais le principe d'identité cesse d'être évanescent s'il veut dire : « Le droit et le devoir d'affirmer ou de nier une proposition sont invariables et imprescriptibles. » Nous avons là, d'une part l'élément unique : c'est la *lexis* en question ; de l'autre, l'élément de diversité : la pensée qui dure, qui change, et qui en fait ne reste pas toujours fidèle à ses assertions. Impossible d'« ignorer tout le psychologique » comme le voulait Herbart. Mais non moins impossible d'en faire dériver le logique, qui s'y opposerait bien plutôt.

Appliquée au concept, $a = a$ signifie : « Il est interdit de changer le sens d'un terme au cours d'un raisonnement. » Il n'est pas nécessaire d'avoir consacré beaucoup de temps à l'étude des discussions philosophiques pour savoir que cet écriteau n'est pas inutile.

On en dirait autant du principe de milieu exclu (le mot même d'*exclu* indique, mais faiblement, un caractère normatif). La formule $(a')' = a$, d'où l'on tire $a \cup a'$, c'est l'obligation d'admettre ce qu'on ne veut pas, ou qu'on n'a pas voulu rejeter. Il va sans dire, ici encore, qu'on ne s'en prive guère. Tous les mauvais *distinguo* servent à faire croire que le second a, malgré l'identité des termes, n'est pas le même que le premier.

Les « inférences immédiates » concernent ce qu'on a le *droit* de conclure d'une proposition donnée, non le rapport intrinsèque des classes auxquelles elle se rapporte : c'est bien visible pour *SaP*, d'où il n'est légitime (l'existence des *S* étant admise) que de conclure à *PiS*, alors que peut-être c'est *PaS* qui est vraie. Toutes les conclusions « au moins », qui ne sont pas rares, même en mathématiques, présentent ce caractère quasi-juridique.

J'ai déjà fait remarquer ailleurs que le prétendu cercle vicieux du syllogisme disparaît aussitôt qu'on y voit le devoir intellectuel d'accepter la conclusion quand on a accepté les prémisses, à quelque titre que ce soit, ou sinon, de faire machine arrière, et de rejeter au moins l'une de celles-ci. D'une manière générale, la transitivité d'une relation *R*, ou la valeur de toute autre formule analogue, n'est autre chose que l'obligation marquée par la copule principale dans *aRb, bRc.* ⊃ *aRc,* puisque, dans la nature des choses pensées, il se peut très bien que *aRc* ne *résulte* aucunement de *aRb* et de *bRc.*

La question du principe de l'induction, la plus inextricable des apories logiques, peut se résoudre comme j'ai aussi essayé de l'indiquer dans un autre travail, par un énoncé franchement normatif (qui concorde mieux que tout autre avec l'usage réel de ce raisonnement) : « En l'absence de toute indication contraire, on doit juger que ce qui s'est toujours passé d'une certaine manière continuera à se passer de même [2]. » En quoi l'on pourra se tromper matériellement, car l'induction n'est pas apodictique ; mais si l'événement n'arrive pas, on n'en aura pas moins eu raison de s'y attendre. Ici encore l'analogie morale est évidente : *etiam non assecutis voluisse pulchrum est.* — Par ce biais, ou mieux par ce redressement, on ne répond pas seulement aux difficultés analogues à celles qui atteignent $a = a$ considéré comme loi des objets de pensée ; on réintègre pleinement l'induction amplifiante dans la Logique, qui ne pouvait, du point de vue constatif, ni l'absorber ni l'exclure tout à fait. Et ce n'est pas en dehors de la Logique formelle : car le calcul des probabilités fournit ici un algorithme dont la parenté avec le calcul logique est bien connue, et dont Mr. J.M. Keynes a montré d'autre part le rôle dans l'induction.

2. *Logique normative et vérités de fait,* « Revue philosophique », mars 1929; *Les théories de l'induction et de l'expérimentation,* un vol. petit in-8°, Boivin, 1929.

Pourquoi cette conception, qui détruit tant de faux problèmes, et à laquelle il n'est presque aucun logicien qui ne recoure par moments, n'a-t-elle jamais été adoptée avec consistance d'un bout à l'autre de la Logique ? Je crois en apercevoir deux raisons principales.

La première est l'idée courante, non seulement chez les positivistes, mais chez les métaphysiciens, que les faits ou les existences sont plus solides que les valeurs, et qu'il faut y faire appel pour « fonder » celles-ci. Mais c'est un préjugé que dément toute la philosophie moderne des sciences, et qui n'a peut-être d'autre origine que l'habitude de voir des règlements imposés ou sanctionnés par des chefs, des techniques déterminées par les résultats qu'on en attend. Comme l'a montré Whewell, les « faits » de chaque époque incorporent les appréciations de l'époque précédente, quand elles ont obtenu l'assentiment à peu près unanime de la nouvelle génération. Ce sont donc, au fond, les valeurs qui sont premières et fondamentales. Ne croire qu'aux faits, n'estimer que l'être, c'est faire comme le brave homme qui se borne à obéir à la morale courante de son époque, sans penser jamais à la faire progresser. Et sans doute cela vaut mieux que de suivre au hasard ses impulsions ou sa fantaisie. Mais si tout le monde s'en était tenu là, nous pratiquerions encore l'esclavage, et le Soleil tournerait encore autour de la Terre.

En second lieu, tout en reconnaissant des valeurs catégoriques, qui ne soient pas seulement l'expression ou l'effet d'une existence, on peut être rebuté par l'idée que nos principes logiques, tels que nous les formulons, ont une histoire, qu'ils ont été sujets à transformations et que par conséquent ils ne représentent pas cet absolu.

Mais cette suspicion mêle deux idées différentes.

Ce que Kant appelait formes *a priori* de la sensibilité, principes de l'entendement, idées de la Raison pure, tout cela ne peut être *formulé* qu'en y incorporant en effet beaucoup de matériaux étrangers et peut-être temporaires, de même que l'idée artistique ne peut se réaliser qu'avec des matériaux, des instruments, une technique qui sont fonction de leur époque, et qui mêlent leur nature à celle de l'idée primitive. La raison, en tant que système de propositions premières, est une raison mixte, variable, constituée par une lente incarnation dans le sein d'une multiplicité donnée qu'elle organise. C'est à cette raison-là que l'on fait appel dans les discussions scientifiques ou juridiques : mais elle est bien chargée d'expérience, cristallisée dans des formes contingentes par son travail antérieur. Aussi les empiristes ont-ils beau jeu à soutenir qu'elle a ses racines dans nos inductions physiques ou sociologiques les plus générales. Mais pourtant ils ne peuvent jamais obtenir gain de cause : car il y a d'autre part, dans l'expérience, des *échecs* et des *succès* de l'esprit, vivement ressentis comme tels, et par conséquent rapportés à une mesure de perfection qu'elle ne fournit pas. Il faudrait donc dégager la raison à l'état natif et créateur, la raison « constituante » et non plus constituée. Mais dès qu'on cherche une intelligibilité sans aucune détermination empirique, tout disparaît, semble-t-il, et se dissout dans le néant de l'identité pure.

Oui, ici encore, si l'on affirme l'identité comme un fait ; non si on la pose comme une valeur (et je crois, comme la valeur par excellence) : car toute valeur suppose la dualité dont nous avons besoin, le supérieur et l'inférieur, le pôle positif opposé au pôle négatif. « Le même, disait Platon, vaut mille fois mieux que l'autre, le semblable que le différent. » En descendant d'un degré vers le concret, nous pouvons dire que pratiquement doit être jugé progrès intellectuel ce qui réalise, tout compté, une assimilation des esprits entre eux, des choses entre elles ou des choses aux esprits. Il est facile de voir la parenté de cette norme et des formules de logique formelle les plus fondamentales, surtout si l'on tient compte de ce fait qu'un même esprit, dans ses actes successifs, est pour ainsi dire une suite d'esprits différents. Ce n'est point la raison à l'état rigoureusement pur, puisque l'existence même du divers y est mentionnée, ou figurée, alors qu'il *n'a pas droit* à l'existence. Mais elles ne retiennent de l'expérience que la présence même de celle-ci ; et par suite, si elles n'énoncent pas un absolu, ineffable par nature, du moins ne sont-elles plus solidaires des connaissances d'aucune époque ni par conséquent sujettes à varier par accident.

Lettre adressée par André LALANDE à Emmanuel LEROUX au sujet de la communication faite par celui-ci au Cercle Philosophique de l'Ouest le 20 mai 1939 et publiée dans le bulletin trimestriel du Cercle (numéro de juillet-septembre 1939)

MON CHER COLLÈGUE ET AMI,

J'ai été très vivement intéressé par votre communication sur *Les deux visages du principe d'identité*, et je crois être d'accord avec vous bien plus largement encore que ne le laisseraient supposer certains passages. Un seul point me paraît soulever de sérieuses objections : j'y viendrai en finissant.

Il me paraît hors de doute que le principe en question est en effet « un véritable nid de confusions et d'ambiguïté » et que les philosophes en font et ont fait depuis l'antiquité l'usage le plus sophistique. Tout d'abord, il faut écarter la prétention d'y voir une nécessité intellectuelle ; je dis nécessité au sens propre et non pas obligation : bien des esprits ne se gênent pas pour se contredire, et non pas seulement d'une manière verbale. — On répond d'ordinaire qu'alors « ils ne pensent pas véritablement », mais cette réponse n'est qu'un normativisme inconscient, ou honteux : car il est bien certain que dans le cas où l'on se contredit, on n'a pas l'esprit vide de tout contenu ; seulement, ce n'est pas un contenu légitime. Si « penser véritablement » c'est, par définition, penser d'une manière correcte, logique, dépouillée des confusions ou des rêveries subjectives, il est trop clair qu'on ne pense pas « véritablement », quand on pense de travers. Peut-être avez-vous lu dans le *Mind* de 1938, un charmant article de Charles I. Stevenson : *Persuasive definition*, où il relève entre autres tours de passe-passe littéraires, l'emploi du qualificatif *true* pour donner aux mots un nouveau sens, en laissant croire qu'ils gardent l'ancien. On pourrait ajouter cet exemple à ceux qu'il donne : dire que l'homme qui se contredit « ne pense pas véritablement », c'est dire tout simplement qu'il ne pense pas comme il devrait penser. Par quoi nous passons du fait au droit, donc de la psychologie à la logique.

A ce nouveau point de vue, la vague formule : « Ce qui est, est » prend un sens très net et très raisonnable, si l'on entend par là que ce qui est vrai reste vrai, que la vérité ou la fausseté d'une proposition est intemporelle, qu'on n'est pas tenu de redémontrer un théorème, ou un fait historique, dans l'opération même qui consiste à s'en servir. Et si l'on objecte que « La France est une monarchie » était vrai en 1789, et faux en 1795, on confond, comme dit Sigwart, le « temps *de* l'assertion » avec « le temps *dans* l'assertion ». Autrement dit, « La France est une monarchie » est une proposition incomplète, une simple fonction propositionnelle, tant qu'on ne dit pas à quelle époque. Il est donc parfaitement normal que suivant la façon dont elle est complétée, elle devienne tantôt une proposition vraie, tantôt une proposition fausse, dont la vérité ou la fausseté est dès lors invariable.

Tel me paraît être le sens logique simple et précis du principe d'identité. Si l'on en rapproche ensuite les notions de contrariété et de contradiction, l'on devra postuler pour leur emploi le principe que le contraire du vrai est faux, et, si on l'admet, le principe que de deux propositions contradictoires, l'une est vraie et l'autre fausse. L'intemporalité du vrai est évidemment nécessaire pour qu'on puisse faire pratiquement usage de ces principes dans le raisonnement, et nous en prenons surtout conscience par notre réaction contre celui qui dit blanc après avoir dit noir, c'est-à-dire qui viole le deuxième ou le troisième principe ; mais à parler rigoureusement il me semble, comme à Russell et à Couturat, qu'ils ne se réduisent pas formellement au premier.

Passons de la psychologie et de la logique à l'ontologie. Sur ce terrain, l'énoncé : « Ce qui est, est » me paraît dépourvu de sens. Cela seul, en effet, peut être jugé identique qu'on a d'abord considéré comme distinct. Un être n'est identique à lui-même, « que *pour une pensée* en travail » qui l'a d'abord décomposé en plusieurs aspects, ou qui l'aborde par différentes voies.

Cependant on peut donner à ce principe, ou plus exactement au principe de contradiction, une valeur pour la détermination de l'être : mais c'est à condition d'entendre par *être,* non la chose en soi, mais la réalité empirique, construite d'abord par la logique du sens commun, puis par celle de la science, à partir des données les plus immédiates de la perception. C'est bien une règle de la raison qu'une « réalité » reconnue pour telle (par exemple, la forme du globe terrestre, ou l'histoire de Charlemagne, ou l'atome de fer, ou le rayon lumineux) n'a pas le droit d'impliquer des contradictions. Si elle en présente, comme il arrive souvent, elle doit être considérée comme une apparence : *il y a en elle quelque chose à changer.* C'est même là que se cache, à mon sens, la part de vérité contenue dans les formules à effet sur la fécondité de la contradiction.

Cette réserve me paraît importante, parce qu'elle explique l'illusion de ceux qui ont cru pouvoir appliquer à l'être « (en soi) les principes d'identité et de contradiction, sans se rendre compte que l'être » auquel ils s'appliquent est un être construit, dont les déterminations dépendent d'un système de valeurs.

Il arrive aussi qu'on croit pouvoir affirmer, au nom du principe d'identité, la *permanence* (et non plus seulement la non-contradiction) de « ce qui est » dans le monde de l'expérience. On oscille alors en réalité entre une tautologie et un nouveau postulat, très différent du premier. Il est bien clair, en effet, que ce qui est perçu ou connu n'est pas toujours quelque chose de permanent : un chien, par exemple, ou une averse. Aussi se réduit-on à lui faire signifier et garantir *a priori* la permanence du fond des choses, de ce qui est vraiment réel. Mais à quoi reconnaître, ici encore, ce qui est vraiment réel ? A ce qu'il demeure le même à travers ses transformations apparentes. En sorte que le principe revient à assurer que ce qui est permanent est permanent : autant ne rien dire.

Mais c'est qu'au fond, sous cet énoncé vide, on pense à une autre proposition, très nettement distincte du « ce qui est », mais qui me paraît être un des principes de la raison constituée : c'est qu'*il y a* du permanent dans ce qui change, et que cette identité est un facteur de la réalité scientifiquement reconnue comme telle. C'est d'ailleurs là, si je ne me trompe, le sens que donnait Kant à la première analogie de l'expérience, et à son schème, la conservation de la masse. La question est alors ouverte de savoir, par observation, *quel est* ce permanent de la réalité empirique. Pour nous, actuellement, il constitue un genre dont la masse et les diverses variétés d'énergie sont des espèces, transformables l'une en l'autre. Il y a là une curieuse ressemblance avec le transport à l'espace-temps des fixités attribuées d'abord à chacun d'eux séparément.

J'aime beaucoup vos expressions si précises et si heureusement trouvées : « impératif de cohérence, optatif d'identification ». Vous avez bien raison de dire que le second ne devrait jamais être appelé principe d'identité, ce qui fait que, sans s'en apercevoir, on glisse d'un sens à l'autre, comme j'ai eu souvent l'occasion de le relever dans des dissertations d'étudiants. Quand j'ai essayé de montrer, il y a bien longtemps, dans ma thèse, que l'effort vers l'identique est le grand ressort de la pensée, et même de toute la vie de l'esprit, je crois m'être bien gardé de le présenter comme une forme ou une application de ce principe. Mais neuf ou dix ans plus tard, lorsque Meyerson a fait paraître son premier ouvrage : *Identité et Réalité,* il a eu l'idée malheureuse d'appeler expressément principe d'identité la croyance qu'au fond tout peut se ramener à de l'identique, et la tendance à interpréter les phénomènes suivant ce schéma. « Il est facile, dit-il, d'établir la liaison entre la notion du rationnel et celle de la persistance à travers le temps. Le principe d'identité est la véritable essence de la logique, le vrai moule où l'homme coule sa pensée. » (Première édition, p. 32.) — « Le principe de causalité n'est que le principe d'identité appliqué au temps. » (P. 33.) — « Le principe d'identité est la plus vaste des hypothèses que nous puissions formuler. » (P. 365.) — « Le principe causal crée encore dans la science la tendance à l'élimination du temps, et par son extension à l'espace, découlant également du principe d'identité, la tendance à l'unification de la matière. » (P. 401.) Je ne crois pas que lui-même ait jamais fait aucun usage sophistique de cette dénomination regrettable ; mais elle a facilité des équivoques que nos adversaires communs ont exploitées.

Cependant on peut dire que le principe d'identité, en tant qu'il pose au point de départ une altérité, et qu'il la résout en identité au point d'arrivée, est un schéma d'identification, une sorte d'*emblême* logique de « la supériorité du même sur l'autre », comme disait Platon. Je dirais aussi volontiers, dans une terminologie qui n'est pas celle de Meyerson, que le principe d'identité est ce qui, dans la raison constituée, est le plus voisin de la raison constituante. Mais je n'irai pas plus loin.

D'autre part, je suis entièrement d'accord que cette recherche de l'identification n'est pas toujours génératrice de vérité ! Que de fois on assimile trop vite, ou trop complètement ! Je crois même que les prétendues explications par différenciation sont une assimilation à rebours, et tirent de là tout leur attrait : les choses étant censées venir de l'homogène, elles se ramènent ainsi à l'unité, du moins régressivement. Et quant à l'apparition graduelle de la diversité, dans le sens où se fait l'évolution, on la laisse dans l'ombre, ou on la pulvérise jusqu'à la rendre insensible, comme l'a si finement remarqué M. Bergson. Je reconnais avec vous que cette tendance doit être complétée, équilibrée par une aptitude intellectuelle de sens inverse, l'aptitude à discerner et à reconnaître de bonne foi l'irréductible.

Il faut ajouter cependant que c'est une vertu, mais non pas un plaisir (sauf dans la mesure où l'on a plaisir à faire son devoir). La différence nous vient de la matière de notre connaissance ; on doit l'accepter, on doit même la chercher si l'on a des raisons de soupçonner qu'elle se cache quelque part. Mais lorsqu'on la découvre, on a le même genre de satisfaction que le médecin qui vient de poser un bon diagnostic : c'est du travail à faire qui nous arrive, par exemple dans l'observation de Mitscherlich, ou dans celle des deux densités de l'azote ; tandis que si l'effet optique eût été le même dans les deux cas, ou si l'on avait trouvé le même nombre pour l'azote préparé de deux façons différentes, tout allait bien. L'effort vers la découverte de l'identique, quand il réussit, ne demande rien de plus : c'est un arrêt sur la tonique. Au contraire, la règle « rerum differentias non esse temere minuendos » nous avertit de ne pas fermer les yeux sur ce qui nous gêne. Voyez les grands moments d'enthousiasme de la science : la gravitation « universelle », la *constance* de la masse dans les réactions, la *conservation* de l'énergie, l'*unité* des espèces chimiques, l'*identité* de la lumière et de l'onde électro-magnétique : ce sont des assimilations et des points d'arrivée. Mais quand on s'aperçoit que les gaz ne suivent pas la loi de Mariotte à toutes les températures, ou qu'il y a deux variétés d'hydrogène, ou que la lumière contient à la fois des ondes et des photons, on ne chante pas victoire. On est content de le savoir, parce qu'il faut bien connaître l'adversaire pour s'y attaquer, mais ce sont des problèmes à résoudre.

A tout ceci s'applique d'ailleurs très bien votre expression si juste : « optatif d'identification ». Tout optatif nous expose à prendre nos désirs pour des vérités : pour ne pas tomber dans cette suggestion, il faut un esprit critique éveillé. Cependant, cette illusion n'est pas toujours un mal : elle nous aide parfois à anticiper sur ce que la nature comporte, et que l'expérience confirmera. Je ne sais de quand date l'adage : *quantum naturae nec minuitur nec augetur ;* il est en tout cas bien antérieur aux expériences sur la conservation de la masse, ou sur celle de l'énergie, puisque Bacon le cite déjà comme une chose connue. Il en est de la croyance aux identités comme de la confiance du personnage de James qui franchit le fossé parce qu'il se croit sûr de le franchir. Peut-être une autre fois le fera-t-elle tomber dans l'eau. Les sciences progressent à travers une foule d'erreurs et de rectifications sans lesquelles on n'aurait rien trouvé. Il n'y a pas de règle qui garantisse un succès infaillible. On ne peut que faire de son mieux.

De cette inégalité du semblable et du différent, à l'intérieur même des compromis que la science réalise entre eux, on pourrait déjà conclure que la valeur « essentielle » ne saurait être l'harmonie. C'est le seul point, un peu extérieur, où je ne saurais souscrire à vos conclusions. Il y a dans l'harmonie quelque chose de si agréable à l'esprit qu'on est grandement tenté d'en faire une fin dernière. Mais en pressant un peu cette idée on voit combien elle est chose indéterminée : c'est un aspect instable de facteurs qui s'opposent et se combinent en un équilibre transitoire. Elle est relative à nos habitudes, au moment individuel et social que nous traversons. Deux voix qui chantent à la tierce forment d'abord la plus charmante harmonie ; mais quelle platitude si elles continuent indéfiniment ! Un accord parfait peut être splendide comme résolution d'une série de dissonances ; mais qu'il se répète trop souvent et il devient insupportable. Après avoir pratiqué l'harmonie des grands classiques musicaux, ou littéraires, on a accueilli avec enthousiasme les libertés de Wagner, ou les vers romantiques hardiment brisés, qui bientôt à leur tour ont lassé l'esprit et ont été abandonnés pour d'autres. On en dirait autant du bel accord des couleurs complémentaires, si vite affadi, ou de l'ennui qui naît à la longue des temples grecs, quand ils ne sont pas plantés sur le rocher unique de l'Acropole ; en un mot, de tout ce qui s'appelle un jour harmonie, et poncif le lendemain.

Est-ce là seulement amour de la nouveauté ? Faire autre chose : c'est un goût qui n'est pas rare, et dont, psychologiquement, on comprend très bien la formation. Mais la valeur essentielle ne peut pas plus être la nouveauté que l'harmonie : car pour une innovation admirable et qui s'inscrit dans l'histoire, il y en a cent qui n'étaient que saugrenues, qui tombent dans l'oubli le plus justifié, et que les érudits déterrent plus tard avec une curiosité amusée.

L'harmonie, en matière sociale, est une chose non moins fuyante qu'en matière d'art. Que « le maître ait son toit et l'ouvrier son pain », c'était une belle harmonie pour Musset, ou pour la comtesse de Ségur, qui entendaient à leur manière la « collaboration des classes ». Les « harmonies économiques » nous semblent maintenant à presque tous une douloureuse cacophonie. Voltaire se plaignait des variations de la jurisprudence d'une province à l'autre : mais il trouvait bon que les gentilshommes fussent sujets à d'autres lois que les magistrats, et ceux-ci que les bourgeois ou les paysans, pourvu que ces lois fussent les mêmes pour chaque ordre dans toute la France. On aurait ainsi diversité et harmonie.

L'idée d'harmonie est donc tout à fait insuffisante à définir une direction du changement ; c'est une minute heureuse qui s'évanouit par sa seule durée. Nous sommes ravis aux premiers jours de son avènement : qu'elle persiste un peu trop, et nous avons soif d'une harmonie *supérieure.* Comment l'harmonie pourrait-elle être la mesure de cette supériorité ? Il n'y a point d'harmonie absolue, si ce n'est l'identité. Les mystiques l'ont bien senti.

On ne peut trouver une norme que dans une idée limite, irréalisable à l'état pur, placée à l'infini, dont les harmonies successives présentent des formes et des degrés indéfiniment variables, en rapport avec les différences qu'il s'agit d'harmoniser et avec la variété des esprits qu'elles charment. On ne saurait être trop sensible à ces réussites heureuses et passagères de l'effort vers une valeur essentielle, qui ne nous est accessible que par sa présence en elles ; mais c'est à condition de ne pas en faire un terminus.

J'ai beaucoup insisté, mon cher collègue et ami, sur un point sans doute assez secondaire dans votre pensée, surtout par rapport au sujet principal que vous traitiez, il ne me fait pas oublier combien j'ai trouvé de justesse, de profondeur et d'utilité dans les distinctions fondamentales si bien mises en lumière par votre communication.

L'IDÉE DE DIEU ET LE PRINCIPE D'ASSIMILATION INTELLECTUELLE [1]

Le très intéressant article de M. Belot sur la triple origine de l'idée de Dieu [2] me paraît un exemple privilégié d'un phénomène psychologique très général sur lequel je voudrais appeler l'attention.

M. Belot distingue trois Dieux : le Dieu populaire et imaginé de la tradition, Jéhovah par exemple ; le Dieu philosophique, produit de la réflexion abstraite, principe d'existence, d'intelligibilité, *ratio ultima rerum;* enfin le Dieu des mystiques, intérieurement connu par ce sentiment *sui generis* qui plonge dans les régions subconscientes de l'esprit, et dont notre rationalisme commence à reconnaître, sans fausse honte, l'importance objective et l'intérêt philosophique.

De ces trois catégories, on ne peut qu'adopter la dernière. M. Belot montre très fortement avec quelle peine le mystique identifie son divin intérieur au Dieu de la tradition. Quant aux deux premières, elles sont certainement aussi très réelles : mais peut-être faudrait-il tracer un peu différemment la ligne qui les sépare. La seconde, à mon sens, n'est ni moins populaire, ni plus abstraite que la première.

1. *Revue philosophique,* mars 1909.
2. Voir *Revue philosophique,* décembre 1908.

Elle paraît telle quand on la regarde dans la philosophie classique, notamment dans la philosophie cartésienne ; M. Belot l'analyse sur ce point avec une grande pénétration. Elle prend son maximum de netteté dans la célèbre phrase de Pascal sur le Dieu d'Abraham, d'Isaac et de Jacob, *non des philosophes et des savants.* — Mais il paraît probable que c'est là un plan de clivage secondaire, qui dissimule une autre coupure plus ancienne et plus radicale : d'une part, le Dieu proprement ethnique, incarnation spontanée du peuple qui l'adore, représentation symbolique du lien moral et social dont on sent l'efficacité sans en percevoir clairement la nature : je l'ai entendu définir avec beaucoup de précision par M. Durkheim dans une conférence qui est malheureusement restée inédite ; de l'autre, le Dieu physique, non moins populaire, non moins concret, non moins imaginé ; bien plus, effectivement perçu dans le soleil, dans les astres, dans les forces du globe ; et si important, en somme, dans l'histoire des religions, qu'il a fourni l'une des premières grandes hypothèses sur leur origine.

M. Belot, se plaçant à un point de vue critique, veut surtout montrer la faiblesse de ce syncrétisme, « ce qu'il y a d'étrange et d'illégitime à confondre, comme on le fait constamment, sous le nom de Dieu, des produits aussi hétérogènes, alors que précisément ce vocable ne correspond à aucune expérience autonome, distincte de ces trois modes de penser, et capable de les relier entre eux... » « Le premier devoir du philosophe, dit-il, est cette probité, dès longtemps enseignée par Socrate, et grâce à laquelle, s'il reste une inévitable obscurité dans les *choses,* on essaye du moins de savoir avec précision *ce qu'on dit...* Et la paix sociale elle-même est loin de gagner à ces équivoques, car on se querelle bien plus volontiers lorsqu'on se figure parler le même langage et exprimer des opinions divergentes sur des objets que l'on croit identiques, que lorsqu'on se sait clairement placés sur des terrains tout différents[3]. »

Je n'ai l'intention de rien contester de ces conclusions. Je voudrais seulement regarder les mêmes faits sous un autre aspect, qui d'ailleurs conduirait peut-être à juger un peu moins sévèrement les confusions signalées.

Sans doute avant de se confondre ainsi sous une même étiquette, ces idées disparates ont été la réponse de l'esprit à des besoins divers, et se sont produites en des temps et des lieux distincts. Même à l'époque historique, on trouve des traces assez nettes de leur existence indépendante. Le démon écouté et senti intérieurement par Socrate ne se confond pas avec les dieux traditionnels de la cité ; et puiser à cette source, peu commune alors, d'*expérience religieuse,* c'était se rendre suspect de ne pas croire à Jupiter, et de vouloir lui substituer des divinités nouvelles. Mais d'autre part ce Jupiter lui-même, qui « pleut » et qui tonne[4], on sait bien qu'il a commencé par n'avoir aucun caractère moral, et qu'il n'est pas Homme à promulguer des Tables de la Loi. Il est d'abord, comme son aïeul Ouranos, comme Neptune, comme Cérès, un principe d'explication et de personnification physique, calqué sur la technique humaine : ou bien le monde est conçu comme fabriqué par un artiste, ou bien il est conçu comme engendré par un être vivant ; ce sont les deux modèles que nous fournit l'expérience, et entre lesquels se partagent toutes les cosmogonies. Le

3. Belot, *La triple origine de l'idée de Dieu,* « Revue philosophique », pp. 611-612.

4. Cf. en latin, *sub Dio, sub Jove frigido,* etc...

monde est plein d'adaptations heureuses ; il a donc été fait par des esprits prévoyants et par d'habiles ouvriers. Ou peut-être s'est-il développé comme un œuf, où l'organisation vient d'un germe actif. Un raisonnement de ce genre se présentait tout naturellement à la réflexion, aussitôt éveillée. Il a duré assez longtemps pour que nous connaissions des époques où il était encore tenu pour démonstratif. C'est le Dieu « philosophique » si l'on veut, mais à cet état rudimentaire où le paysan même est capable de philosopher. En tout cas, nous voyons comment ces idées mythologiques ont subsisté longtemps pour elles-mêmes, sans fusionner avec la notion toute différente d'une obligation éthique et d'un ordre moral religieux. Et je laisse même de côté, parce qu'elles sont encore trop mal éclaircies, les idées sur les « doubles » et les « âmes », tout ce culte des morts, ancêtres ou conquérants, qui a dû sans doute avoir aussi sa source originale, et que nous voyons un jour plus ou moins bien incorporé aux précédents [5].

C'est par là que cette synthèse est typique. Elle nous montre dans les idées religieuses un *produit de fusion* entre éléments de nature diverse et d'origine *polygénétique*. La croyance en une révélation primitive, en un paradis perdu, en une langue unique antérieure à la tour de Babel ; — plus tard, le préjugé évolutionniste d'un progrès général des choses humaines par voie de différenciation, autant

5. N'y aurait-il pas lieu d'examiner aussi quel a été l'apport des « superstitions », en particulier de cette croyance aux présages, à la bonne et à la malchance, qui est une quasi-nécessité psychologique pour tous les joueurs et pour beaucoup d'hommes d'action ? Et d'autre part, ce qu'ont fourni aux religions les visionnaires, dont les « apparitions » ont été considérées comme réelles depuis le temps de Jacob jusqu'à nos jours ?

d'*idola theatri* qui ont successivement empêché les philosophes de voir les faits. C'est le contraire qu'ils nous présentent. A presque tous les points de l'histoire, si l'on observe les choses d'une façon simplement documentaire, on voit non pas un arbre qui se ramifie, mais un fleuve qui se grossit d'affluents. Les premiers égyptologues imaginaient un Dieu unique, monnayé graduellement par les superstitions, engendrant à la fin un polythéisme de décadence. Maspero a prouvé que la religion égyptienne avait précisément suivi le mouvement inverse, et personne n'en doute plus aujourd'hui. Le trait dominant de la théologie réfléchie a été l'identification graduelle d'innombrables dieux populaires. Elle eut lieu d'abord entre les dieux d'une même classe : dieux solaires, dieux de la terre, dieux du Nil, dieux funéraires. Tous les morts devinrent des Osiris. « Râ, Toum, Horus, Montou et Anhour furent identifiés. Mais on poussa plus loin encore ce procédé d'unification lorsque la théologie solaire eut pénétré dans tous les sanctuaires : alors presque tous les dieux furent transformés en dieux de lumière, et identifiés à Râ [6]. » On a pu marquer de même le moment où l'éthique populaire vient se souder à la religion [7]. Le célèbre chapitre 125 du *Livre des Morts,* où se trouve l'énumération des fautes punies par les dieux, n'apparaît que dans les exemplaires de la XVIIIe dynastie. Des centaines de textes anté-

6. Chantepie de La Saussaye, *Manuel d'histoire des religions,* chap. V, § 20. Tr. franç., p. 109.

7. Ceci était déjà écrit lorsque a paru l'article de M. Belot sur « La Morale et la Religion » *(Revue du mois,* janvier 1909), dans lequel il cite plusieurs faits de ce genre. Aussi bien, comme je l'ai dit en commençant, les remarques ci-dessus n'avaient-elles aucunement pour objet de réfuter sa première thèse, mais seulement d'en faire un autre usage.

rieurs que nous possédons ne contiennent rien de semblable : les dieux n'y punissent que les torts qui leur sont faits, et ne se soucient pas des injustices sociales [8]. Ce n'est pas qu'on n'eût alors des idées fort usuelles sur le juste et l'injuste, la bonté ou la méchanceté ; mais ce cours d'eau secondaire n'était pas encore venu se jeter dans le fleuve principal.

De même chez les Grecs. « Nous n'y trouvons à l'origine qu'une multiplicité d'éléments incohérents, qui se coordonnent plus tard [9]. » Naturalisme, fétichisme, culte des morts, culte des dieux ethniques et locaux, auxquels il faut ajouter des alluvions asiatiques et égyptiennes, tout cela ne se fond que petit à petit. « Lycos fut un dieu séparé avant d'être absorbé par Zeus et de devenir Zeus Lycien [10]. » Et tout le monde sait comment les dieux grecs finirent par fusionner, dans les croyances populaires, avec les dieux romains dont nous leur donnons les noms encore aujourd'hui. — Mais cette religion romaine était elle-même un *plasmodium* d'éléments latins et sabins. Janus et Faunus appartiennent aux premiers, qui paraissent avoir été surtout naturalistes ; Quirinus et Sancus, aux seconds [11]. « Une troisième période s'ouvre avec les Tarquins et Servius Tullius : c'est l'avènement des éléments étrusques et grecs [12]. » Les Romains de la fin de la République

8. G. Foucart, *De la méthode dans l'histoire des religions*, p. 173. L'idée que les Dieux aiment ceux qui sont bons et frappent les méchants paraît aussi bien tardive chez les Grecs. La Némésis concerne primitivement les offenses aux Dieux, ou même seulement la trop grande prospérité des hommes.

9. Chantepie de La Saussaye, *Ibid.*, chap. XII, § 105; tr. fr., p. 500.

10. *Ibid.*, 501.

11. *Ibid.*, chap. XII, § 127; tr. fr., p. 623.

12. Preller, *Römische Mythologie*, 2e partie, p. 92.

en reconnaissaient très bien le caractère hétérogène : le jurisconsulte Scævola, le maître de Cicéron, distinguait déjà la *religio civilis* (celle de l'Etat), la *religio naturalis* (celle des philosophes) et la *religio poetica.* Virgile, dans sa Xe églogue, l'unissait aux traditions orphiques et mystiques. Ce fut bien autre chose sous l'Empire : toutes les religions de l'Asie et de l'Afrique s'implantent à Rome ; elles y sont parfois solennellement accueillies, et incorporées à la religion nationale. Le culte du feu rejoignait celui de Vesta, le christianisme était confondu avec l'adoration de Serapis [13]. Sur ce syncrétisme universel, a fleuri l'idée d'un Dieu unique, dont tous les dieux populaires n'étaient que les images imparfaites, et que proclamaient virtuellement tous les cultes. L'anecdote d'Alexandre Sévère en est un exemple célèbre.

Et la tradition judaïque, la plus puissante de celles qui se répandaient alors dans l'Empire et qui venaient fusionner ainsi avec l'hellénisme, nous savons combien elle était elle-même composite. Non seulement on y trouve la dualité du jéhovisme et de l'élohisme, qui paraît bien marquer une assimilation de deux croyances religieuses produites séparément ; mais on y trouve des importations égyptiennes auxquelles vinrent s'ajouter et peut-être à plusieurs reprises, des mythes d'origine perse, assyrienne ou babylonienne [14]. En sorte que la religion occidentale, dans la mesure où nous en pouvons suivre l'histoire, nous montre un flot de plus en plus large où sont venus s'absorber des éléments singulièrement divers et par leur nature, et par leur lieu d'origine.

13. Voir sur tout ce mouvement Boissier, *La Religion romaine d'Auguste aux Antonins*. On trouve de curieux exemples de ce même état d'esprit dans la récente thèse de M. Valette sur Apulée.

14. Voir toute la série des travaux de P. Carus, dans le *Monist*.

Je rappelle ces faits, assez grossièrement, parce que c'est dans leurs grandes lignes qu'ils sont bien établis et démonstratifs. Mais ces quelques étapes sont loin de correspondre à toute la complexité réelle de cette *évolution convergente* — je n'ose me servir du mot *dissolution,* qui a déjà créé tant de malentendus. — Ainsi, par exemple, ce fait capital et singulier de presque tous les cultes, mais qui paraît bien aller en s'éliminant, la zoolâtrie, tient à la religion sociale par le totémisme ; — au dieu intérieur, par le sentiment de la sympathie et même de l'unité des âmes, par la croyance mystique aux présages et à la sagesse des animaux : les contes orientaux en sont pleins. — Enfin il touche au naturalisme, par lequel on a même voulu quelquefois l'expliquer exclusivement ; et d'un autre côté, grâce à la théorie si répandue des *correspondances* (qui peut-être fut elle-même un moyen d'assimilation), il se relie au culte des astres : on se rappelle la parodie qu'en fait Rabelais dans sa *Pantagruéline prognostication pour l'année perpétuelle.* Un spencérien partirait sans hésiter à la recherche de la source unique d'où il espérerait voir sortir toute cette diversité. Les analogies nous avertissent au contraire, qu'il y a là, selon toute vraisemblance, un alliage de produits polygénétiques, qui ont *perdu* la plus grande partie de leur contenu et de leur hétérogénéité [15].

15. Et qui peut-être se sont prêté l'un à l'autre tels caractères propres d'abord à un seul d'entre eux. — J'ajoute cette remarque en corrigeant les épreuves, après avoir lu les deux récents articles de M. Durkheim qui montrent si bien la complexité des faits, et l'invraisemblance des premières hypothèses, unilatérales, par lesquelles on a tenté de les expliquer (*Examen critique des systèmes classiques sur les origines de la pensée religieuse,* « Revue philosophique », janvier et février 1909).

Dans cette marche du divers au même, il y a, semble-t-il, une loi générale des choses de l'esprit. La réflexion conduit partout à reconnaître les différences, puis à les juxtaposer dans une synthèse plus ou moins habile, et enfin à les éliminer.

Dans l'ordre juridique, même passage du multiple à l'un. Les origines complexes de notre droit moderne, et les morceaux mal fondus qui y subsistent ont été souvent signalés par les historiens du droit, les jurisconsultes et les réformateurs. Il n'en était pas autrement du droit romain lui-même, dont on peut suivre les efforts vers l'unité. Il y a encore beaucoup de grandes nations dont les lois et coutumes ne sont pas codifiées, et ne pourraient l'être que par un vigoureux effort d'élimination et de simplification. Dans les sciences, même richesse de variétés originelles, même mouvement vers l'unité. Au début, la matière en est une masse de recettes empiriques, incoordonnées, prises un peu partout : aux artisans, aux médecins, aux magiciens, à l'observation courante, traduite en bizarreries de toute sorte : le plus irrationnel s'élimine avec ceux qui l'ont inventé. La forme du savoir est une collection disparate d'opinions, de traditions, de théories inconciliables. Dire qu'une science *se fait*, c'est dire d'une part que toutes ces connaissances éparses se relient en devenant les conséquences d'une seule et même loi ; de l'autre, que toutes ces opinions divergentes se transforment pour devenir l'acceptation intellectuelle d'une seule et même vérité [16]. — Dans la vie sociale, la réflexion n'est pas moins assimilatrice ; elle a pour effet, ou si l'on veut, pour caractère, de critiquer toutes les différences sociales, la diversité des castes,

16. J'ai essayé de donner une preuve et une analyse détaillées de ce mouvement dans *La dissolution*, aux chapitres IV et V.

puis celle des classes, puis même la simple inégalité économique. On en peut suivre les étapes. Elle tend à constituer une éthique humaine universellement valable, au lieu des codes de devoirs propres à tel peuple, ou même à tel groupe. Elle exerce le même effet d'égalisation entre l'homme et la femme : les exemples nouveaux en abondent presque chaque année. Et quelle liste interminable ne pourrait-on pas faire des diversités de détail réduites à l'uniformité, au grand regret des amateurs de pittoresque ! Les Japonais s'habillent à l'européenne, et nous décorons nos appartements avec leurs dessins et leurs bibelots.

S'il en est ainsi, c'est parce qu'au fond l'essence de l'action spirituelle, c'est la marche dans le sens de l'identité. La pensée a pour fonctions centrales d'assimiler les esprits entre eux : c'est la définition même de la vérité, et vraisemblablement de la moralité ; puis les choses entre elles : par exemple la chute des corps et le mouvement des astres, la lumière et l'onde électrique ; et finalement les choses aux esprits : car expliquer et comprendre, c'est reconstruire le réel et le prévoir avec le plus petit nombre de données possibles, en vertu des lois de la pensée.

Tout ce que nous reconnaissons pour une assertion certaine et légitime, pour un bien moral, pour une œuvre artistique, nous pouvons y découvrir un caractère indispensable de *communauté,* sans lequel la valeur en disparaîtrait immédiatement. Je dis caractère de « communauté », et non pas seulement comme on le fait souvent, caractère « social ». Car le social est double : d'une part, il est organisation de type biologique, différenciée et différenciante, fonctionnant par la concurrence et la guerre, employant l'homme comme un moyen et non comme une fin. Dans cela, il n'y a que peu ou point de spiritualité ; cela ne touche qu'indirectement à la vie de l'esprit, et même, dans la majorité des cas, lui est funeste.

D'autre part, le social est identité de pensée entre les individus, effort pour se comprendre ; et dans l'ordre actif, similitude des volontés. Cette fonction communautaire est celle qui s'exerce dans l'ordre scientifique et moral.

Hypothèse ? — Sans doute. Ce n'est pas une évidence immédiate, bien qu'on puisse avoir un certain sentiment intérieur de cette finalité. Mais une hypothèse qui se confirme par des faits concordants, et qui est adoptée par un nombre croissant d'esprits, finit par devenir précisément ce que nous appelons une vérité. — Or, personne ne traiterait déjà plus celle-ci de paradoxe bizarre, comme je l'ai encore entendu dire il y a dix ans. Il suffit pour s'en rendre compte de voir le rôle fondamental que donne M. Baldwin, dans sa *Logique génétique*, à la formation de la pensée commune *(common meaning)* et de constater à quel point les pragmatistes, partis d'un tout autre critère, sont obligés de faire usage de celui-ci quand ils en viennent à définir le vrai et le réel. Il vient de paraître, il y a quelques mois, une étude originale de M. Wobbhouse sur le parallélisme du fait et de l'idéal, de la Logique et de l'Ethique. Une des principales analogies qu'il leur reconnaît est précisément de déterminer ce qu'il y a de commun, dans le monde représentatif comme dans le monde conatif.

Est-il nécessaire de faire remarquer que cette propriété de l'esprit, si elle s'oppose à certains phénomènes vitaux, est d'accord avec la grande loi physique dont la dégradation de l'énergie est une expression particulière ? Le monde, dans son ensemble, va lui aussi du divers au même. Niveaux, pressions, potentiels tendent à s'égaliser. La chaleur se répartit également entre les corps capables d'échanger des actions calorifiques. Les formes différenciées de l'énergie tendent à se réduire en chaleur. Ainsi les choses, *at large,* se transforment dans le sens même où se sont transformés le panthéon égyptien et le panthéon hellénique, dans le sens qui nous a dotés de cette idée de Dieu si disparate, dont le logicien réclame la spécification... ou l'unification. C'est pour cela que, sans en contester le caractère hétérogène, on peut voir dans cette synthèse quelque chose de plus qu'un conglomérat accidentel. Sans doute nous désignons à tort d'un même nom, nous accolons de force dans un pseudo-concept, l'être social et moral, la loi de l'existence et celle de l'intellection, le sentiment intérieur de l'esprit latent, le principe de la beauté ; et ce que nous disons ainsi, nous ne pouvons pas le penser. Mais par là, nous figurons par un symbole l'espoir et la volonté philosophiques de découvrir un jour, à la limite, l'identité des grands intérêts humains. Confondre l'être, la société, la justice, la nature, cela rappelle un peu le mot célèbre : « Quelque diversité d'herbes qu'il y ait, le tout s'enveloppe sous le nom de salade. » Mais c'est une manière de dire qu'on veut comprendre le réel, faire pénétrer la justice dans la nature, et que l'on a foi dans la sociabilité comme instrument de cette double pénétration.

Cela peut même nous expliquer l'attrait présenté par les solutions primitives du problème. Quand on se représente toutes choses comme sortant de l'unité, soit à la manière des théories de la création, soit à la manière plus subtile des hypothèses évolutionnistes, c'est sans doute encore au même besoin qu'on donne satisfaction. Leur succès ne tient certainement que très peu aux réalités observées, car ces réalités sont le plus souvent inconciliables avec l'hypothèse. Nous l'avons vu plus haut, en particulier, à propos du prétendu monothéisme primitif des Egyptiens et des Grecs. Mais elles répondent à cette tendance de l'esprit qui projette symboliquement dans le passé l'image retournée de son effort vers le futur.

QU'EST-CE QUE LA VÉRITÉ ?[1]

Qu'est-ce que la Vérité ? Un pareil titre semblera sans doute bien ambitieux. La question ironique que posait Pilate aurait-elle finalement reçu sa réponse ? Un philosophe, un logicien, peuvent-ils avoir la prétention de promulguer une définition de la Vérité qui donnerait un moyen infaillible de la reconnaître ? — Non, sans doute, il est à peine nécessaire de le dire ; mais pour mieux faire entendre ce dont il s'agit, qu'on me permette une comparaison.

Dans la préface de sa *Critique de la Raison pratique,* seconde édition, Kant riposte à l'auteur d'un compte rendu qui lui avait reproché de ne pas établir un nouveau principe, mais seulement une nouvelle formule de la moralité. Il faudrait être bien outrecuidant, dit-il, pour prétendre apporter, de nos jours, un nouveau principe de moralité, comme si le monde était resté jusqu'à nous dans l'ignorance de ce qui constitue le devoir ! Mais celui qui sait la valeur et l'utilité d'une bonne formule, dans les sciences, ne considérera pas comme un petit avantage de trouver un énoncé précis, convenant à tous les cas d'obligation morale qui s'imposent à nous avec évidence, et nous éclairant sur ceux qui nous laissent indécis.

Eh bien ! il en est de la vérité comme du devoir. Il y a des affirmations vraies et fausses, et dans un

1. Conférence faite à Lausanne et à Genève, en février 1926. *Revue de théologie et de philosophie,* t. XV, janvier 1927.

nombre immense de cas, à les prendre une à une, nous sommes parfaitement et constamment d'accord pour les distinguer. C'est ce qu'il y a de fondé dans la doctrine de Spinoza : le vrai porte en lui-même la marque de sa vérité et c'est sa lumière qui nous fait reconnaître l'erreur. La difficulté est seulement de savoir ce que les vérités reconnues pour telles peuvent bien avoir de commun, ce qui fait que ce sont des vérités.

Prenons quelques assertions très simples, et dont personne ne peut douter, pourvu seulement qu'on sache ce dont il s'agit :

— La Sorbonne est sur la rive gauche de la Seine.

— La densité du platine est de 21,5.

— Le côté de l'hexagone est égal au rayon.

— Une noire vaut deux croches.

— Le dévouement au bien public est plus estimable que l'égoïsme.

Elles ont d'abord en commun, ce qu'on oublie trop fréquemment, que ce sont des « valeurs », autrement dit, que si l'on dit le contraire, soit par ignorance, soit par inadvertance, soit par intérêt, on se met dans une situation *inférieure* au point de vue de la vie de l'esprit. Le vrai n'est pas proprement nécessaire, puisqu'on peut affirmer le faux, de bonne ou de mauvaise foi. Mais, comme le bien, il est obligatoire. La logique, pour employer un terme technique aujourd'hui assez courant, est une « science normative »[2] comme la morale ou l'esthétique. Mais pour cela même, ce caractère, tout essentiel qu'il est, ne suffit pas à définir la vérité. On est également dans cet état d'infériorité quand on agit en arriviste ou

2. *Normative*, et non impérative : l'impératif n'est qu'une espèce très spéciale de norme. Une règle, une équerre, sont des normes, mais ne sont pas des impératifs.

qu'on juge les œuvres d'art en béotien. Le vrai est avant tout une valeur ; mais parmi les valeurs, qu'a-t-il de spécifique ?

La réponse du sens commun, — reprenant à son compte, comme il arrive souvent, ce qui fut jadis l'opinion philosophique la plus répandue — consiste à dire que le vrai, c'est ce qui est conforme à la réalité. Les choses existent, qu'on les connaisse ou non ; il y a une Sorbonne, une Seine, des morceaux de platine, aussi réels que vous ou moi, avec des propriétés et des relations qui existent par elles-mêmes. Et s'il n'y avait aucun être pensant, ces choses n'en existeraient pas moins, tout à fait de la même façon. Dès lors, la vérité, c'est la ressemblance de ce que nous avons dans l'esprit et de ces objets indépendants de nous. Une pensée est une espèce de copie de la réalité ; elle est vraie ou fausse comme une photographie est ressemblante ou non. Ainsi pensait, sous quelques réserves, Aristote, père de la logique : dire que ce qui est, est, c'est la vérité ; dire que ce qui n'est pas, est, ou que ce qui est, n'est pas, c'est l'erreur ou le mensonge. Les Scolastiques ont recueilli et adopté cette conception, qui paraît en effet satisfaisante dans bien des cas. « La vérité, dit saint Thomas, est l'adéquation de l'esprit et des choses, *adaequatio rei et intellectus,* selon laquelle l'esprit dit de ce qui est, qu'il est, et de ce qui n'est pas, qu'il n'est pas. » Plus énergiquement, Bossuet résumait cette doctrine dans une formule frappante : « Le Vrai, c'est l'Etre. »[3].

3. Plus rigoureusement, les scolastiques, et tous ceux des classiques qui ont adopté leur terminologie, distinguent la *veritas rei, veritas essendi,* c'est-à-dire la chose elle-même, la réalité, et la *veritas cognoscendi,* c'est-à-dire la pensée qui la reproduit.

Rien de plus légitime en un certain sens. Par exemple, si je dis : « Un tel a prononcé devant moi cette phrase », il est certain que mon affirmation sera exacte ou non suivant que je reproduirai fidèlement ou non les paroles qu'il a prononcées. Mais est-ce suffisant ?

Si la vérité est l'adéquation de l'esprit et des choses, comment pourrons-nous jamais savoir ce qui est vérité ? Il faudrait connaître les choses indépendamment de notre pensée, puis comparer le modèle et la copie. Il est évident que nous ne pouvons rien faire de semblable. C'est particulièrement clair quand il s'agit de la vérité résultant d'une règle adoptée, comme lorsqu'on dit qu'une noire vaut deux croches ; il n'y a point ici de réalité extérieure à reproduire, sinon dans un sens très spécial sur lequel nous reviendrons ; de même en ce qui concerne les vérités morales ou les vérités géométriques : « l'hexagone » archétype n'est pas quelque part comme un original dont nos pensées sur l'hexagone seraient des portraits plus ou moins réussis. On a bien dit quelquefois que de pareilles vérités étaient la copie de ce qui est dans l'entendement de Dieu. Mais comment nous assurer, autrement que par ces copies mêmes, de ce qui est dans l'entendement de Dieu, et par suite, de leur fidélité ?

Ce n'est pas moins impossible, bien que l'on puisse au premier abord penser le contraire, quand il s'agit de vérités concrètes. La Sorbonne est-elle bien sur la rive gauche de la Seine ? Si quelqu'un ne sait pas si c'est vrai, et s'il veut s'en assurer, il ne comparera pas cette idée à une existence donnée directement, mais à d'autres idées. Il demandera à d'anciens étudiants, à des amis qui ont vécu à Paris. Il consultera un plan, c'est-à-dire percevra par ses yeux certains dessins et interprétera certaines indications écrites. Dira-t-on qu'il peut faire le voyage et vérifier la *réalité même ?* Mais qu'est-ce que cela veut dire, sinon qu'il prendra le train, se fera indiquer ce qu'on appelle la Sorbonne, ce qui se traduira pour lui par un certain nombre de perceptions ; puis qu'il descendra de là jusqu'à ce qu'il aperçoive un cours d'eau et vérifiera en quel sens se déplacent devant ses yeux les images de petits objets flottants ? En un mot il ne sortira jamais de sa pensée, de ses raisonnements ; il ne peut vérifier que la suite et l'accord de ses différentes perceptions ou représentations.

Le domaine des choses, en tant que réalités distinctes de la nôtre et analogues à la nôtre, nous serait inaccessible. Ce que nous appelons *les choses*, c'est la représentation plus ou moins fixe, plus ou moins commune que nous nous faisons des choses. Des hommes qui se sont promenés ou qui ont voyagé de compagnie peuvent bien ensuite causer de ce qu'ils ont vu ; mais c'est une manière de parler : à chaque moment chacun d'eux n'a jamais perçu que les états organiques de son corps, et ce qu'il en a saisi suivant l'orientation de sa vie mentale : on s'aperçoit, en bien des cas, de la différence.

La vérité serait-elle donc, comme l'a pensé Herbert Spencer, dans la copie, non des choses, mais d'une correspondance entre les rapports qu'ont entre elles ces réalités inconnues, insaisissables, et les rapports qu'ont les images ou les idées dans l'esprit de chaque individu ? Mais on retrouve la même difficulté : pour savoir que les rapports pensés par nous sont vrais, il faudrait les comparer aux rapports tels qu'ils existent dans les choses. Et qu'en savons-nous ? Dans ce qui provoque nos représentations, pouvons-nous même dire s'il y a multiplicité ou unité ? Et même ces manières de penser ont-elles un sens en dehors de la vie pratique ? Quelle incertitude, en regard de la connaissance très certaine de cette vérité, que le platine est plus dense que le cuivre !

Il y a plus. Sauf quelques ressemblances d'images très simples, ce qui est vrai ou faux, c'est une proposition, formée de mots. Or, les mots ne peuvent pas être la copie des choses. Ce qui définit la vérité ou la fausseté des paroles, c'est un système très compliqué, où intervient le *sens* des mots, phénomène collectif, la correspondance des mots aux images et aux actions. Hobbes disait : la vérité consiste dans les mots ; le sens des mots est une chose accidentelle et arbitraire ; donc la vérité est accidentelle et arbitraire. S'il est vrai que le côté de l'hexagone est égal au rayon, c'est en vertu des définitions de l'hexagone, de l'égalité, du côté, du rayon ; il pourrait n'être pas vrai que la Sorbonne est sur la rive gauche de la Seine si quelqu'un des mots de cette phrase avait changé de signification. Et certainement Hobbes simplifie trop ; il n'a pas su voir toute la richesse et la solidité de ce qu'on appelle le *sens* d'un mot ; mais pourtant, qu'il est difficile de passer du discours à la vérité du discours ! Combien de fois la parole entendue n'est pas interprétée comme elle est prononcée ; combien de fois c'est au profit de l'erreur qu'on énonce la vérité !

La théorie de la vérité-copie, « adéquation de l'esprit et des choses », est donc inconsistante. Au contraire, c'est souvent (peut-être toujours) parce qu'une pensée est *vraie* que l'on déclare son objet *réel*. Un sauvage croit son rêve réel ; ne se souvient-il pas nettement de l'avoir *vu* ? Mais nous, nous lui dénions cette réalité, parce qu'elle serait illogique. Nous voyons très bien aussi des couleurs complémentaires, mais nous les déclarons illusoires. Des nuages sur la plaine peuvent être vraiment indiscernables pour nous d'une chaîne de montagnes ; mais il suffit de savoir qu'elle n'était pas là hier pour lui refuser toute réalité aujourd'hui.

Les lois scientifiques nous paraissent *réelles*. Sont-elles donc de petits énoncés cachés dans les choses ? Des consignes données à chaque atome et qu'il exécute parce qu'il sait bien sa théorie ? Non : nous les déclarons réelles en vertu de leur caractère logique, sans savoir d'ailleurs en quoi consiste ce qui, dans cette réalité, peut être quelque chose d'autre que ce caractère même. Et il en est ainsi, non seulement des lois, mais des objets. On a longtemps discuté pour savoir si les atomes étaient réels. Oui, répondent aujourd'hui physiciens et chimistes, ils le sont. Pourquoi ? Parce que c'est la conclusion logique et conséquente des expériences les plus diverses, sur la pression et la température, la viscosité, le mouvement brownien, l'ionisation, la diffraction de la lumière solaire, les lames minces, etc.

Et même la réalité de ma perception actuelle est jugée par la vérité et la cohérence des jugements qu'elle implique. Qui me prouve que je ne rêve pas ?

⁂

De là vient un fait curieux dans l'histoire de la philosophie : c'est que ceux-là même qui admettaient, comme Descartes par exemple, la définition scolastique de la vérité, n'ont jamais essayé de la reconnaître par une comparaison entre le modèle et la copie. « Ces longues chaînes de raisons, dit l'auteur du *Discours de la méthode,* dont les géomètres ont coutume de se servir pour parvenir à leurs plus difficiles démonstrations, m'avaient donné occasion de m'imaginer que toutes les choses qui peuvent tomber sous la connaissance des hommes s'entresuivent en même façon, et que pourvu seulement qu'on s'abstienne d'en recevoir aucune pour vraie qui ne le soit, et qu'on garde toujours l'ordre qu'il faut, pour les déduire les unes des autres, il n'y en peut avoir de si éloignées auxquelles enfin on ne parvienne, ni de si cachées qu'on ne découvre. »

Ainsi, en fait, la vérité est toute entière pour lui à l'intérieur de nos idées ; elle ne se reconnaît qu'à leur cohérence logique. C'est une théorie de la *vérité-code,* conçue sous l'influence et sur le modèle de la méthode mathématique. Le seul rôle de l'expérience est de suggérer des problèmes à résoudre, tout au plus de discerner, parmi tous les mécanismes possibles, quels sont ceux qui sont réalisés dans le monde où nous vivons. La vérité est la conformité de la pensée aux lois éternelles de la raison, qui s'imposent à notre esprit avec évidence. Sans doute, on sauve la définition en admettant que ces lois de la raison sont aussi celles des choses, la législation commune que Dieu a donnée au monde et à notre intellect. Mais ce postulat métaphysique reste en dehors du processus par lequel nous jugeons que telle ou telle assertion est vraie ou fausse. — Cette théorie est la plus répandue chez les idéalistes modernes. Spinoza en est un exemple d'une pureté et d'une simplicité parfaites. Leibniz, plus riche, plus ouvert à toutes les conceptions, n'en subordonne pas moins, au fond, toute vérité à la déductibilité. Fichte, Hegel surtout, ne se contentent pas de la logique traditionnelle et réforment les articles du code ; mais ils ne changent rien à l'idée que la vérité, c'est la conformité à cette législation. — La théorie réussit bien, évidemment, pour les vérités mathématiques, sur le patron desquelles elle a été faite. Le côté de l'hexagone est égal au rayon : c'est vrai, parce que cela peut se démontrer ; et cela peut se démontrer, parce que c'est virtuellement impliqué dans le système des axiomes, définitions et postulats qui sont à la base de la science. La quatrième décimale de π est 5. Quelle est la millième ? Nous ne le savons pas. Mais si je dis : « C'est 4 », je dis vrai ou faux, et il ne faudrait qu'une patience exceptionnelle pour le savoir. Pourquoi ? Est-ce parce qu'elle existe quelque part ? Non ; mais parce qu'elle pourrait se déduire, en vertu de notre législation intellectuelle et de nos décisions arithmétiques fondamentales.

Nous concevons qu'il pourrait en être de même en physique, et qu'on pourrait prouver *a priori* que la densité du platine est 21,5. On s'en approche même, à mesure que la méthode expérimentale tend vers les mathématiques. Il pourrait en être aussi de même en histoire ; c'était une idée courante dans le romantisme allemand ; Hegel, en particulier, se faisait fort de reconstruire par pure logique toute l'ossature des événements passés, ce qu'il appelait « leur vérité », sinon le petit détail des circonstances accidentelles. S'il y avait une sociologie constituée en tant que science, on approcherait d'une logique de l'histoire ; il suffirait d'admettre que les principes de cette sociologie peuvent être reconnus, par une évidence intérieure, pour étendre jusque-là le cartésianisme.

Tout cela répond d'ailleurs à un besoin très réel, dont il ne faut pas sous-estimer l'importance : l'aspiration de l'esprit vers l'intelligibilité, qui se manifeste, en ce cas comme en bien d'autres, par l'*affirmation* intégrale de l'intelligibilité.

Mais la théorie de la vérité-code souffre de difficultés aussi grandes que celles de la vérité-copie.

Tout d'abord, la conception des mathématiques qui lui a donné naissance est aujourd'hui dépassée. L'épistémologie contemporaine est à peu près unanime à ne plus les considérer comme le type de l'intelligibilité pure. Les principes d'où elles partent n'ont pas une évidence absolue. Ils ne sont pas non plus arbitraires, ni empiriques. Mais ils sont choisis de *telle manière* que le système déductif qu'ils engendrent coïncide avec tout un ensemble de données expérientielles qu'il ne peut être question de changer. Comme l'a si bien montré M. Goblot, dans la première partie de son *Essai sur la classification des sciences,* la méthode des sciences mathématiques et celle de la physique sont des parties découpées dans un plan général de développement scientifique, qui monte du plus empirique au plus rationnel, mais qui ne saurait jamais coïncider avec l'une ou l'autre de ses deux limites, inférieure ou supérieure. Ainsi la pureté logique apparente des mathématiques ne saurait être prise pour base d'une définition de la vérité.

D'autre part, le vrai déborde la logique. En fait, on sait une foule de choses — que le platine est plus dense que le cuivre, que les ruminants ont le pied fourchu, — et on les tient pour vraies sans hésitation, bien que ces vérités ne reposent en aucune manière sur la connaissance des raisons qui, peut-être, nous permettront plus tard de les insérer dans une science systématique. C'est peut-être encore plus sensible pour les vérités esthétiques ou morales, qui peuvent être parfaitement claires et indiscutables, en dehors de toute théorie (par exemple qu'un juge prévaricateur est criminel ; ou que l'œuvre de Wagner est supérieure à celle de Massenet). — En droit, il faut de l'illogique, de l'extra-logique tout au moins, pour que quelque chose soit. Le pur intelligible serait l'identique pur ; autant dire que rien ne serait. Cette grande idée, qui s'est montrée si féconde, est à la base de la philosophie de Spir.

Elle a été reprise ou retrouvée par certains philosophes contemporains, parmi lesquels M. Meyerson l'a remarquablement mise en relief par ses ouvrages, notamment par *L'explication dans les sciences*. On ne comprend que ce qu'on identifie ; mais il faut du divers à identifier. Ce divers réel, résistant, n'est pas la vérité ; mais il est une condition de la vérité, de même que l'existence réelle du mal est la condition de l'effort moral, du devoir, du bien.

En résumé, la théorie de la vérité-copie nous renvoie à la théorie de la vérité-code, c'est-à-dire d'une vérité évidente pour tout homme qui se replie sur lui-même, qui éprouve la force des nécessités rationnelles et qui développe systématiquement ses idées. Et celle-ci, née de circonstances historiques explicables, est malheureusement en désaccord avec les faits.

⁂

De là est sortie, par réaction, l'interprétation pragmatiste de la vérité. Elle n'était d'abord, chez Ch.-S. Peirce, en 1878, qu'un effort pour revenir aux faits réels, pour « rendre nos idées claires ». L'homme n'est pas un pur contemplatif, mais un être actif, qui a besoin de prévoir pour pouvoir. Toute assertion ayant réellement un sens annonce quelque chose, anticipe sur notre vie mentale ultérieure : « Considérons l'objet d'une de nos idées, et représentons-nous tous les effets imaginables, pouvant avoir un intérêt pratique quelconque, que nous attribuons à cet objet ; je dis que l'idée de l'objet n'est rien de plus que la somme des idées de tous ces effets[4]. » Dans la mesure où cette anticipation

4. Ch. S. Peirce, *How to make our ideas clear*, «Popular science monthly», janvier 1878.

est confirmée par la suite, l'idée était *vraie ;* dans la mesure où elle est infirmée, l'idée était *fausse.* C'est en cela que consiste la nature de la vérité.

Il est visible que cette théorie est le reflet de la science expérimentale, comme la théorie de la vérité-code était le reflet de la science mathématique. Chacune apparaît avec le développement des méthodes correspondantes. Peirce était un ingénieur appartenant au Service géodésique des Etats-Unis ; et quoiqu'il se soit aussi adonné à la logistique, où ses travaux ne sont pas moins remarquables, on voit dans ses écrits ultérieurs combien était ancrée chez lui cette idée du vrai et du faux qu'on se forme dans les laboratoires. La vérité, c'est ce qui réussit.

La formule a été reprise par William James et par toute l'école dite « pragmatiste », mais non plus tout à fait au même sens. Est vrai ce qui anticipe avec succès sur la perception future, disait Peirce. William James, non sans quelque imprudence, y fait entrer toute espèce de succès :

« Une expérience, dit-il, perceptuelle ou conceptuelle, doit être conforme à la réalité pour être vraie.

» Par *réalité,* l'humanisme [5] n'entend rien de plus que les autres expériences, perceptuelles ou conceptuelles, avec lesquelles une expérience donnée et présente se trouve en fait être mélangée.

» Par *être conforme,* l'humanisme entend : tenir compte de manière à obtenir un résultat pratiquement et intellectuellement *satisfaisant.*

5. *Humanisme* est le nom donné par M. F. C. S. Schiller au pragmatisme tel qu'il l'a exposé; mais la formule de James qui le résume ici en y souscrivant va peut-être un peu plus loin que celle de M. Schiller.

» *Tenir compte* et *satisfaisant* sont des termes qui n'admettent pas de définition, tant il y a de manières de réaliser pratiquement ces conditions. En gros, et d'une façon générale, on peut dire seulement qu'on tient compte d'une réalité quand on la conserve sous une forme aussi peu modifiée que possible, et que, pour être satisfaisante, il faut que cette réalité ne contredise pas d'autres réalités, à côté de celle qui demande ainsi à être conservée. »[6]. C'est d'ailleurs assez bien d'accord avec l'usage des mots : on dit couramment en français, « le vrai moyen » pour dire le bon moyen, le moyen qui réussira ; « un faux mouvement » pour un mouvement mal adapté ; et quand un ouvrier parisien répond : « Ce n'est pas vrai », il veut souvent dire par là : « C'est impossible, c'est un procédé qui ne réussira pas. »

D'où le pragmatisme, au sens le plus large du mot, celui qu'on trouve dans certains passages de James lui-même et qui a donné lieu, chez ses continuateurs, à des formules célèbres : le fatalisme est décourageant, donc il est malsain, donc il est faux ; l'idée de l'immortalité est bienfaisante, donc elle est vraie. Si Dieu n'existait pas, il faudrait l'inventer ; c'est donc la preuve qu'il existe. Voilà dans ses applications les plus extrêmes la théorie de la *vérité-succès.*

Elle est très séduisante, au moins dans son principe. Elle répond bien à notre idée moderne de l'action et à notre esprit expérimental. Elle fait sentir fortement le caractère de la logique, en tant que fondée sur l'idée de valeur. Enfin si les pragmatistes, les humanistes, n'ont pas été les premiers à concevoir ce que M. Schiller appelle *the Making of*

6. William James, *Humanism and truth*, «Mind», octobre 1904.

reality, le discernement et la construction du réel au milieu du ruissellement des données mentales qui le débordent de tous côtés, à tout le moins ont-ils apporté dans le sens de cette psychologie génétique du réel, des observations, des analyses, des formules frappantes qui ont grandement contribué à en faire pénétrer l'idée chez tous ceux qui s'intéressent à la philosophie.

Mais peut-on accepter que la vérité se définisse par le succès ?

D'abord, qu'est-ce que le succès ? Comment sait-on qu'on a réussi ? Il y a des optimistes incorrigibles qui ne s'avouent jamais leurs échecs ; il y a des esprits suggestibles qui croient toujours avoir constaté ce qu'ils désirent ou ce qu'ils attendent ; il y a des savants qui, sans s'en apercevoir, donnent le coup de pouce à leurs expériences (quelquefois même dans le sens où les guide un excellent instinct des lois naturelles). Il y a des charlatans qui font croire aux autres ce qu'il leur importe de faire croire, des prestidigitateurs qui laissent leur public convaincu d'avoir vu brûler un mouchoir qu'ils ont escamoté. Ce sont des succès. Ce ne sont pas des vérités. Il y a des illusionnistes politiques et religieux qui réussissent très bien à donner le change à l'opinion publique, à persuader aux autres, et même jusqu'à un certain point, pour leur bien, ce dont eux-mêmes ne sont pas du tout persuadés : c'est un succès ; cela peut dans certains cas être utile — quoique, à la longue, il n'y ait probablement que la vérité qui serve. Mais ont-ils créé de la vérité, je dirais même de la vérité temporaire, si l'accouplement de ces deux mots n'était pas interdit par le principe d'identité ?

William James s'est défendu contre cette objection. Ce qui compte, c'est le vrai succès, le succès à longue échéance, le succès qu'on peut contrôler. Mais comment parler de cette *vérification* du succès sans sortir du pragmatisme, ou sans tomber dans un cercle vicieux ? Le vrai succès, c'est celui qui dure, celui qui peut être indéfiniment constaté par tous les esprits. En fait, quand on pousse un peu les pragmatistes en leur reprochant le caractère subjectif du succès, c'est sur cette idée qu'ils se replient. Peirce écrivait, dès 1878 : « L'opinion prédestinée à réunir finalement tous les chercheurs est ce que nous appelons le vrai, et l'objet de cette opinion est le réel. » — William James, tardivement : « La vérité, au sens pragmatique, est une opinion idéale, telle que tous les hommes puissent l'atteindre, et que personne n'ait plus le désir d'en changer. » M. Schiller, le plus disposé à l'individualisme, quand on lui objecte que des croyances autrefois utiles sont maintenant reconnues fausses, répond que la vérité admet des degrés, et que la hiérarchie des vérités dépend de l'universalité plus ou moins complète des fins auxquelles elles servent, et des esprits qui y participent.

On a souvent rapproché M. Bergson des pragmatistes en ce qui concerne l'usage et la nature de l'intelligence, perceptive et discursive ; et, à cet égard, ce qui précède pourrait s'appliquer aussi. Mais surtout il n'est pas sans intérêt de remarquer que sa célèbre et pénétrante théorie de l'intuition, qui nous ouvre une voie toute nouvelle vers la vérité, utilise à son tour le même critérium : c'est parce que tous les « coups de sonde » ramènent des échantillons semblables entre eux, qu'on est assuré de ne pas avoir pris le rêve individuel pour une réalité objective. Et combien de fois n'a-t-on pas fait appel, pour justifier la valeur de connaissance de l'extase, à une observation, topique et frappante en effet, sur la similitude entre les états mystiques profonds ? Décrits par des âmes d'origine et d'éducation toutes différentes, ils n'en accusent pas moins, dit-on, une telle communauté qu'on croirait entendre plusieurs explorateurs parler d'un pays lointain, d'accès difficile, mais bien réellement *le même,* où ils sont parvenus séparément. Je ne veux pas trancher en deux mots le bien-fondé de ces assertions, ni pour l'intuition métaphysique, ni pour l'intuition religieuse : je demande seulement qu'on réfléchisse sur le critérium de vérité qu'elles impliquent.

Pragmatisme ou intuitionnisme sont donc toujours obligés d'en arriver là. C'est ce qu'on peut appeler la *vérité-assimilation.* Leur point faible me paraît être seulement d'avoir subordonné ce caractère à celui du succès ou du sentiment immédiat, qui peuvent être trompeurs. Mettons-le au contraire au premier plan, et nous voyons, je crois, ce qu'il y avait de fondé dans toutes les interprétations précédentes et ce qui les soutenait obscurément dans l'esprit de leurs partisans [7].

∴

7. On trouvera un développement très solide et très intéressant des idées exposées ci-dessus dans la thèse de doctorat de Mlle H. Lelesz, aujourd'hui professeur à Varsovie, *La conception de la vérité* (Edition de la Vie Universitaire, 1921). Mais je me vois obligé, pour répondre à une remarque pénible qui m'a été faite, de dire ici que plusieurs années avant la composition de son ouvrage, je me servais dans mon enseignement des expressions *vérité-copie, vérité-code, vérité-succès, vérité-assimilation* (ou *convergence),* en caractérisant et en classant ces théories comme je viens de le faire ici. Je ne voudrais pas laisser croire que, même dans une conférence, et même pour une simple question de termes, j'aie utilisé, sans le dire, le travail d'une ancienne élève.

La vérité est bien, en un certain sens, une *copie,* car elle se juge par la ressemblance entre choses homogènes. C'est l'esprit qui se confronte avec l'esprit. La réalité déjà construite est une grande pensée commune à laquelle, dans l'immense majorité des cas, la pensée individuelle doit être conforme pour être vraie. Mais ce n'est là qu'un caractère secondaire, et c'est ce qui fait qu'il y a des exceptions, que le conformisme n'est pas toujours la vérité, que le « synnomique », comme dit M. Baldwin, déborde et réforme le sens commun.

Il en est de même de la *vérité-code.* La fin, la perfection de notre connaissance serait bien, comme le veulent les idéalistes, un esprit universel qui contiendrait virtuellement dans ses lois toute la réalité. Ce qui est faux, c'est qu'il y ait dans l'esprit de chaque individu, abstraction faite de son âge, de son temps, de son milieu, une révélation d'axiomes d'où l'on peut tout déduire. Il y a bien, à chaque moment, une *raison constituée,* qu'acquiert tout individu normal, et qu'il peut consulter comme un « maître intérieur » dans tous les cas où la question, précisément, n'est pas de faire progresser cette raison même. On ne saurait trop savoir gré au cartésianisme d'avoir mis ce caractère en haut relief. Mais cette raison est pleine d'expérience et, comme dirait M. Meyerson, d'irrationnel. Le seul principe rationnel pur est celui qui énonce la valeur de l'assimilation ; tout esprit est, en droit, un exemplaire imparfait de l'Esprit. « Nous sommes dans le vrai, disait Brochard, lorsque nous pensons comme individus ce que nous devons penser comme hommes. » Le mot « hommes » rappelle un peu trop ici la limitation si chère à Kant : *für uns Menschen :* il ne faudrait pas faire de la vérité une propriété d'une espèce vivante, même la plus haute ;

car ce serait la subordonner à la biologie et par conséquent ériger celle-ci en absolu. Mais on peut entendre : ce que nous devons penser comme esprits.

Il en faut dire autant de la *vérité-succès.* S'il n'y avait pas la résistance extérieure d'une matière sur laquelle il faut agir, les esprits seraient immédiatement d'accord, soit par structure, soit par convention. Mais en tant qu'ils travaillent, chacun sur un point, ils ont des expériences différentes. Ce qui donne un *sens* à la pensée, c'est l'action ; mais ce qui distingue le succès vrai du succès illusoire, la technique de la magie, c'est leur valeur intermentale indéfinie. Comme l'a très bien remarqué M. Baldwin, toute vérité vraiment pensée comme telle se trouve au point de rencontre de deux processus inverses, où l'épreuve active est toujours nécessaire, mais insuffisante : si l'on part de la croyance commune, des formules, des représentations abstraites reçues par le sujet, il faut pour les vivifier qu'il les éprouve par lui-même, qu'il en voie réussir entre ses mains l'expérience matérielle ou morale ; c'est seulement à cette condition qu'il les possédera pleinement comme des vérités et non comme des mots. Si l'on part de l'ordre individuel, du succès et de la satisfaction ressentie par l'agent, il faut la constatation commune qui les ratifie, qui rend la satisfaction *légitime,* et qui, seule, peut la transformer en connaissance.

Toute vérité, de même, suppose une *intuition,* car toute démonstration est suspendue à des indémontrables, toute similitude suppose des données immédiates et actuelles, prétendant à l'être, comme disait Leibniz, et dont la critique ne fera qu'éliminer les parties inconciliables. Mais il n'est pas de fantaisie qui ne s'impose à nous comme la présence même de l'absolu, quand nous nous affranchissons du contact avec les autres esprits. Et si l'on dit que la raison suffit à en faire le discernement, on ne fait qu'ouvrir et fermer une boucle qui nous ramène au même point ; qu'est-ce que la raison constituée, sinon les résistances certaines d'autrui, prévues d'avance et devenues intérieures à nous-mêmes ?

Et enfin, — ce que ne peut expliquer, me semble-t-il, aucune des théories précédentes, — le point de vue de l'assimilation des consciences permet de comprendre aisément pourquoi le sens commun déclare « vraies » des propositions normatives ou décisoires, comme celles que nous citions au début de cet article : « Le dévouement au bien public est plus estimable que l'égoïsme » ; — « une noire vaut deux croches », etc... Du moment que l'accord est conçu comme obligatoire sur des énoncés de ce genre, ils participent au caractère synnomique de la perception extérieure et de la raison.

En résumé, la vérité est une assimilation de pensées diverses. Il faut admettre, au-dessous de la réalité, une diversité qui en est la condition, qui n'est pas la vérité toute faite, mais qui en permet la construction. Certaines manières de penser sont purement subjectives, accidentelles, caduques. D'autres peuvent, au contraire, s'universaliser. Celles-ci se communiquent, *sans séduction ni contrainte,* à tous ceux qui sont capables de les comprendre, pourvu seulement qu'ils ne ferment pas leur intelligence de parti-pris, et qu'ils aient la volonté de vérité. Chacun reçoit ou se fait d'abord ses convictions, un peu au hasard ; puis elles s'éprouvent par la comparaison, et au bout d'un certain temps, quelques-unes manifestent cette puissance de communion qui finit par créer un corps de vérités objectives, et de réalités qui ne sont autre chose que ces vérités mêmes, posées dans leur indépendance à l'égard de chacun de nous.

Objectif veut dire essentiellement, et c'est ainsi que le définissait Kant, valable pour n'importe qui : *für jedermann gültig*. Ce qui est, en droit, commun à tous, devient *objectif* au sens courant du mot : chaque esprit individuel se le représente comme une chose en soi. Les deux sens du mot semblent différer grandement, si on les prend à rebours ; ils sont une conséquence naturelle l'un de l'autre si on les prend dans cet ordre.

***

Cette conception de la vérité a donné lieu à certains malentendus qu'il est nécessaire d'écarter. Si la vérité consiste dans l'accord des esprits entre eux, n'est-elle pas un simple phénomène social ? Peut-être rien de plus qu'une condition de la coopération, un organe dans la vie des sociétés ? Et dès lors, n'est-elle pas un accident dans la nature ? Chaque société n'aura-t-elle pas légitimement *sa* vérité ? Enfin, et toujours du même point de vue, le meilleur moyen de créer et d'entretenir cette ressemblance des idées ne sera-t-il pas une méthode autoritaire ? Ne suffira-t-il pas qu'il y ait une discipline assez forte pour maintenir le conformisme, comme dans certaines Eglises ou dans certains régimes politiques ? Et si nous voulons être logiques, ne devrons-nous pas souhaiter cette sévère discipline, en tant que production d'unité, et par conséquent de vérité ?

Ce serait méconnaître du tout au tout le sens de la conception que j'ai essayé d'exposer devant vous. Parler ici de sociologie, de conception sociologique, comme je me le suis souvent entendu dire à cette occasion, c'est mettre en avant une idée essentiellement équivoque parce que l'idée de société recouvre deux réalités fort différentes, opposées même à certains égards.

La première est la société, objet naturel, analogue aux êtres vivants, dont la sociologie fait la science. C'est, sinon un organisme, du moins un système du type organique, fait de parties différentes, et qui sont solidaires en vertu de cette différence même. On l'a remarqué dès l'Antiquité ; il suffit de rappeler le célèbre apologue des membres et de l'estomac, appliqué aux classes sociales. Tel est aussi le thème du sonnet de Sully-Prudhomme :

> Le laboureur m'a dit en songe : « Fais ton pain,
> Je ne te nourris plus ; gratte la terre et sème. »
> Le tisserand m'a dit : « Fais tes habits toi-même »,
> Et le maçon m'a dit : « Prends la truelle en main. »

La conclusion en est d'une logique assez discutable, car ce n'est certainement point par amour d'autrui que travaillent le maçon et le tailleur. Mais en tout cas, la structure sociale à laquelle il est fait allusion n'est pas douteuse, et c'est aussi celle qu'analyse Durkheim avec la vigueur et la sympathie que tout le monde connaît, dans sa *Division du travail social.* Cette interdépendance qui accompagne la différenciation, c'est, si l'on peut ainsi parler en grossissant un peu les choses, la société en tant qu'être vivant, né spontanément du jeu des forces naturelles, comme les montagnes et les plantes.

Cette société-là *n'est pas* génératrice de vérité. Tout au contraire : plus elle est fortement différenciée et systématisée, plus elle suscite des mentalités différentes chez les individus qui la composent. Les classes, les fonctions, les métiers, la différence même des ordres religieux, comme le remarquait déjà Nicole, tendent à faire admettre par tous ceux d'un même groupe certaines opinions irréductiblement opposées à celles d'autres groupes. De fait, ne s'est-il pas souvent trouvé des hommes politiques, à l'extrême-gauche comme à l'extrême-droite, qui revendiquaient le droit de faire croire à la masse ce qu'ils refusaient eux-mêmes d'admettre ? Durkheim n'a jamais favorisé ces tendances ; mais il envisageait la possibilité que le progrès de l'évolution fît perdre entièrement certaines facultés à ceux qui n'en avaient pas besoin pour bien jouer leur rôle d'organe. Il en va de même entre les peuples, dans la mesure où ils sont antagonistes : n'a-t-on pas été jusqu'à parler d'une « vérité française » qui ne serait pas la vérité des Anglais et des Allemands ?

Autant dire que s'il n'y avait d'autre espèce de société que ce phénomène de différenciation et d'intégration, mis au premier plan par les économistes et les sociologues, il n'y aurait pas de vérité, mais seulement des forces mentales complémentaires s'opposant et s'équilibrant.

Tout autre chose est la communauté des esprits qui pensent et sentent de même, qui sont unis par leur ressemblance et non par le besoin de « services » réciproques : tels sont, par exemple, de nos jours, les membres d'une même Eglise, d'un même groupe esthétique, d'une même société d'éducation ou d'enseignement, d'une même association scientifique. Ils viennent d'origines diverses, ils remplissent des fonctions différentes ; ils peuvent avoir des intérêts opposés. Mais tout cela passe au second plan. Cette société-là n'est pas objet de la science ; elle en est la condition. Elle se forme par un même idéal intellectuel, artistique, moral, religieux, *à travers* les différenciations organiques et les fonctions politiques ou sociales ; elle tend même à les dissoudre. Elle éveille un des sentiments les plus profonds, celui de se reconnaître en autrui, de participer à quelque chose d'identique par où les individus se rejoignent. En fait, il y a des esprits, avec toutes sortes d'épithètes ; mais en droit, il n'y a qu'un seul Esprit. C'est à cet Esprit qu'on participe par la société de communauté ; et c'est en tant qu'on y participe qu'il peut être question de vérité.

On a dit, d'autre part, qu'une théorie de la vérité comme celle que nous proposions conduisait à la pure apologie dc l'uniformité, et par conséquent devait être indifférente aux moyens de l'obtenir. Mais c'est en fausser complètement la signification. Quand, par malheur, une société de communauté, du genre de celles dont nous parlions en dernier lieu, vient à s'organiser, à se discipliner, à se soumettre à une autorité matérielle, elle perd à la fois sa spiritualité et son lien avec la vérité. Une école artistique, au lieu d'être une libre réunion d'esprits qui sentent de même, tourne parfois en une coterie ou en un syndicat pourvus d'un chef qui maintient les dissidents sous sa férule : que vaut-elle alors pour le progrès de l'art ? Elle n'est plus qu'un cadavre au milieu du chemin. La même chose arrive quelquefois dans les sciences ; il se fait une orthodoxie d'Université ; un professeur célèbre, un écrivain particulièrement dogmatique ou séduisant imposent à toute une génération des formules qui, sans eux, n'auraient jamais acquis cette autorité. Il faut répéter les doctrines du maître pour être reçu aux examens et par conséquent pour obtenir d'enseigner à son tour. Est-ce là une véritable société de communauté ? N'est-ce pas bien plutôt, par le maintien artificiel de l'unité dans un groupe, un facteur qui s'oppose à la réalisation de l'unité pour l'ensemble des intelligences ? Je l'ai dit tout à l'heure, et ce n'était pas sans connaître toute la nécessité de cette réserve, il n'y a de vrai que ce qui peut se communiquer « sans séduction ni contrainte ». Toute uniformité qui repose sur l'une ou l'autre s'est d'ailleurs montrée, jusqu'à présent, incapable de vivre bien longtemps. Il faut en dire autant de la religion ; quand, dans une Eglise, l'organisme et la discipline prennent le pas sur la convergence libre des sentiments et des pensées, quand elle détruit chez les fidèles le ressort du jugement personnel, elle perd pour autant son caractère divin ; elle peut rester un objet historique plus ou moins intéressant, ou une puissance sociale plus ou moins efficace, mais qui n'a plus rien à voir avec la religion du vrai, ni avec la vraie religion.

On dira sans doute enfin, et en sens inverse de l'objection précédente, que définir ainsi la vérité par un mouvement de libre convergence, c'est laisser une trop grande place à l'erreur, au doute, à l'invention individuelle, et que la plupart des hommes ont besoin de vérités toutes faites. Le malheur, c'est que les vérités toutes faites, au point de vue philosophique, ne sont plus des vérités : elles n'y ressemblent que comme un fossile pétrifié ressemble à l'être vivant dont on lui donne le nom. Le doute est généralement pénible, c'est vrai ; une croyance qu'on accepte en bloc, comme un parti politique, a quelque chose de bien plus commode, et dans la plupart des cas, de bien plus avantageux matériellement. Mais il faut choisir, et si l'on choisit bien, on retrouve peut-être sous une autre forme l'équivalent de ce qu'on avait cru sacrifier. Accepter pour sa part la recherche de la vérité, ce n'est pas exclure une certaine forme de l'absolu. Bacon, parlant de sa méthode scientifique, disait avec profondeur : *Certi viae nostrae sumus, sedis nostrae non item :* nous sommes sûrs de notre route, non de notre position. Il en est de même de ceux qui ont la volonté du vrai, entendu comme nous avons essayé de le définir. La logique, dans certaines de ses parties est, par accident, une sorte de mathématique : dans son centre et son fond, elle est, comme l'esthétique et la morale, une science normative, qui analyse et critique des valeurs, qui détermine une direction, qui ne s'enferme dans aucune table éternelle de catégories ou de principes rationnels. Par là, elle donne ainsi une assurance et une justification, mais de la conduite et non des résultats. Celui qui, sur des indices concordants et nombreux, a tiré une conclusion probable, démentie plus tard par les faits, celui-là peut dire que sa décision intellectuelle n'a pas été condamnée ; elle était ce qu'elle devait être : avec l'information dont il disposait, il a *eu raison* de conclure comme il le faisait, et d'agir en conséquence : il devrait faire encore de même si la chose était à refaire. — Il y a une tâche devant nous, et cette tâche demeure identique, quelle que soit la variété des pensées de détails qui y contribuent dans les différentes formes de la recherche et aux différentes époques de l'histoire : c'est de marcher dans le sens d'une communauté toujours plus large, en essayant consciencieusement chaque chemin pour reconnaître, à l'expérience, si c'est un chemin qui de plus en plus nous fait rencontrer d'autres âmes, ou qui tend à nous isoler dans ce qui nous oppose à autrui, soit individuellement, soit collectivement. Aussi les conditions morales ne sont-elles pas moins essentielles que les conditions proprement logiques à la réalisation de la raison et à l'acquisition du vrai. C'est dans la mesure où nous renonçons, non pas certes à la liberté de jugement, — bien au contraire ! — mais au quant-à-soi, à la guerre matérielle ou intellectuelle, dans la mesure où nous nous détachons des partis, des groupements organiques, des systèmes autoritaires, pour nous attacher à la pure volonté de devenir les semblables de nos semblables, et non leurs chefs ou leurs maîtres, dans la mesure où nous pensons sous la forme de la communauté et non sous la forme de la victoire, — c'est dans cette mesure que nous sommes sur la voie de la vérité.

III

MORALE ET PERSONNALISME

SUR UNE FAUSSE EXIGENCE DE LA RAISON DANS LA MÉTHODE DES SCIENCES MORALES [1]

Toute démonstration, ou toute controverse, suppose d'abord, et comme condition *sine qua non,* deux sortes de données. En premier lieu, des règles logiques ou au minimum une règle logique dont la valeur est mise jusqu'à nouvel ordre au-dessus de la discussion. Sans cela, pas de science : il n'en existe que là où nous avons un critérium qui nous permette de distinguer le vrai du faux, la pensée universalisable de la pensée purement individuelle. Elle implique qu'il existe un procédé de vérification dont la valeur est reconnue par celui qui enseigne et par celui qui apprend, par celui qui soutient une thèse et par celui qui la contredit ; qu'il existe, en un mot, des raisons qui sont des raisons pour tout esprit capable de les comprendre. — En second lieu, il faut encore des affirmations matérielles premières (j'entends *matérielles* au sens logique du mot), affirmations dont la valeur est, elle aussi, mise jusqu'à nouvel ordre au-dessus de la discussion. Ces affirmations sont, en matière de science déductive, des postulats indémontrables, par exemple : en géométrie, la possibilité de diviser une droite finie en deux parties égales ou de déplacer une figure sans

1. *Revue de métaphysique et de morale,* janvier 1907.

déformation. On demande alors à l'interlocuteur, et le nom même le rappelle, s'il accorde ces vérités et s'il les tient pour valables [2]. En matière de science expérimentale, nous demandons à l'interlocuteur s'il voit le même phénomène que nous, s'il lit le même numéro sur son échelle graduée, s'il aperçoit la même différence de couleur dans son éprouvette. Et ce sont encore des postulats.

De ces deux conditions résulte une troisième : c'est que l'existence des sciences, en prenant ce mot au sens où nous l'appliquons tous les jours, implique d'abord qu'il y a des esprits divers, qui communiquent entre eux, et qui, primitivement contraires par leurs opinions, peuvent arriver à se mettre d'accord sur un savoir. Et sans doute, on peut, si l'on veut, parler d'une science absolue dans un esprit unique ou isolé. Mais alors on parle, soit d'une *limite* où convergeraient les esprits, qui ne se comprend que comme limite, et par cette convergence même ; soit d'une connaissance divine dont nous ne pouvons nous faire aucune idée et qui a juste autant de ressemblance avec notre connaissance humaine qu'il peut s'en trouver entre une racine carrée et une racine pivotante.

Ceci posé, qu'exigeons-nous d'une démonstration mathématique, physique ou médicale, pour la reconnaître comme applicable à la vie réelle, et *rationnellement* satisfaisante ? Nous exigeons qu'étant donnée une proposition d'abord incertaine et dis-

2. Je prends ici mes exemples dans la géométrie élémentaire, telle qu'on l'enseigne et qu'on l'applique. Mais on sait que, même dans la géométrie « purement logique », les mêmes nécessités se répètent, à l'étage supérieur. Le problème y est même précisément de définir le système minimum de postulats d'où l'on puisse tirer l'ensemble de la science.

cutée, elle rattache cette proposition à des principes accordés, ou à des faits constatés, par le moyen des lois logiques propres à l'étude dont il s'agit, et cela de telle manière que tout esprit suffisamment intelligent perçoive le lien qui unit les données reçues à la conclusion démontrée. Quand cette démonstration est acquise, nous nous croyons en droit d'en faire état pour établir un règlement sanitaire, pour entreprendre la construction d'un ouvrage d'art, pour obtenir la solution d'un procès ; nous disons dans ce cas que notre manière d'agir ou notre exigence est rationnelle, par opposition à la conduite ou à l'exigence qui résultent d'une croyance personnelle, d'une habitude locale, d'un sentiment impossible à justifier par des motifs valables pour tout le monde.

Mais nous ne demanderons pas que notre démonstration crée de toutes pièces la proposition que nous voulons démontrer, sans la tirer d'aucune proposition primitive et reçue antérieurement. Non seulement une pareille prétention serait pratiquement irréalisable, mais elle irait contre la raison : car s'il fallait, pour que A fût rationnellement prouvé, qu'il fût déduit de B, B de C, et ainsi de suite sans terme, rien ne serait jamais prouvé et par conséquent rien ne serait rationnel. La science idéale n'est pas celle « où l'on définirait tous les termes, et où l'on prouverait toutes les propositions » et l'absence de cette déduction infinie dans notre savoir n'est pas une faiblesse, compensée par ce fait que « la nature le soutient à défaut du discours [3]. » Le discours ne crée rien par lui-même ; il n'est qu'un moyen de transport. Notre force, pour la connaissance de la

3. Pascal, *Esprit géométrique*.

vérité, est toute dans l'intuition, et notre faiblesse dans la nécessité de prouver médiatement ce qui ne se suffit pas à soi-même. Aristote disait très profondément, en ce sens, que toute science (discursive) vient d'une science préexistante.

Sans doute, les logiciens et les mathématiciens modernes ont découvert qu'on peut faire remonter la déduction au-delà des propositions habituellement reçues comme principes : mais c'est en dissociant les intérêts de la certitude et ceux de l'analyse, en prenant pour règle de déduire tout l'ensemble d'une science du plus petit nombre d'énonciations, quelles que soient ces énonciations, alors même qu'elles ne s'imposeraient pas du tout à l'esprit, et qu'elles seraient, au point de vue de l'assentiment, beaucoup plus douteuses que ce qu'on en déduit. Les propositions les plus évidentes se trouvent alors placées à un niveau intermédiaire, et l'ensemble forme un système hypothético-déductif dont on peut considérer, *ad libitum,* soit la solidarité logistique, soit la vérité objective. On n'échappe ni dans l'un, ni dans l'autre cas, à la condition fondamentale, qui est de commencer par quelques propositions indémontrées ; et par suite, dès qu'on veut considérer cette science comme preuve de quoi que ce soit, on est toujours obligé de revenir prendre son point d'appui sur celles des propositions qui ne font aucun doute pour l'homme qui démontre, et pour ceux à qui il prétend démontrer quelque chose. Une pareille démonstration est le type même de ce que nous entendons par rationalité.

Ajoutons une remarque. Aucune catégorie nouvelle de détermination, et spécialement aucun degré supérieur dans la modalité ne peut être créé de toutes pièces au cours de la démonstration, quand il n'est pas contenu dans les principes. Si je pars de propositions concernant des surfaces, je pourrai les combiner indéfiniment sans jamais trouver un théorème concernant des poids. De même, je ne puis rencontrer sur mon chemin aucune proposition apodictique, si je n'ai pour prémisses que des propositions assertoriques ; et si je pars de problématiques, je ne puis en tirer que des problématiques. C'est toujours le problème de la hauteur des mâts et de l'âge du capitaine.

Or, toutes ces vérités, incontestées semble-t-il quand il s'agit des sciences de fait, sont communément perdues de vue quand il s'agit des sciences dites normatives, et spécialement de l'éthique. On réclame du philosophe qu'il constitue une morale *rationnelle,* en vue de l'enseignement et de la pratique, et qu'il nous montre pourquoi nous devons raisonnablement vouloir telle ou telle chose particulière, par exemple : l'obéissance aux lois ou l'assistance aux malheureux [4]. Très bien. Il se met à la tâche, et cherche où placer ses fondements. Ayant exploré de son mieux sa conscience et celle de ses contemporains, ayant ainsi constaté, ce qui n'est pas sans intérêt, qu'il existe un certain nombre de choses *voulues* et de règles admises par tous les honnêtes gens, règles que la presque totalité des systèmes philosophiques se sont efforcés de justifier, il commence à peu près en ces termes : « 1° Il y a des manières d'agir meilleures les unes que les autres ; 2° Nous devons vouloir ce qui est logiquement impliqué par ce que nous voulons ; 3° On agit mal quand on sacrifie l'intérêt général à son intérêt individuel... » Il s'apprête à continuer, recueillant les évidences morales

4. Je parle ici d'une morale, non d'une réflexion philosophique sur la morale ou d'une science historique des jugements moraux. Les problèmes sont tout à fait différents.

comme il recueillerait les évidences physiques ou géologiques. Mais voilà que les auditeurs s'agitent et réclament : « Des preuves ! Des preuves ! Démontrez-nous qu'il faut vouloir le bien ! Si vous ne démontrez pas vos principes, pourquoi voulez-vous que je m'y soumette, moi qui suis un esprit rationaliste, exercé à la critique, défiant des instincts et des habitudes, en garde contre tout ce qui peut n'être qu'un préjugé traditionnel ? » Et dans une récente discussion, quelqu'un ajoutait, interprète d'une pensée assez générale : « En face des doctrines fermes qui fondent la morale sur une religion ou sur une métaphysique, cet appel à notre bon vouloir est une faillite de la rationalité. »

Réclamation troublante, mais qu'il suffit d'analyser pour découvrir ce qu'elle a de contradictoire. Vous voulez que je prouve : qu'est-ce que prouver ? C'est ramener une affirmation douteuse, par un raisonnement tenu pour valable, à une affirmation tenue pour certaine. Faites-moi donc voir tout d'abord ce que vous considérez comme valable et ce que vous tenez pour certain. La crainte de l'enfer est un bon argument pour empêcher les hommes de mal agir, soit : mais c'est à condition qu'ils aient peur du feu. Et de même pour la volonté de Dieu : elle donne une raison de suivre la morale à celui qui aime déjà Dieu ; à l'ange rebelle de Beaudelaire, qui crie son « *Non serviam* », elle est une raison de plus de faire le mal. On ne peut « prouver » un jugement de valeur ou un jugement d'obligation qu'en les faisant respectivement sortir d'un autre jugement de valeur ou d'obligation. Si quelqu'un n'admet aucune affirmation de la forme « *mieux vaut* ceci » ou de la forme « *on doit* faire cela », quelle démonstration pourrait-on lui donner ? Il est précisément dans le cas d'un homme qui demanderait son chemin, en ajoutant qu'il ne sait où il veut aller, ni même s'il veut aller quelque part [5].

Cependant, cette réclamation n'est pas un pur non-sens ; car souvent on y découvre un sous-entendu, peut-être d'ailleurs inconscient.

Il consiste à admettre qu'il existe bien chez l'homme, en vertu de sa nature, une certaine volonté primitive et commune à tous ; et l'on pense qu'on ne sera contredit par personne en admettant que cette volonté primitive est, pour chacun, celle de son propre bonheur. Ceci posé, on se déclarerait satisfait si les philosophes fournissaient une démonstration solide, prenant pour prémisses cette aspiration au bonheur, et en faisant sortir, comme une conséquence logique, la légitimité de tout ce que l'on entend par morale, au sens courant du mot, sans la transformer ni la restreindre pour les besoins de la cause. L'intérêt individuel, bien compris, serait la raison de la justice et de l'abnégation ; et comme toutes les lois, règlements ou procédures escomptent, avec succès, l'existence de cet amour de soi chez

5. Je trouve un exemple frappant de cette illusion dans un ouvrage récent, écrit sur des questions philosophiques par un homme qui n'est pas philosophe de profession : « M. Lévy-Bruhl, dit-il, a beau dire que la morale est une science de moyens et non une science de fins, les fins le rattrapent à propos des moyens. — Je vous apprendrai scientifiquement, mon ami, les moyens d'être juste. — Mais le dois-je ? — Je vous expliquerai non moins scientifiquement les moyens les plus modernes d'être charitable. — Mais le dois-je ? — Silence de M. Lévy-Bruhl qui avait préalablement exorcisé le fantôme métaphysique du devoir. » (J. Rocafort, *La morale de l'ordre*, p. 18.) Silence imaginaire et réponse facile : « Si vous ne voulez pas être juste, c'est votre affaire; il n'y a ni morale philosophique ni morale religieuse qui puisse nous le faire vouloir. *Velle non discitur*. Vous êtes justement ce qui s'appelle un être immoral : la chose est évidente par elle-même et toute la métaphysique du monde n'ajouterait rien à cette évidence. »

l'immense majorité des hommes, la morale participerait à la même réussite et à la même solidité. C'est le mot célèbre de Franklin : « Si les coquins savaient les avantages de la vertu, ils se feraient honnêtes gens par coquinerie. »

Mais cette espérance repose sur une confusion de l'individu avec la personne morale.

S'agit-il du bonheur de l'individu ? Le plan porte en lui-même son impossibilité. Celui qui se fait honnête homme par coquinerie reste fondamentalement un coquin. Il ne suffit pas, comme dit Kant, que la marionnette gesticule bien. Secourez un homme qui meurt de faim parce que vous êtes humain, c'est de la fraternité. Secourez-le parce que vous jouez à la baisse et que vous le connaissez pour un anarchiste dangereux, qui se prépare à jeter une bombe, c'est une canaillerie. La morale publique n'hésite pas là-dessus ; si vous ne l'accordez pas, il faut entreprendre de la réformer, et par conséquent sortir des données du problème. — D'ailleurs, au lieu de jouer à la baisse, vous pouvez jouer la chance du bonheur dans l'autre monde : du moment qu'il ne s'agit que de vos intérêts individuels, cela ne change rien à l'état de votre volonté, ni par conséquent à son insuffisance.

S'agit-il des intérêts de la personne morale, de ce qui est en l'homme raison, tendance au bonheur de tous, pensée de l'universel ? D'accord. Mais la volonté pratique d'agir selon la raison, même contre l'intérêt de son individualité, ce n'est pas autre chose que la volonté d'être juste : volonté proprement morale, indémontrable à qui ne l'a pas, absente dans le plus grand nombre des actions, et même le plus souvent, tournée en ridicule par ceux à qui elle manque. De sorte qu'ici encore la morale ne peut se déduire d'autre chose que de la morale ;

et si elle n'est pas donnée toute faite, il n'y a pas de moyen de la construire, même en partant de la volonté de Dieu.

Aussi, — à moins qu'il ne s'agisse d'un cas pathologique d'indécision ou de scrupule, — il est infiniment probable que ce soi-disant refus d'admettre pour évidentes les vérités morales concrètes, de la part d'un homme d'ailleurs préoccupé du bien et du mal, n'est qu'une simple fiction intellectuelle étrangère à sa vie réelle, et qu'il se l'impose en théorie, comme une consigne méthodologique à laquelle il se croit tenu. Nous avons certainement, nous autres philosophes nourris de critique, une certaine responsabilité dans ce sophisme. Nous nous sommes trop habitués, par discursivité professionnelle, et nous avons trop habitué nos élèves, à considérer la philosophie comme l'éternelle poursuite d'un dernier mot qui naturellement fuit toujours devant nous. Au fond, la plupart d'entre nous sont restés fidèles à la recherche de l'absolu, ni plus ni moins que Victor Cousin, avec cette différence seulement qu'ayant vu l'impossibilité d'aboutir, dans une recherche ainsi définie, nous avons pris notre parti de courir sans avancer. Nous n'avons pas renoncé d'un seul coup à sauter par-dessus notre ombre : « Nul ne réfléchit l'habitude », disait Mirabeau. Une fois bien et dûment avertis que cette belle performance était impossible, nous n'en avons pas moins continué à faire comme auparavant, en disant d'un air entendu : « Vous croyez que nous voulons sauter par-dessus notre ombre ? Jamais de la vie. Ce serait trop naïf. Nous nous *exerçons* à sauter par-dessus notre ombre. Et ce qu'il y a d'admirable dans cet exercice, c'est que nous sommes sûrs de pouvoir le continuer indéfiniment. »

Il est à coup sûr facile de nier verbalement ce

que l'on affirme d'autre part sans réserves par son attitude pratique. On peut tout refuser et tout révoquer en doute dans une discussion académique, même que l'odeur de l'ammoniaque diffère de l'odeur de l'alcool, ou que par un point on puisse faire passer deux droites. *Quanquam thesim tuam optime exposuisti et probasti, carissime condiscipule, ego autem contra.* Mais si l'on se fait une habitude d'esprit et une règle générale de cette scolastique, il n'y a pas d'ingénieur à qui l'on puisse permettre de bâtir un pont. Car voyez un peu comment vous démontrerez, sans vous appuyer sur un postulat indémontrable, que la résistance des matériaux, l'intensité de la pesanteur, et même les propriétés géométriques des courbes seront encore demain ce qu'elles sont aujourd'hui ? — Mais, dira-t-on, la morale est bien autre chose ! — Par son importance, oui ; par son caractère logique, non. Si le caractère rationnel de l'action n'est pas détruit, dans le premier cas, par la possibilité de ce doute hyperbolique, elle ne l'est pas davantage dans le second. C'est pourquoi la vraie méthodologie éthique me paraît demander d'abord, et avant tout, qu'on tienne compte des faits, c'est-à-dire des jugements d'appréciation et d'obligation que nous observons en nous et chez les autres, qui jaillissent avec une évidence incontestable en présence de certaines situations : un magistrat convaincu d'avoir vendu son arrêt ; un député qui sacrifie l'intérêt public à des spéculations privées ; une mère qui néglige ses enfants pour ses plaisirs. Si vous ne voyez pas une différence caractéristique, *sui generis,* entre Marc-Aurèle et Néron, entre Tartuffe et le bon curé de *Judith Renaudin,* il est inutile qu'on essaie de vous prouver aucune proposition d'éthique. Vous êtes à l'égard des valeurs morales dans la même situation qu'un daltonien à l'égard de la peinture. Il voit bien le dessin, et vous voyez bien le jeu des motifs, la psychologie de l'action ; mais il lui manque le discernement des couleurs, et à vous de discerner ce que Malebranche appelait « les degrés de la perfection ».

— Et s'il arrivait que la folie morale envahît toute l'humanité, il n'y aurait donc plus ni bien ni mal ?

— Il faut, pour répondre, que je sache d'abord quelque chose : qu'arriverait-il de la vérité scientifique, à votre avis, si tous les hommes devenaient idiots ? N'y aurait-il plus de vérité ? Si vous répondez par l'affirmative, vous ne vous étonnerez donc pas qu'il en soit de même pour la morale. Si, plus philosophiquement, vous répondez par une distinction entre l'actuel et le virtuel, qui vous empêche de l'appliquer aussi dans ce cas ?

D'ailleurs, lors même qu'on se plaît, pour la discussion, à mettre les choses au pis, il est rare qu'on aille jusqu'à contester qu'il existe un bien et un mal. On ne dit pas proprement : « Je nie. » On dit seulement : « Que répondriez-vous à celui qui nierait ? » La question étant ainsi portée sur le terrain psychologique, ou même pédagogique, la réponse variera, naturellement, suivant les causes de cette négation. Ces causes peuvent être d'abord tout à fait étrangères à la philosophie, et c'est même, en pratique, le cas le plus fréquent. La question rationnelle n'est plus alors en jeu : nous avons besoin, suivant l'âge ou le cas, de l'éducateur, du médecin, du magistrat, de la force publique. Ce serait une grande duperie que de vouloir opposer des arguments scientifiques à la mauvaise volonté, ou à la volonté mauvaise. Et nous ne devons jamais perdre de vue que, s'il y a une morale, il y a nécessairement des êtres immoraux ; sans quoi la loi morale ne différerait en rien d'une loi psychologique ou biologique. La nécessité de la contrainte résulte nécessairement de ces deux faits qu'il y a une raison, et que tous les hommes n'y obéissent pas à la façon dont les cailloux suivent la loi de gravitation. Il ne faut pas en avoir peur comme d'une faillite de la rationalité. C'est le contraire qui est vrai. Le droit, c'est l'emploi légitime de la force. Pour comprendre ce qu'il est, à l'égard d'une volonté qui s'oppose à la morale, il suffit de considérer ce qu'il est, à l'égard d'une volonté qui s'oppose à la logique ; et pour cela, de se demander quelle manière d'agir serait raisonnable envers un homme qui, dans une affaire importante, refuserait d'admettre pour valables les procédés normaux du témoignage et de la preuve, par exemple : un entrepreneur qui contesterait, contre l'évidence, un engagement contracté en bonne et due forme, mais qu'il trouve maintenant trop onéreux à exécuter. Il n'y a pas d'autre remède que la contrainte, exercée précisément au nom de la raison publique, c'est-à-dire de l'évidence qui s'impose à tout examinateur désintéressé de la question. Ce cas est moins rare qu'on ne pourrait le penser. La même puissance de fermer les yeux se rencontre chez ceux qui disent : « La question ne sera pas posée. » Il ne manque pas d'hommes qui découvrent subitement une grande obscurité, en ce qui les concerne, dans ce qui leur semblait auparavant très clair, quand il ne s'agissait que des autres : « Si la géométrie s'opposait autant à nos passions et à nos intérêts présents que la morale, dit excellemment Leibniz, nous ne la contesterions et ne la violerions guère moins, malgré toutes les démonstrations d'Euclide et d'Archimède, qu'on traiterait de rêveries, et croirait pleines de paralogismes ; et Joseph Scaliger, Hobbes, et autres qui ont écrit contre Euclide et Archimède ne se trouveraient point si peu accompagnés qu'ils le sont[6]. » La raison n'est donc pas obligée d'attendre que ceux qu'elle gêne lui donnent raison ; et même le seul moyen qui peut les décider à le faire est précisément de les bien informer qu'on n'attendra pas leur bon plaisir. Si nous nous imposions l'inutile scrupule d'obtenir toujours leur assentiment avant de les contraindre, et si nous le leur laissions savoir, ou seulement deviner, il est parfaitement sûr que la plupart d'entre eux s'attacheraient à l'absurde avec une inébranlable fidélité.

Mettons donc nettement, une fois pour toutes, les fous hors de la logique et les malhonnêtes gens hors de l'éthique. C'est une objection qui porte à côté. Mais il y a autre chose. La négation pratique du bien peut venir d'un doute véritable et sincère[7] et, même dans le cas précédent, je concède encore qu'on trouverait presque toujours quelque trace de ce doute vrai : car il faut un minimum de sophisme intellectuel pour donner prise au jeu des intérêts et des passions. Pour répondre, dans ce cas, il faudra d'abord procéder en psychologue, et chercher si l'on ne découvrirait pas dans l'esprit du douteur quelque jugement d'appréciation dont il admet vraiment la vérité, et nous aussi, soit sans avoir conscience de l'admettre, soit sans avoir conscience du caractère appréciatif qu'il contient. Et, partant de là, lui prouver rationnellement la moralité ce sera : 1° Lui faire prendre conscience de cette affirmation commune qu'il possédait sans s'en douter ; 2° Lui montrer,

6. *Nouveaux essais*, 1, 11, 12.

7. Je parle, bien entendu, d'un doute global, et non du doute qu'on peut très légitimement avoir sur la réalité de telle ou telle espèce de devoirs habituellement admis dans une classe sociale, ou même catalogués par les moralistes.

par les procédés ordinaires du raisonnement, qu'il reconnaît lui-même pour légitimes, ce qu'implique l'adhésion à ce premier jugement. — Si, par aventure, le cas est un peu plus compliqué, et si la négation vient de ce qu'il s'est fait une discipline mal comprise de ne rien croire « sans démonstration », même les propositions d'où l'on part, la réponse est encore possible : elle consistera à lui montrer que toute affirmation catégorique, en matière de fait ou de droit, est toujours suspendue à l'intuition exprimée par un jugement catégorique premier, et lui-même *indémontrable ;* et qu'en dehors de cela il ne peut y avoir qu'une chaîne hypothétique de propositions, qui planent dans le monde des possibles, sans aucune communication avec le réel ; bien plus, sans que cette possibilité même soit, en tant que possibilité, quelque chose de réel, puisqu'elle n'est constituée que par les assomptions logiques qui permettent la construction de tout l'édifice. Bien convaincu par là que l'existence d'une donnée première est fondamentale dans les sciences de fait, et qu'elle ne compromet ni n'atténue la rationalité de la physique, il comprendra qu'on n'a aucune raison d'être plus exigeant dans les sciences de droit. Les exemples que nous avons déjà cités pourront achever d'amortir ces scrupules.

L'illusion, dans ce cas, vient en effet du voisinage de deux idées, chacune fort légitime en soi, mais qui se sont développées en sens inverse par le progrès de l'analyse, et qu'on n'en persiste pas moins à réunir dans une pensée trouble et dans une expression équivoque, quand on parle de *fonder la morale.* Par fondement, on peut entendre ce qui justifie une opinion, ce qui détermine l'assentiment légitime de l'esprit à une affirmation, soit spéculative, soit pratique. En ce sens, *fondement* est un mot grave, imposant, normatif ; il fait valoir des droits dans les relations qu'ont les hommes entre eux. Une action judiciaire « sans fondement » est un abus qui doit tourner à la confusion de celui qui l'intente. Une idée « sans fondement » est une idée chimérique. Au contraire, la réclamation ou l'objection « bien fondées » sont justes et légitimes ; celui qui en est l'auteur a la raison et le bon droit pour lui. — Mais, d'autre part, on entend aussi par *fondement* la première proposition théorique d'un système déductif : ce qui est tout autre chose. Plus rigoureusement, on désigne ainsi (les axiomes communs étant mis à part) la première proposition ou le premier groupe de propositions, qui, dans un système de démonstrations coordonnées et subordonnées, présente un contenu matériel caractéristique de l'ordre d'idées que l'on va suivre et susceptible d'une suite infinie de conséquences, par exemple : la loi de génération des nombres en arithmétique. De même, la loi de gravitation est appelée le fondement de toute la mécanique céleste, non qu'elle soit plus évidente que les lois de Képler, et surtout que les apparences du mouvement sidéral, mais en tant qu'elle permet de les systématiser et de les déduire. On dirait, toujours au même sens, que les principes de la conservation et de la dégradation de l'énergie sont les fondements de la thermodynamique.

Très longtemps, dans toutes les sciences, les deux idées ont été considérées comme n'en faisant qu'une. A cet égard, le type idéal de la confusion est le cartésianisme, avec sa méthode d'ailleurs admirable de « synthèse », qui prend pour point de départ des idées claires et distinctes, à la fois logiquement simples et psychologiquement certaines, et qui n'admet l'extension de la certitude que par le mouvement continu de la déduction. La méthode d'autorité, à laquelle il s'opposait, n'en différait pas d'ailleurs quant à la nature de la preuve, et quant à la nécessité d'identifier la majeure de la déduction et la cause de l'assentiment : elle s'en distinguait seulement en ce que, pour la scolastique, ce « fondement » était un texte sacré, tiré de l'Ecriture ou d'Aristote, et non pas une évidence actuelle. Aussi, dans l'esprit de la plupart des hommes, même cultivés, déduction et justification se confondent-elles encore. — Mais, pour les logiciens modernes, ces deux points intellectuels ont cessé de coïncider, comme les deux foyers d'une ellipse, prise d'abord pour un cercle, et à laquelle une étude plus exacte ferait reconnaître une excentricité toujours croissante. En mathématiques, une des grandes préoccupations des géomètres contemporains est de commencer la chaîne déductive aussi haut que possible, sans souci de ce fait que les propositions les plus évidentes, fondement de l'adhésion, cessent d'être les axiomes premiers, fondements de la déduction, et ne se rencontrent plus qu'à un étage inférieur. Tout le monde sait combien ces nouveaux axiomes paraissent, à première lecture, baroques et quelquefois absurdes : leurs conséquences seules les justifient[8]. — En phy-

8. « Au lieu de concevoir la différence entre les postulats et les autres propositions qu'ils servent à démontrer comme consistant dans la possession d'un certain caractère intrinsèque, qui les rend par eux-mêmes plus acceptables, plus évidents, moins discutables, etc..., le logicien les considère comme des propositions qui sont sur le même pied que toutes les autres. Le choix de ces postulats dépend du *but* qu'on a en vue, et doit reposer, dans tous les cas, sur l'examen des relations de dépendance qu'on peut établir entre eux et l'ensemble des propositions d'une théorie donnée... Ils ont perdu le « droit divin » dont leur soi-disant évidence paraissait les investir, et ils ont dû se résigner à devenir, non les chefs, mais les *servi servorum*, les employés des grandes associations de propositions qui forment les différentes branches des mathématiques ». (G. Vailati, *Pragmatisme et logique mathématique*, dans le «Monist» d'octobre 1906).

sique, dès le XVIIIe siècle, il a été bien établi que le fondement de la science, ce qui la rend solide et sûre, n'était pas dans les propositions de la plus haute extension logique, mais dans ces généralisations médiocres et banales, de vérification journalière, qui ont déterminé le choix des principes plus simples et celui des grandes hypothèses. Mais il a pourtant fallu arriver à notre époque pour que ces hypothèses cessassent d'être considérées comme des « lois de la nature », des réalités presque platoniciennes qu'on est plus ou moins sûr d'avoir retrouvées telles qu'elles sont, mais qui, au fond, et en elles-mêmes, constituent cependant la source et l'explication vraie de l'ordre qui règne dans les choses. A peine cette position commence-t-elle à céder devant un conceptualisme plus relatif, qui voit seulement dans les généralisations les plus hautes des moyens d'organisation, principes très utiles d'unité logique, mais sans autorité intrinsèque sur les choses, pas plus que sur les esprits, tirant au contraire toute leur certitude et leur réalité des jugements plus spéciaux qu'elles condensent, et qui sont eux-mêmes spontanés. Aussi les physiciens contemporains qui se préoccupent d'épistémologie suppriment-ils le problème du « fondement de l'induction » et se placent-ils d'emblée dans l'universel. « Quels sont, dit M. Peirce, les ingrédients essentiels d'une expérience ? D'abord, un expérimentateur en chair et en os. Ensuite, une hypothèse vérifiable, c'est-à-dire une assertion relative à l'univers, et qui ne fait qu'en affirmer quelque possibilité ou impossibilité d'expérience... Quand un expérimentaliste parle d'un phénomène, comme le phénomène de Hall ou le phénomène de Zeeman, il n'a aucunement en vue tel événement particulier qui est arrivé à tel ou tel individu dans un passé déjà mort, mais quelque chose qui arrivera à coup sûr, dans l'avenir vivant, à quiconque se mettra dans certaines conditions [9]. »

Appliquez maintenant ceci à l'éthique, et vous voyez à nu le sophisme de ceux qui veulent ne la déclarer rationnelle que si elle montre, en manière de lettres de créances, un « fondement » *à la fois* évident par lui-même, et capable d'engendrer déductivement tout le système des devoirs moraux. Elle vous donnera l'un *ou* l'autre, chacun incarné dans des propositions d'un niveau et d'un contenu logique très différents : Paul Janet disait très bien, en l'un de ces sens, que les fondements de la morale sont les obligations admises par tout le monde, ou plus précisément par ceux avec qui l'on discute, ou pour qui l'on prêche. — On dirait aussi justement, mais en l'autre sens du mot, que l'éthique aura découvert le fondement d'une morale donnée quand elle aura formulé une proposition telle que toutes les prescriptions particulières de cette morale s'en déduisent comme autant de conséquences. Mais ce fondement, ou plus exactement ce *principe,* sera vraisemblablement tout à fait incapable d'améliorer les hommes, et de servir à faire des conversions morales, parce qu'il sera sans doute beaucoup moins « évident », pour la volonté, que ses conséquences concrètes.

De là suit, me semble-t-il, par la distinction nécessaire du principe et du fondement des sciences, la disparition de quelques antinomies apparentes.

Il n'y a pas de « science normative », dit-on, et il ne peut pas en exister. Si l'on entend par là qu'aucune science de la nature physique, biologique,

9. Ch. S. Peirce, *What pragmatism is*. (The «Monist», avril 1905, p. 173.)

psychique, ou même sociale ne peut devenir normative par la vertu de sa forme, cette vérité est inattaquable. « La science » ainsi constituée n'engendre jamais une morale que par des sophismes ou des assomptions subreptices, le plus souvent assez faciles à dénoncer, dont la plus commune est cette croyance vague et dangereuse qu'*on doit* « se conformer à la nature ». Il est trop clair qu'on ne peut passer sans sophisme du fait à la convenance, de ce qui est à ce qui vaut mieux. — Mais une science, en tant que système de connaissances rationnelles, peut très bien être normative *vi materiæ;* et cela de plusieurs façons. D'abord, en déduisant *in abstracto* les conséquences d'une ou de plusieurs propositions normatives données, lesquelles seront normatives comme la majeure, ou comme les majeures qui leur auront donné naissance (disons tout de suite, cependant, qu'une pareille forme, logiquement possible, serait presque toujours pratiquement stérile, si ce n'est comme critique servant à déceler des contradictions internes ; et encore faut-il se défier de pareilles contradictions, qui sont souvent plus verbales qu'effectives ; aussi n'en parlé-je guère que pour ordre). — En second lieu, la science peut fournir, par la connaissance du réel, une démonstration montrant l'existence, l'impossibilité ou la nécessité de certains faits : et ces modalités, déterminant le champ d'application d'une proposition normative donnée, engendrent par suite, en se combinant avec elle, des propositions également normatives. On peut avoir ainsi, soit une limitation critique des possibilités d'action raisonnable, parmi toutes les tendances sentimentales qui vivent en nous, qui nous poussent à maintenir ou à réformer la tradition esthétique, scientifique ou sociale ; et telle est, me semble-t-il, la méthode morale de M. Rauh ; — soit une technique des moyens propres à réaliser une fin ; et si cette fin se présente comme une évidence impérative, les moyens, rationnellement reconnus pour tels, se trouveront revêtus de ce même caractère impératif ; tel paraît être l'opinion de M. Durkheim en ce qui concerne la valeur de la vie sociale, et par suite, le caractère obligatoire de ses moyens. — Enfin (et cette forme de science est sans doute la plus typique des trois), on peut se proposer le problème suivant : étant donnés un certain nombre de jugements, normatifs ou appréciatifs, considérés comme valables et comme logiquement donnés, découvrir par induction un principe tel qu'il synthétise tous ces jugements, c'est-à-dire qu'il les implique tous à la façon dont la loi de Newton implique tous les théorèmes astronomiques de Képler. Ainsi chacun d'eux se trouve bénéficier, par cette liaison logique, de la certitude accumulée de tous les autres ; et si quelqu'un d'eux fait exception à la règle commune, cette anomalie est immédiatement signalée à l'attention comme pourrait l'être un nombre qui dans une série de mesures de laboratoire, tomberait tout à fait en dehors de la courbe probable qui suffirait à relier tout le reste. Cette méthode, bien éprouvée dans les sciences de la nature, ne change pas de caractère en changeant de contenu, et fonde pourtant une science essentiellement *normative* (ou *appréciative*), puisqu'elle a précisément pour problème de découvrir et de prouver une proposition générale prononçant ce qui *doit être* (ou ce qui *vaut mieux*) dans un ordre donné de jugements. Telle est, au fond, la manière de procéder de Kant dans la *Critique de la Raison pure,* qui est essentiellement une Logique, comme il ne faut pas l'oublier. Il part de la légitimité de l'expérience, qu'il ne discute pas, c'est-à-dire de la valeur intellectuelle des sciences (et non de leur existence historique) ; et de là, par une hypothèse hardie, copernicienne, il s'élève au système de conditions le plus simple qui puisse suffire à justifier une mathématique et une physique pures, c'est-à-dire, en somme, répondre à cette question : « Quelle est la norme fondamentale de la vérité spéculative ? » Les logiciens plus récents n'ont pas cru devoir conserver grand'chose de son hypothèse : mais il ne me paraît pas qu'ils aient essentiellement changé la position du problème. — Et, de fait, s'il existe une épistémologie, et si elle ne se déduit pas d'une métaphysique ou d'une révélation préalables, il faut bien qu'elle remonte, des opérations de l'esprit dont la valeur probante est pratiquement incontestée, à une formule ou à des formules générales telles qu'elles contiennent implicitement cette légitimité. — Il en est de même de l'esthétique et de la morale et ce que Kant dit de l'une peut être identiquement appliqué à l'autre : « Wer wollte auch einen Grundsatz aller Sittlichkeit (ou alles Geschmacks) einführen, und diese gleichsam zuerst erfinden ? Gleich als ob vor ihm die Welt in dem was Pflicht (ou was Schönheit) sei, unwissend gewesen wäre ! »

Et toute la morale utilitaire est de même inintelligible, si l'on y voit, comme on le fait souvent dans les classes, une manière de justifier la morale, et non pas, ce qu'elle est réellement, une hypothèse (efficace ou non, peu importe) pour expliquer par un principe unique la réalité morale donnée. Je ne vois aucune raison de ne pas appeler science une opération si parfaitement semblable à ce que, partout ailleurs, nous honorons de ce titre. Mais d'ailleurs le mot est secondaire. L'essentiel est de mesurer la place que cette conception accorde à une méthode *rationnelle* dans la détermination du normatif. En ce qui concerne l'Ethique, en particulier, il n'est pas douteux qu'il existe un étage, et même plusieurs étages d'affirmations communes ; les unes, incontestées chez tous les philosophes d'un même milieu et d'une même époque ; les autres, plus larges encore, et communes à toute la civilisation occidentale ; quelques-unes même possibles à retrouver, sans doute, dans la morale de n'importe quelle société. Telle est la matière à rationaliser, s'il se peut, tout comme la série des formes animales. Celui qui pourrait dire : voilà ce à quoi l'humanité tendait, voilà ce qui résume la volonté fondamentale exprimée par toutes les règles de justice ou de fraternité ; — et qui le prouverait méthodiquement, par l'examen des faits, et par l'assentiment du jugement moral spontané, — celui-là aurait vraiment constitué une *science morale,* à la fois normative par son contenu, et science par sa forme, ayant la valeur démonstrative comme aussi les limitations des autres sciences. Ce serait tout autre chose qu'une histoire naturelle, ou même qu'une physique des mœurs.

En résumé, demander qu'une science ou qu'une démonstration soit rationnelle, ce n'est pas demander qu'elle s'adresse à un intellect pur, réduit à la seule faculté logique, et qu'elle arrive à lui imposer par une combinaison de concepts, une réalité objective ou une obligation morale. Autant faire honte à un architecte de n'avoir pas creusé le sol, non seulement jusqu'à trouver « le roc ou l'argile », mais jusqu'à réaliser un vide absolu où ses fondations tiennent par leurs propres moyens. Autant exiger d'un bon cavalier qu'il renouvelle la prouesse de M. de Crac et du baron Münchhausen, se soulevant en l'air par sa cadenette, et enlevant son cheval entre ses jambes. On peut même se demander si ce ne sont pas, au fond, des misologues déguisés qui se sont fait un jeu de pousser la philosophie vers ce casse-cou. On se dégoûte facilement de la raison quand on lui a demandé l'impossible. La raison n'est pas une fée ; elle n'a pas à renouveler pour nous la création *ex nihilo.* C'est, à notre égard, une grande force de travail, dont les effets sont visibles, mais qui nous échappe dès que nous voulons l'isoler de ce qu'elle élabore. Quoi qu'elle puisse être dans sa nature propre — si tant est qu'il y ait dans cette manière de parler autre chose qu'un *flatus vocis,* — la seule connaissance qui nous appartienne et qui nous serve, au point de vue intellectuel comme au point de vue moral, est de savoir comment elle se manifeste quand nous entreprenons de la mettre à l'œuvre, de l'appliquer et de l'invoquer. A ce moment, et à cette condition seule, elle nous révèle ce que les Américains appellent avec une justesse irrévérencieuse *its cash-value,* et ce qu'on pourrait tout aussi bien appeler, si l'on voulait, et non moins proprement, sa valeur messianique ; car c'est ainsi qu'elle « se fait chair » et qu'elle « habite au milieu de nous ».

LES PRINCIPES UNIVERSELS DE L'ÉDUCATION MORALE [1]

Différentes circonstances ont récemment montré, entre les philosophes de profession et les hommes étrangers à leurs études, un malentendu qui peut entraîner de graves conséquences, immédiates et pratiques. Il consiste à croire que ceux qui cultivent habituellement les sciences morales n'admettent en commun aucune vérité. L'illusion vient d'un fait réel : c'est que les philosophes élevés à la Faculté des lettres, ou dans la section des lettres de l'Ecole normale (en tout cas à l'école de la rhétorique), redoutent ordinairement « la banalité »; qu'ils croiraient dès lors faire preuve de peu de « talent personnel » en s'arrêtant sur ce que savent tous leurs collègues ; et par conséquent, au lieu de mettre en première ligne, comme les savants, les pensées qui les unissent, ils en arrivent à ne plus s'intéresser qu'à celles qui les séparent, et à en faire leur demeure de prédilection. Vient-on alors à parler de fonder sur leur travail quelque chose de réel, dans l'ordre social ou pédagogique, comme on fonde un règlement d'hygiène sur les connaissances du biologiste, il semble que l'entreprise soit chimérique. Point d'entente, partant point d'action. Les ennemis de la philosophie, défenseurs de la foi, triomphent

1. *Revue de métaphysique et de morale,* mars 1901.

de ces soi-disant divergences irréductibles : un orateur catholique[2] demandait ironiquement à la Chambre, le mois dernier : « Quelle est la base, quels sont les principes communs sur lesquels la République prétend fonder l'unité morale de la nation ? » Et il ajoutait : « Essayez donc ! Ce sera un spectacle instructif. Alors nous verrons sans doute se succéder ici tous les systèmes philosophiques, depuis les restes du spiritualisme officiel jusqu'aux hypothèses les plus variées de l'évolution et du transformisme. » — Dans les conférences du jeudi, à l'Ecole des hautes études sociales, où l'on traitait de l'éducation morale dans les lycées, les professeurs de lettres ont agréablement raillé les prétentions possibles des philosophes à formuler un idéal moral, ont rappelé leurs éternelles discussions et se sont déclarés contents de prendre pour tout principe cette devise éloquente sans doute, mais un peu vague : « Former d'honnêtes gens et de bons Français. » Les journaux, après eux, ont répété le thème facile de nos irréconciliables contradictions. — Il faut vaincre ce préjugé ou remettre en d'autre mains, comme on nous le demande, le soin de poser les bases de l'éducation. Si l'immense majorité des philosophes eux-mêmes sursaute à l'idée de ce recours surnaturel, c'est que nous avons bien en réalité quelque chose à enseigner sur quoi nous ne discutons pas et qui représente les idées morales communes à Aristote, aux stoïciens, aux Evangiles, à Descartes, à Spinoza, à Malebranche, au positivisme, à Kant, à Stuart Mill et à Spencer, malgré les systèmes différents de métaphysique auxquels ils rattachent ces vérités. Et l'on sait, pour peu qu'on les ait étudiées, que jamais ces métaphysiques n'ont

2. M. de Mun, discours du 21 janvier 1901.

été vraiment la base et le point de départ des idées morales, mais qu'elles sont au contraire de grandes tentatives hypothétiques pour systématiser, dans la meilleure ordonnance possible, un ensemble de jugements normatifs dont la valeur et l'évidence sont immédiatement admises et forment les données du problème. Il en est exactement de même qu'en physique, où les théories sur la constitution de l'éther lumineux dérivent des lois indubitables et universellement observées dans la propagation de la lumière. Sans doute, en supposant vraie l'hypothèse, le reste pourrait s'en déduire ; mais ce n'en est pas moins aux conséquences que celle-ci emprunte sa validité. De même en morale ; si ce n'est que les bases sur lesquelles on construit sont alors non plus des jugements de fait, mais les jugements d'appréciation ou les conseils exprimés spontanément à propos des actes de la vie ; et comme, par suite, l'hypothèse présente aussi ce même caractère normatif, propre au genre de jugements qu'elle synthétise, son caractère d'autorité fait davantage encore illusion sur le vrai point de départ de la pensée humaine qui l'a construite. C'est ainsi que la métaphysique parfaite, si elle était trouvée, exprimerait sans doute la *ratio essendi* des lois morales et naturelles ; mais à coup sûr l'évidence universelle de ces lois, telles qu'elles nous sont données, est la *ratio cognoscendi* de toutes les métaphysiques. — Ce que je dis là me fait même l'effet d'être une vérité banale pour les historiens des idées et pour les philosophes. Je prie les littérateurs qui viendraient à le lire de me pardonner cette terminologie barbare et ce défaut d'originalité.

Je vais donc essayer de formuler les principes portant sur la distinction du bien et du mal — plus exactement peut-être du mieux et du pire, — qui forment cet étage d'axiomes moyens sur lesquels tous les philosophes sont d'accord, et qui suffisent pour définir et reconnaître un honnête homme, chez les contemporains d'Aristote comme chez nos concitoyens. Puis, comme le problème qui se pose, et qu'on nous pose, n'est pas seulement de former un homme en général, mais encore de donner à nos enfants les directions morales nécessaires à l'Etat, à l'heure et à la situation présentes, j'indiquerai dans une seconde partie les vérités plus spéciales qu'on peut avoir besoin de poser en vue de cette formation.

I

1. *Personnalité morale.* — Développer la personnalité morale, c'est-à-dire cette disposition d'esprit et de caractère qui consiste à se décider non par l'habitude, la tradition, la mode, l'exemple et l'opinion, mais en se rendant compte de ce qu'on fait, en sachant en vue de quel but on le fait, et en pouvant expliquer son acte ou son jugement, devant tout homme impartial et intelligent.

2. *Sociabilité.* — Cette personnalité indépendante et fondée sur la raison ne doit pas être confondue avec le caprice individuel, le culte de nos goûts et de nos sentiments particuliers, le désir naturel de primer ou de se singulariser, l'incapacité de supporter aucune règle ou de respecter aucune convention, — toutes choses qui doivent être combattues [3].

3. J'ajoute ici pour plus de clarté les définitions suivantes, qui peuvent éviter une part des équivoques enveloppées dans le terme « individualisme » : j'appelle *individu* et *individualité*, cette propriété et cette disposition de l'être vivant par lesquelles il tend

3. *Courage.* — Exercer la force de volonté par laquelle on est maître de soi, c'est-à-dire capable de dominer les besoins, les instincts, les impulsions et les passions, de manière à ne jamais se trouver dans le cas d'avouer qu'on sait bien ce qu'il faudrait faire, mais qu'on n'en a pas le courage.

4. *Sincérité (Esprit scientifique).* — Juger et raisonner en toutes choses comme dans le cas où notre seul intérêt consiste à connaître exactement la vérité, quelle qu'elle soit.

5. *Droiture.* — Ne pas parler contre notre propre sentiment par faiblesse ou par complaisance et ne jamais tromper autrui en vue de notre intérêt individuel ou de celui du groupe dont nous faisons partie.

6. *Tolérance.* — Respecter les idées et les croyances qu'on ne partage pas, non pas en évitant de les discuter ou de les contredire, mais en ne s'adressant pour les changer qu'à la raison et jamais à des moyens étrangers tels que force, ruse, séduction, intérêt ou suggestion.

à entretenir et à développer son type avec toutes ses particularités physiques et mentales, à subordonner les autres êtres à la satisfaction de ses fins, ou, dans l'espèce humaine, à les déformer par la contrainte pour leur imposer ses goûts et ses idées propres ; disposition dont l'expérience montre suffisamment le caractère général et l'origine biologique. — J'entends au contraire par *personne morale* et *personnalité* les dispositions d'esprit énoncées dans la première règle, en tant qu'elles se réalisent dans un être distinct des autres par des aptitudes spéciales à telle forme de pensée, ou d'action ; cet être se distinguant ainsi du commun non par des déterminations accidentelles, sans valeur générale, ou même comme il arrive souvent, opposées aux principes éthiques (Néron, Napoléon, Don Juan), mais au contraire par la haute réalisation de certaines qualités universelles, c'est-à-dire que tous pourraient développer en eux sans entrer en conflit par ce développement.

7. *Justice.* — Compter chacun pour un et rien que pour un, c'est-à-dire combattre la tendance naturelle de chaque homme à subordonner les sentiments et les intérêts des autres aux siens ou à ceux des personnes qu'il préfère ; mais juger au contraire de ses propres rapports avec autrui comme on jugerait du rapport de deux étrangers.

8. *Admiration et dévouement.* — Développer le sentiment d'ardeur morale qui nous rend capables d'admirer les grandes actions, de respecter les êtres qui nous sont moralement supérieurs, de nous dévouer pour eux ou pour ceux qui souffrent [4].

9. *Progrès.* — Améliorer la nature humaine en nous-mêmes et dans les autres en travaillant à réduire tout ce qui est entre les hommes une cause de non-compréhension ou de haine, et à réaliser une prédominance croissante de ce qui les unit dans une pensée ou un sentiment commun : intérêts intellectuels, esthétiques, moraux et sympathiques.

10. *Vie morale.* — Les règles morales exprimées ne sont que le signe inadéquat et toujours perfectible des idées et des sentiments qui constituent la moralité. On doit donc s'y conformer sans cesser d'en rechercher une conscience plus vive et une formule plus parfaite ; et l'on ne peut interpréter aucune d'entre elles qu'en tenant compte de toutes les autres et de l'esprit général qu'elles expriment.

Je n'ai point donné de démonstration de ces propositions parce que je les considère comme les véritables prémisses de toutes nos appréciations

4. L'admiration et la charité ne peuvent être qu'un sentiment, non une détermination d'actions précises. Elles peuvent aller jusqu'à l'héroïsme ou rester médiocres sans cesser d'être bonnes ; ce qui n'implique pas qu'elles ne soient pas essentielles à la moralité.

morales. Je demande seulement à celui qui les lira avec quelque réflexion : « Refusez-vous de les admettre ? » Et qu'on entende bien cette question. Il est certain que verbalement on peut tout nier, même qu'il fasse jour en plein soleil. On peut même, en vertu de cette précieuse propriété qu'a l'esprit de *ne pas poser la question,* suspendre indéfiniment son verdict sur n'importe quelle proposition, alors même qu'on serait obligé de la recevoir pour vraie si l'on *voulait* y penser. C'est en ce sens surtout que notre jugement dépend de notre volonté. Je demande donc qu'on examine ces propositions, en vue de l'éducation morale, comme on examinerait, en vue d'un travail industriel, les énonciations scientifiques d'un physicien, la fixité des lois naturelles, le principe de causalité, la formule de la gravitation ; toutes choses qui peuvent soulever des objections théoriques, mais qu'on ne peut nier dans la pratique sans tomber dans l'impuissance et même dans la folie. Ce point bien défini, j'estime, avec tous ceux à qui j'ai présenté les propositions précédentes, qu'on ne peut refuser de les admettre pour bonnes (quoique possibles certainement à perfectionner), et leurs contraires pour mauvaises [5]. Dira-t-on qu'elles peu-

5. Je m'abstiens même ici volontairement de résumer et de systématiser ces propositions comme je l'ai fait ailleurs. Je crois qu'elles gagneraient en force et en précision à cette synthèse, dont la formule pourrait être à peu près celle-ci : « Etre libre intérieurement; se déprendre de son point de vue et de ses intérêts individuels; prendre pour but essentiel la réalisation de l'unité morale, c'est-à-dire l'assimilation de tous les hommes par le développement de la conscience et de la raison. » Mais ceci serait une superstructure personnelle et par conséquent discutable : je tiens à n'énoncer en ce moment que les propositions possibles à retrouver, sous réserve des variétés de langage, chez tous les philosophes qui ont traité de morale. Il serait aisé d'appuyer chacune d'elles d'une longue liste de citations et de références, si cela pouvait en relever la valeur pour quelques esprits.

vent être interprétées et appliquées de différentes façons ? Je n'en doute pas, mais il en est ainsi de toute proposition générale destinée à servir de majeure à quelque raisonnement ou à quelque décision. Il ne faut exprimer que le nécessaire et laisser le reste à la liberté, ou à l'ignorance. C'est par ce départ qu'on assure la certitude de ce qui est posé. Il n'est pas d'article de la loi positive qui n'entraîne toute une jurisprudence : est-ce à dire qu'il soit inutile ou même indéterminé ? Ce sont les *espèces* qui font la difficulté de l'interprétation. On ne peut échapper à la nécessité d'une morale pratique, et même d'une casuistique, comme on n'échappe pas à la nécessité de consulter Dalloz. Mais l'important est d'abord que l'article fondamental peut être invoqué, et ensuite qu'il se présente une formidable majorité de cas où la conclusion suit sans conteste. Combien de fois avez-vous violé sciemment, visiblement, apertement, le principe de la personnalité, ou celui de la tolérance, ou celui de la droiture ? Et si par hasard vous étiez assez saint ou assez inconscient pour pouvoir dire non, combien de fois avez-vous assisté à des actes d'autrui que vous ne pouviez pas hésiter une minute à qualifier en les rapprochant de ces principes ?

Dira-t-on que ces formules sont insuffisantes pour faire un être moral ? J'accorde qu'elles ne donnent pas des préceptes applicables à la *totalité* des actions. Mais la morale doit-elle le faire, et ne rien laisser dans la vie qui ne soit réglementé ? Veut-on qu'elle ordonne de préférer le rouge au vert, et de se promener le matin plutôt que l'après-midi ? J'entends bien qu'on leur reprochera de ne pas mettre au rang des obligations évidentes et fondamentales le mariage, la famille, la patrie, le patrimoine, la religion naturelle et tout ce qu'une certaine classe appelle ordinairement « les principes ». Mais d'abord ce qu'il peut y avoir de raisonnablement fondé dans ces prescriptions sociales ne serait pas éliminé et peut se retrouver sous une autre forme. On le verra plus loin. Et quant au reste, s'il arrive que la morale, en se réduisant à ce qu'elle a d'universel et de commun chez tous les philosophes, cesse de poser comme absolues certaines règles de mœurs admises dans tel temps ou tel milieu, tant pis pour ces règles. Ce n'est pas la première fois que la raison et le consentement universel auront refusé leur caution à des croyances qui s'en réclamaient jadis et qui n'auront désormais à compter que sur leur valeur relative, qui peut d'ailleurs être encore très grande. Mais je vous prie de considérer quel jugement vous porteriez sur un homme qui, même en laissant de côté les applications délicates ou douteuses, se conformerait toujours à nos dix règles dans les cas où l'égoïsme, la paresse, la sensualité, l'inertie morale sont les seuls obstacles à leur accomplissement ? Relisez-les, si ce n'est pas trop demander, et représentez-vous, par exemple, que ce soient autant de réponses sur le caractère d'un homme dont vous voulez faire votre ami, votre lieutenant, votre chef élu. Ou bien représentez-vous encore qu'un éducateur vous promette d'élever vos enfants de telle sorte que ces principes leur soient inculqués profondément et qu'ils en viennent à les suivre en toute circonstance sans hésitation : vous mesurerez alors la distance qu'il y a de cet idéal à la mentalité réelle des hommes que nous sommes, et avec qui nous vivons ; et peut-être serez-vous plus enclin à le juger trop beau qu'à lui reprocher d'être insuffisant.

Dira-t-on, pour finir, que ces idées sont trop connues, et ne valent pas la peine d'être formulées ? Un philosophe me l'a dit, tant il les trouvait évidentes et universelles. Je voudrais qu'il eût raison. Mais j'ai fait malheureusement l'expérience du contraire toutes les fois que, parlant de les énoncer, j'ai vu les gens qui n'étaient pas philosophes hausser les épaules ou sourire, et me défier plus ou moins amicalement d'en venir à bout.

II

Les principes précédents sont ceux de la morale humaine en général, et participent ainsi à l'universalité et à l'évidence de la raison. Mais des éducateurs qui vivent en un temps et en une civilisation donnés doivent pouvoir offrir à leurs élèves des directions plus particulières quoique très générales encore, et qui correspondent à l'état social déterminé dans lequel ils sont appelés à vivre. Ces préceptes n'auront plus évidemment le caractère des premiers, puisqu'ils tiendront compte de l'expérience et lui emprunteront une partie de leur raison d'être ; mais il me semble qu'ils présentent encore une clarté suffisante pour qu'un corps enseignant comme l'Université puisse les accepter sans contestation, qu'il ne se rencontre chez ses membres aucune opposition à y souscrire, et même qu'elle puisse se faire honneur de les montrer à ceux qui lui demandent dans quel esprit elle donne l'éducation sociale.

1. *Sentiment du droit.* — Ne jamais approuver sans examen les actes d'une autorité, et ne pas permettre qu'il soit porté aucune atteinte à la liberté individuelle, soit en nous, soit chez les autres, quand il est en notre pouvoir de l'empêcher.

(La liberté individuelle est le pouvoir de faire tout ce qui n'est pas défendu par des lois légitimes et portées en forme prescrite, suivant la définition détaillée qui en est formée par les articles 2 à 11 de la Déclaration des droits de l'homme. Est *légitime* ce qui n'est pas contraire aux principes de morale énoncés plus haut.)

2. *Légalisme.* — Se conformer scrupuleusement à toutes les lois ou les règlements légitimes et légalement établis, lors même qu'on les désapprouve et qu'on travaille à en obtenir la modification ; respecter le gouvernement et les magistrats chargés de les appliquer ; s'appliquer spontanément à faire régner l'ordre dans les rapports sociaux.

(Cet article est nécessaire pour définir les limites du précédent. On en comprendra toute la portée en le rapprochant de la disposition d'esprit contraire, par laquelle la plupart des hommes restent *potaches* toute leur vie, se plaisent à faire ce qui est défendu parce que c'est défendu, et à se moquer de l'autorité par cela seul qu'elle est l'autorité. Ils substituent ainsi, à la ferme et opiniâtre résistance du citoyen défendant ses droits, la gaminerie qui chansonne le sergent de ville ou lui joue des tours, mais qui supporte patiemment les abus réels du Pouvoir ou des grandes Administrations à l'égard des individus.)

3. *Esprit politique.* — Ne pas se désintéresser de l'ordre politique dans lequel on vit, mais contribuer pour sa part, aussi activement qu'on le peut, à propager les idées qu'on estime les plus justes et à porter au Pouvoir les hommes qu'on juge les meilleurs.

4. *Esprit d'égalité.* — Travailler à diminuer entre les citoyens les différences qu'engendre la diversité des classes et des fonctions ; combattre toute exploitation et toute inégalité morale en résultant ; associer le peuple autant que possible à la vie intellectuelle et à la culture des esprits les plus développés.

5. *Résistance au mal.* — Secourir le malade et l'homme en danger ; assurer à tous la satisfaction des besoins nécessaires ; s'appliquer à augmenter les forces de ceux qui font habituellement le bien et à diminuer le pouvoir de ceux qui font habituellement le mal.

6. *Propriété.* — La propriété étant une condition nécessaire au développement et à l'indépendance de la personnalité, on doit tendre à ce que nul ne soit dépouillé du produit de son travail, et respecter la propriété non seulement dans les cas où la loi la protège, mais aussi dans ceux qu'elle n'atteint pas actuellement.

7. *Devoirs corporatifs.* — Tenir compte de la dépendance naturelle qui unit entre eux les membres d'un même corps social tel que la famille ou la patrie ; et par conséquent respecter les engagements implicites ou explicites qui résultent de l'existence actuelle de ces corps, alors même qu'on s'efforcerait d'autre part, soit par une propagande morale, soit par des changements aux lois, d'en modifier les rapports et la constitution.

Deux remarques sur cette nouvelle série de principes :

Bien que dans l'état actuel de nos sentiments et de nos volontés nous n'hésitions guère à les admettre sans démonstration, ils sont susceptibles d'en recevoir une. Je pense même que l'adhésion que nous leur accordons, en tant que philosophes, contient une obscure conscience des rapports d'idées sur lesquels ils se fondent. Ils définissent, par suite de la connaissance psychologique des hommes, et de la connaissance sociale de leur milieu, les conditions nécessaires à la réalisation des fins essentielles énoncées au chapitre précédent. Je les résumerais volontiers, sous les réserves déjà indiquées à propos d'une autre formule, en disant qu'ils ont pour principe général de travailler à transformer, en soi-même et chez les autres, la solidarité naturelle qui résulte de la différenciation des individus et de l'équilibre des intérêts, en un accord des esprits et des volontés fondé sur une même connaissance du vrai et tendant à réaliser en eux une même personnalité. — C'est ainsi que la liberté civile et politique, sauvegardée par le premier article, n'est pas respectable en tant que nous sommes des animaux naturellement ennemis de la contrainte, mais parce que la personnalité morale, et la convergence spontanée de pensées indépendantes ne peuvent se produire que chez des êtres affranchis de tout esclavage et de toute moutonnerie. — Le légalisme que nous avons défini en second lieu, réserve contre l'abus possible de cette liberté le respect de la raison commune, et l'organisation matérielle nécessaire à son développement. Car, ainsi que le dit Spinoza, « l'homme qui vit suivant la raison est plus libre dans la cité où il est soumis à la loi commune que dans la solitude où il n'obéit qu'à lui seul ». J'ai essayé de montrer ailleurs plus complètement ce qu'ont d'illogique en théorie pure les prétentions de l'anarchie[6]. La règle qui concerne l'esprit d'ordre tend au même but, et l'on peut en prendre pour type le cas où un accident imprévu réclame des hommes l'organisation d'une discipline spontanée, sans règlements ni gendarmes. — Le troisième principe peut se prouver par l'influence qu'exercent sur l'état moral des individus, directement et indirectement, l'exemple et les effets matériels de l'ordre administratif et politique. Les deux suivants sont l'expression matérielle, appli-

6. *Progrès et destruction*, « Revue philosophique », mars 1900.

quée à un état social donné, des règles de justice et de progrès définies d'abord d'une manière plus générale. Le principe de la propriété se justifie par le fait que nous sommes corporels autant que spirituels, et que notre action sur les choses nous appartient autant que notre réflexion : mais il ne doit pas être énoncé de telle sorte que toute possession réelle soit tenue pour légitime, ni qu'il paraisse consacrer, comme il arrive parfois, le droit à l'égoïsme. — Enfin la dernière règle, qui touche à la famille et à la patrie, résulte d'une vérité de fait, logiquement étrangère aux jugements éthiques, mais qui, par l'histoire et par ses conséquences vivantes, s'y trouve étroitement mêlée. On pourrait concevoir sans doute un être humain d'une haute perfection morale et qui vivrait dans un milieu tel qu'il n'eût point de famille ou point de nationalité. On s'est même plu quelquefois à évoquer, soit avec ferveur, soit avec antipathie, l'image utopique d'un tel état de choses. Mais l'important est que cet état n'est pas le nôtre ; que si les réalités sociales se modifient à la longue, on ne les supprime pas *hic et nunc* par un décret de bonne ou de mauvaise volonté arbitraire ; et qu'ainsi ceux mêmes qui voudraient les changer sont obligés, sous peine de se heurter à d'inextricables difficultés et de provoquer des contre-coups imprévisibles, de respecter d'abord dans son ensemble toute cette organisation puissamment enracinée dans les lois, les mœurs, les associations d'idées inconscientes des hommes, et même dans toutes les dispositions matérielles et économiques qui forment, suivant le mot si profond d'un romancier, l'*armature* de la vie. Ainsi, bien des choses qui n'ont rien à voir, en principe, avec le bien et le mal, prennent accidentellement ce caractère, à peu près comme en logique la maladie ou la santé, qui n'ont aucun rapport originel avec le vrai ou le faux, peuvent cependant influer de façon indirecte sur la justesse du raisonnement. Et il n'est pas jusqu'aux faits directement contraires à l'idéal éthique qui par leur existence, indépendante de la volonté, ne soient nécessaires à prendre en considération, et quelquefois à approuver comme un moindre mal. On ne saurait trop méditer à cet égard le mot profond de Renouvier : « La morale est la paix, la morale appliquée a pour champ la guerre. »

La seconde remarque qu'appellent ces principes est qu'ils ne peuvent pas être enseignés tout à fait de la même manière que les précédents. Rien ne s'oppose, pour les premiers, à ce qu'on emploie les procédés ordinaires des éducateurs, la méthode maternelle qui inculque à l'enfant, avant même qu'il puisse comprendre ou raisonner, par une sorte de suggestion presque mécanique, les habitudes mentales dont on veut qu'il soit imbu plus tard. Cette manière de faire, — qui porte atteinte si gravement au libre progrès de la personnalité quand elle s'applique à des croyances tout individuelles, aux idées spéciales d'une famille, d'une religion, d'une caste, — se trouve au contraire non seulement admissible, mais utile, quand elle porte sur ces croyances morales universelles auxquelles l'élève devenu homme n'aurait pu manquer d'aboutir plus ou moins lentement par le seul progrès de son intelligence et de son activité. C'est comme faire chanter à des bébés la table de multiplication. Du moment qu'il s'agit d'affirmations que nul ne conteste, on ne fait qu'abréger la route et réserver pour un emploi meilleur les efforts de coordination logique que l'enfant emploierait à reconnaître et à formuler lui-même ces vérités. Et d'autre part nous nous prémunissons, par la dernière de ces règles, contre l'illusion si commune et si alourdissante qui porte les esprits médiocres à se reposer dans la quiétude inintelligente d'une formule passivement reçue. Il est donc utile et juste d'employer la suggestibilité naturelle des enfants pour développer vigoureusement en eux la conscience de cette raison normative, qui fera leur valeur et leur personnalité. C'est même ainsi qu'on les rendra capables de se faire des idées vraiment propres sur tous les autres points, selon leur expérience, leur jugement, et je dirais même selon leur nature individuelle : car si la raison, la science, la morale, sont essentiellement la communauté déjà réalisée par les hommes, ce serait singulièrement appauvrir l'âme et méconnaître les conditions réelles de la vie que d'en borner le contenu à cet acquis : il en est la meilleure part, il n'est pas le tout, et ne peut se développer que parce qu'il reste quelque chose en dehors de lui.

Au contraire, les règles de la seconde catégorie n'ont pas pour elles cette évidence et cette universalité. Elles sont subordonnées à des faits, des inductions, des raisonnements où il peut se glisser des erreurs partielles. Nous les recevons aujourd'hui comme l'expression la plus acceptable de ce qu'il faut faire pour réaliser *ici* quelque bien. Mais leur certitude n'a que ce caractère relatif si justement défini dans la seconde règle de Descartes et qui nous fait un devoir de suivre dans la pratique l'opinion la meilleure, encore que cette opinion puisse soulever des doutes et ne soit pas admise par *tous* les moralistes. Ainsi les Evangiles, Tolstoï, recommandent de ne résister ni au mal, ni même à l'importunité, de céder en tout, de ne jamais opposer la force à la force, même quand on est dans son droit. C'est donc le contraire de notre première règle et d'une partie de la cinquième. Les épicuriens nous interdisent l'action sociale pour mieux affranchir l'âme de ses passions. Les stoïciens n'admettent pas d'obligations corporatives. — Je crois ces idées fausses, au moins en tant que conseils à suivre pour un homme de mon pays et de mon temps. Je m'efforcerai donc de le *démontrer* à ceux que j'élèverai, mais non de leur inculquer les idées contraires *per fas et nefas,* comme je leur inoculerais du vaccin avec une lancette, ou comme les Allemands entretiennent dans leurs écoles un ardent chauvinisme, par un enseignement de l'histoire habilement germanisé. Je tâcherais de leur montrer comment les règles que j'admets se tirent en partie des principes indubitables, en partie de l'observation des faits donnés et des circonstances où elles doivent s'appliquer. Je porterais atteinte à leurs droits si je leur enfonçais si fortement dans l'esprit le culte de la résistance civique individuelle ou celui des lois existantes qu'ils en devinssent à jamais incapables de conserver une valeur morale si ces qualités n'avaient plus lieu de s'exercer. Il en est de même de l'éducation morale que de l'éducation scientifique : il faut avant tout apprendre à ceux qui la reçoivent à distinguer les principes immuables des applications, même les plus sûres. Un professeur laisserait une lacune injustifiable dans l'esprit de ses élèves s'il ne leur apprenait pas la théorie transformiste des formes vivantes, ou la théorie vibratoire de la lumière, qui sont actuellement la meilleure coordination de nos connaissances ; mais il manquerait aussi gravement à ses devoirs s'il profitait de leur confiance et de leur docilité pour leur faire de ces théories des dogmes absolus, et s'il les rendait pour la vie impuissants à comprendre les objections qu'on pourrait y trouver, ou les idées supérieures qui peut-être les corrigeront.

Donc, quand nous déclarons les principes suivant lesquels nous prétendons élever un enfant, nous répondons à deux questions différentes : « 1° Quels principes fondamentaux et universels admettez-vous comme point de départ ? — 2° Etant donné que vous ne pouvez pas vous borner, en fait, à pénétrer les esprits de ces dispositions rationnelles, quel idéal pratique de conduite sociale vous accordez-vous à leur proposer ? »

J'espère avoir prouvé par les lignes précédentes que si l'on pose ces questions aux philosophes, leur réponse ne sera pas la cacophonie d'opinions contradictoires qu'on se plaît à leur prêter. Et s'il est vrai, suivant un mot qu'on a voulu retourner contre nous, que « jamais dans l'Université les préférences doctrinales n'ont été plus libres », cela prouve seulement que le seul moyen d'aboutir à un accord réel, vraiment durable et solide, ce n'est pas d'imposer du dehors l'orthodoxie d'une doctrine toute faite, mais au contraire d'écarter toutes les contraintes qui empêchent les esprits de manifester librement l'identité de leur nature profonde, et de se découvrir d'autant plus semblables et convergents qu'ils sont mieux affranchis des faiblesses individuelles ou des déformations autoritaires qui les mettent en contradiction.

PERSONNALITÉ ET COMMUNAUTÉ [1]

Le sentiment de valeur, et peut-être de valeur supérieure à toute autre, qui s'attache à la personne humaine, est un de ceux dont les philosophes du XIXe siècle ont pris conscience le plus clairement. Il n'a pas diminué au XXe ; il est avivé au contraire, par le souvenir de la grande guerre, et par le spectacle des contraintes que la personnalité subit de nos jours, quelquefois même du mépris déclaré dont elle est l'objet de la part de certaines puissances. Non seulement la liberté d'agir, de se déplacer, d'entreprendre, de parler, est soumise à toutes sortes de restrictions ; mais la notion même de vérité, condition nécessaire pour servir de point d'appui à la vie personnelle, et que les objections des sceptiques, anciens ou modernes, n'avaient jamais ébranlée sérieusement, se trouve actuellement affaiblie, sinon compromise, par les doctrines qui n'entendent accepter au-dessus d'elles aucune règle objective : chacun sa vérité ; la vérité d'un groupe est la décision de ses chefs ; la vérité humaine sera celle du peuple le plus fort, ou le mieux organisé pour sa « propagande ». La vérité est un sous-produit dans la lutte pour la suprématie.

1. Cet article a paru dans le tome IV de l'*Histoire de la philosophie moderne* publiée en 1939, à Bucarest, par la Société roumaine de Philosophie, en hommage au Pr Ion Petrovici (au chapitre dernier, intitulé « Orientations et perspectives »).

Cette doctrine, qui ne laisse même plus à la personne humaine le refuge du for intérieur, a été favorisée par bien des causes. Il y a d'abord la croyance au progrès par concurrence vitale, où l'opinion jugée vraie n'est qu'une heureuse adaptation, dont le critère est le succès des individus, simples ou collectifs. Il y a ensuite l'affaiblissement de la science catégorique, qui s'est manifesté sous bien des formes : par la nécessité de battre en retraite sur les notions communes d'espace et de temps, qui étaient presque complètement unifiées, mais d'une manière trop hâtive ; par le doute sur le droit de l'esprit à se servir des notions d'étendue, de point, de position, de vitesse, à des échelles inférieures aux dimensions de l'atome ; par l'écart croissant entre l'expérience réellement pratiquée, qui mettait le savant en contact avec les choses, et l'expérience reliée à la théorie par des déductions et des calculs si complexes qu'on se demande à certains moments, comme Eddington, si ce qu'on a cru constater n'est pas simple conséquence des présuppositions sous lesquelles on a raisonné. Cet état d'esprit vient aussi d'avoir vu réviser certaines théories physiques, comme celle de la lumière, qui semblaient définitivement acquises ; il n'est pas sans rapport avec l'extension croissante de la méthode axiomatique, qui d'abord élimine la vérité catégorique au profit de la simple dépendance entre hypothèses et conclusions, puis qui, dissolvant cette nécessité même, la fait dépendre des règles logiques arbitrairement choisies : grâce à quoi la vérité, si ce processus vertigineux pouvait être poussé jusqu'au bout, cesserait d'être commune aux esprits, et serait totalement absorbée par l'acte de libre décision.

Sans doute de telles procédures passent bien au-dessus de la plupart des esprits, encore qu'ils en ressentent le contre-coup plus qu'on ne pense, à travers les conférences, les conversations, les revues et les journaux. Mais il y a d'autre part un facteur, moins technique et plus subtil, de cette anarchie, dans la confusion de deux idées voisines par leur aspect et leur point de départ, profondément divergentes par leur orientation, et qui sont souvent désignées sans critique sous un même nom, celui de « totalité ».

La personnalité morale est la capacité, pour l'individu, d'agir selon la raison : il y a donc un nombre immense d'individus biologiques qui ne sont pas des personnes. Et la raison est essentiellement, comme disait Cicéron, *orationis et vitae societas*, le système de référence commun qui permet à l'individu de rapporter à quelque chose d'objectif la variété mouvante de ses impressions et de ses désirs, de se rendre compte de ce qu'il est et de ce qu'il veut, d'expliquer ses actes ou de justifier ses opinions devant n'importe lequel de ses semblables, supposé assez intelligent pour le comprendre, et assez libre d'esprit pour ne pas se boucher intérieurement les oreilles.

C'est dans cette relation idéale des esprits entre eux que se cachent l'ambiguïté et le sophisme courants. « La raison et la vérité, dit-on, sont donc chose sociale. » Là-dessus, les uns en concluent qu'elles sont engendrées par le groupe, la classe, l'Etat, et que par conséquent ceux-ci, le dernier surtout, ne sauraient rencontrer en face d'eux aucun droit qui leur défende de modeler les hommes à leur guise : le régime d'autorité serait le seul qui réponde à la nature des choses, à l'histoire telle qu'elle a été réellement, à la marche de l'évolution. — Mais d'autres, révoltés au contraire par cette conséquence, s'en servent pour renverser le principe :

la personne est un absolu, un être dont le caractère unique fait la grandeur, et la diversité est sacrée. Opter contre le système de l'autorité, c'est, pour eux, lâcher la bride à l'individu, croire le monde d'autant meilleur que chacun sera plus différent des autres, accueillir toute innovation comme un progrès.

Voilà le prétendu dilemme qui trompe aujourd'hui bien des moralistes sur le vrai rapport des idées, et qui amène de belles âmes à repousser la doctrine de l'involution comme une atteinte insupportable à la personnalité, tandis qu'elle en est le fondement intelligible.

Le « lien social », qu'on exalte ou qu'on redoute, peut s'entendre des rapports historiques, politiques, économiques, qu'ont entre eux les membres d'un groupe formé spontanément, par exemple : d'une caste sociale ou d'un Etat. C'est là que s'exerce le plus souvent la force contre la liberté d'agir et même de penser, la compression de la personne. Mais au profit de quoi ? D'une personnalité supérieure ? Non, mais d'un individu de dimensions plus grandes, qui revendique pour lui le droit à l'arbitraire, à la lutte contre les êtres analogues qui l'entourent, l'honneur de différer d'eux, et s'il se peut, de les réduire à l'état de serviteurs ou d'organes. Ainsi, ce n'est pas du tout une communauté qu'on crée par cette voie (malgré l'uniformisation apparente des individus qu'on aligne), mais au contraire l'opposition, et tout au plus cet équilibre contraint qui fait servir une race ou une classe sociale par une autre. C'est ainsi qu'au moyen âge les vainqueurs consolidèrent leur pouvoir sur les vaincus en un droit féodal, élégamment hiérarchisé, c'est ainsi que, pendant une longue période, qui semble heureusement prendre fin, les puissants firent travailler les humbles pour un salaire juste suffisant à leur subsistance, et dont la modicité même paraissait alors un élément d'harmonie économique. Que l'on se rappelle les vers où Musset, mieux inspiré en d'autres passages, se déclarait satisfait si « le maître avait son toit et l'ouvrier son pain ». Mais dans ce régime de « collaboration » différenciée, directement inspiré par la division biologique du travail, on reste d'autant plus étrangers les uns aux autres que la voie des assimilations vraies est hermétiquement fermée.

Cette voie, c'est la communication des esprits. On ne vient à bout de l'erreur qu'en la débridant, en l'appelant à s'extérioriser, à s'exprimer. Vauvenargues est peut-être trop optimiste en jugeant qu'elle périt d'elle-même dès qu'elle est rendue clairement ; mais ce n'est que l'exagération d'un fait réel. La vérité se prouve par la convergence spontanée des pensées, par l'accord qui s'établit de lui-même, sans tromperie, sans contrainte, sans séduction, sans appel aux intérêts égoïstes. Pour la découvrir, il faut avoir foi dans cette convergence, dans la réalisation graduelle de cette fraternité intellectuelle et morale qui vient du dedans. Elle reste chose « sociale », si l'on veut, mais en un sens précisément inverse à celui où une société, produit de la nature (comme une fourmilière ou une forêt) pèse sur l'individu et le façonne en vue de ses fins *à elle.*

— Mais, dit-on, une société de ce genre pourrait s'élargir jusqu'à devenir l'humanité dans son ensemble, et par conséquent réaliser l'universalité ? — Pas du tout, car même cette vaste totalité, si elle conservait le type d'organisation différenciée, que présentent aujourd'hui la plupart des Etats, serait encore l'ennemie et non le soutien de la raison, par exemple : elle pourrait encore déformer et exploiter certains de ses membres, tous peut-être, en exigeant qu'ils n'existent que pour elle, ou même en les employant dans une « Guerre des Mondes ». Il ne suffit donc pas, pour faire de l'individu une personne morale, qu'il s'insère dans quelque chose de plus grand que lui : il faut qu'il y entre comme un semblable parmi ses semblables, et non comme une cellule dans un organisme.

Ceux qu'anime la volonté de suprématie s'efforcent de rendre suspecte la doctrine du progrès par involution, et le plus souvent ils y réussissent. Ils se plaisent à confondre la participation croissante des personnes morales à une même vérité, de fait et de droit, avec l'intégration dont la nature nous offre une foule d'exemples dans les animaux composés de cellules et d'organes, dans les sociétés animales où la spécialisation fait de chaque individu un rouage. Oui, sans doute, cette harmonieuse organisation est au fond un esclavage ; mais si l'on peut se défendre contre elle, ce n'est pas en revendiquant une valeur pour les différences individuelles en bloc, quelles qu'elles soient, pour les nouveautés de toute nature, pour toute espèce de non-conformisme ; c'est en distinguant avec netteté l'assimilation vivifiante et le nivellement meurtrier, l'originalité génératrice de progrès et les divergences stériles ou malfaisantes.

Il y a deux manières pour un individu d'être autre que ceux qui l'entourent : en valant moins qu'eux ; en valant davantage. Ce n'est pas être original (au sens où ce mot est un éloge) que de prendre sa gauche dans la rue quand le règlement est de passer à droite, d'entrer par la sortie et de sortir par l'entrée, de se faire une terminologie nouvelle ou ambiguë pour des idées qui ont déjà reçu leur expression adéquate, de supprimer les blancs au début des alinéas, ou d'employer systématiquement la ponctuation à contre-sens. Encore moins est-ce un facteur de personnalité que de brûler la bibliothèque d'Alexandrie, ou d'être un faussaire de première habileté, ou de rendre la justice « au sort des dés », à la manière de Bridoye, ou de s'imposer à l'attention des autres en mettant à chaque occasion des bâtons dans les roues. Toutes ces différenciations n'ont qu'une valeur nulle ou négative. — Etre original, au sens où la personne doit être elle-même, c'est ne pas se décider par l'instinct, l'habitude, la mode ou la contre-mode, mais porter à un degré plus haut, utiliser d'une manière nouvelle ou plus complète les qualités essentielles de l'esprit, les appliquer dans la ligne où se fait l'œuvre commune, créer ou préparer de nouvelles assimilations. Et c'est moins facile que de couper la queue de son chien, ou même d'inventer une nouvelle variété d'escroquerie.

Ainsi, la personnalité ne s'oppose qu'au conformisme accepté sans réflexion, ou à la ressemblance extérieure imposée par la force, et point du tout à l'accroissement de la communauté. C'est au contraire à notre avis, et nous avons essayé de le montrer en détail dans nos travaux, la doctrine de l'involution qui peut seule faire comprendre la vraie nature de la personne, ce qui la distingue de l'égoïsme individualiste, ce qui donne un sens à la vie humaine : car l'homme, ainsi compris, n'est plus considéré comme une espèce animale entre beaucoup d'autres, mais comme le point où l'élan vital se transforme et change de direction, où s'exerce un effort vers la réalisation de plus en plus large de l'esprit, au-delà des esprits multiples, séparés, et souvent en conflit, qui mettent leur pensée au service de leurs caprices ou de leur volonté de puissance.

LE PERSONNALISME [1]

M. le doyen A.C. Knudson, de la Faculté de Théologie de Boston, dans sa *Philosophie du Personnalisme* — étude d'ailleurs beaucoup plus particulière que ne le ferait croire son titre, et dont nous reparlerons plus loin — énumère comme ancêtres de cette doctrine Platon, Aristote, Plotin, saint Augustin, saint Thomas d'Aquin, Descartes, Leibniz, Berkeley, Kant, Hegel (sous quelques réserves) et Lotze. C'est faire bon marché, me semble-t-il, de ce qu'une doctrine a de spécifique et de l'histoire réelle d'un terme. Celui de « personnalisme » ou « personnaliste » apparaît, mais tout à fait incidemment, et dans des acceptions très diverses, chez Schleiermacher, chez Gœthe et chez Grote. Mais c'est Paul Janet — au témoignage de Lionel Dauriac, qui l'avait bien connu et qui avait été son élève — qui proposa le premier ce nom en un sens bien défini, et pour caractériser une doctrine philosophique [2]. Bien qu'il ait publié, entre autres ouvrages, un *Traité de philosophie* longtemps classique, une *Morale* remarquable pour son époque et une *Histoire de la philosophie,* écrite en collaboration avec Séailles, et qui a été pendant vingt ans le

1. *Harmonie,* 1950, nos 1 et 2.

2. Paul Janet (1823-1899), professeur à la Sorbonne, père du futur directeur de l'Ecole d'Electricité qui portait le même prénom, et oncle du psychologue Pierre Janet.

manuel des candidats à la licence, et même à l'agrégation, Paul Janet n'a pas laissé un renom proportionné à sa valeur intellectuelle et à l'influence qu'il a exercée sur plusieurs générations : elle était due à la probité de sa pensée, à son esprit de méthode, à son respect scrupuleux de la vérité, à sa confiance dans la raison et la science. Il est le plus souvent catalogué comme un « spiritualiste », continuant l'école de Victor Cousin, dont il avait en effet été l'élève ; mais c'est précisément pour éviter certains inconvénients et certaines équivoques de ce terme, et pour marquer en quoi il différait de son maître qu'il avait, comme dit Dauriac, « essayé, approuvé et recommandé » cette belle appellation de personnalisme[3]. Ce fut oralement, dans ses cours et ses conversations ; je n'ai pas retrouvé le mot dans ses ouvrages. Mais la pensée maîtresse en est partout présente : on peut lire au début de sa *Morale* ces lignes bien caractéristiques : « Ce qu'il y a de plus excellent pour l'homme, c'est donc l'excellence de son âme, et dans son âme de la partie la plus haute et la meilleure, la personnalité, c'est-à-dire la volonté raisonnable. Mais l'excellence de la personnalité ne consiste pas seulement en elle-même : elle consiste encore dans son union avec la personnalité des autres hommes, c'est-à-dire dans la fraternité, et aussi dans son dévouement à des biens impersonnels, tels que le beau, le vrai, le saint[4]. »

Il ne réussit pas à faire entrer cette expression dans l'usage courant et semble y avoir renoncé, peut-être par le sentiment qu'un philosophe man-

3. *Bulletin de la Société Française de Philosophie,* séance du 26 novembre 1903.

4. *La morale,* préface, p. VII (1874).

querait de modestie en prenant d'autorité, pour sa propre doctrine, un de ces noms en isme que l'histoire de la philosophie applique aux grands systèmes du passé. Dans son *Histoire de la philosophie* (1887), on ne trouve que l'adjectif « personnaliste » ; encore est-ce dans un sens très spécial, pour désigner les doctrines qui admettent que Dieu est personnel.

Ce fut seulement en 1903 que le mot *Personnalisme,* repris par Renouvier comme titre d'un ouvrage très caractéristique de ce qu'on appelle sa « seconde philosophie », entre définitivement dans la langue des métaphysiciens et des moralistes [5].

Car il y a deux personnalismes : l'un, qui vise la nature des êtres, la structure du monde et son origine ; l'autre, qui se pose la question du but de la vie, ou plus modestement — plus exactement aussi — du sens dans lequel il est bon d'agir. Renouvier les représente l'un et l'autre ; et bien que dans *La Science de la Morale* il ait mis au premier plan la valeur de la personnalité en tant que règle d'action, c'est surtout l'aspect métaphysique sur lequel il insiste dans *Le Personnalisme.* Il avait été conduit, dans sa première carrière, à poser la nécessité logique d'un commencement du monde, à une date sans doute lointaine, mais non pas infiniment éloignée de nous : car en toutes choses il a été l'adversaire passionné de l'idée d'infini, qu'il considérait comme contradictoire. D'autre part, il reconnaissait pleinement la réalité

5. C'est peu de temps après qu'on le voit apparaître en Amérique, dans l'ouvrage célèbre du Pr Borden Parker Powne, de Boston, intitulé *Personalism* (1908). En même temps, William Stern donnait, comme sous-titre à son livre *Person und Sache,* « Grundgedanken der personalistischen Philosophie » et qualifiait sa doctrine de « personnalisme critique ».

du mal et les imperfections de l'univers, caractères incompatibles avec la création du monde, tel qu'il est, par une personne suprême, intelligente et juste, seule origine possible de toute réalité : car toute autre nature suppose une dépendance à l'égard d'autre chose. Ce monde, créé par la Personne primordiale, devait, pour être parfait, se composer d'êtres libres comme elle l'était elle-même, au sens le plus absolu du mot ; et leur liberté, par suite, contenait éventuellement la possibilité de fautes susceptibles d'en bouleverser toute l'harmonie. Or, l'expérience nous montre le désordre actuel des êtres, au milieu d'une nature qui porte cependant de toutes parts des marques d'ordre et de finalité, à peu près comme des maladies ou des infirmités dans un corps vivant, dont l'ensemble témoigne pourtant d'un plan organique. C'est donc que cette faute ou ces fautes des personnes créées ont effectivement eu lieu ; et l'on comprend qu'elles aient pu bouleverser la nature physique elle-même, par un pouvoir mécanique analogue à celui qui est à la base de notre industrie, mais beaucoup plus direct et plus puissant. La *volonté de puissance* de certains des êtres formant la société primitive parfaite serait à la base de ces perturbations, qui ont transformé l'harmonie primitive des phénomènes en un système désordonné, tel que nous le voyons aujourd'hui.

Voilà l'aspect physico-métaphysique du personnalisme de Renouvier. Mais il a aussi un aspect moral, fort nourri d'expérience, et l'on remarquera que cet aspect apparaît déjà dans le roman cosmique par lequel il interprète la tradition du péché originel. Les personnes primitives, qui avaient leur place et leur rôle limité dans un univers harmonique, ont voulu y conquérir une place supérieure : chacune a voulu se faire centre du monde, et en le faisant, elles l'ont bouleversé. « Préférer son bien personnel à l'universel... c'est là seulement un vice acquis et passé en habitude sous l'empire social du péché, tandis que la passion d'usurpation et de conquête est plutôt celle qui a dû tenir la plus grande place dans les phénomènes sociaux subversifs, à l'origine, de même qu'elle est restée le mobile éclatant des « grands hommes » de l'action violente, à toutes les époques[6] ».

Nous rentrons ici en pleine observation des réalités qui nous entourent, car l'esprit de domination et les désastres qu'il produit sont sous nos yeux : les individus et leurs ambitions, la vie conquérante des espèces animales ou végétales, les luttes de peuples ou de classes pour l'hégémonie s'imposent quotidiennement à notre attention. Mais nous sentons aussi leur participation possible et souhaitable à une nature ordonnée dans laquelle ils s'uniraient et communieraient, tout en conservant chacun son rôle propre, comme les musiciens d'un orchestre parfait dont chacun sait quand il doit jouer ou se taire, et ne songe même pas qu'il en puisse être autrement quand il a présente à l'esprit l'œuvre en voie d'exécution. Tandis que l'individu fait de sa différenciation un idéal, et de sa liaison avec les autres un moyen, la personne s'identifie à ce qu'elle a de commun avec les autres, et fait de sa différenciation un simple moyen[7]. Elle ne se complaît pas dans l'audition de sa partie et souhaiterait plutôt de ne pas l'entendre plus fortement que les autres, pour ne pas altérer, par ce qu'on pourrait appeler un

6. *Le Personnalisme*, p. 80. C'est ce qu'il appelle aussi l'orgueil de la vie.

7. Voir sur la distinction fondamentale entre « L'individu et la personne » l'article d'André Lalande paru sous ce titre dans la revue *Harmonie*, 1949, n° 2 [N.D.L.R.].

centrage excentrique, l'ensemble dont elle est un élément.

Cette sagesse, à laquelle l'homme doit arriver, Renouvier croit, à la manière bouddhique, qu'elle se réalisera, pour la majorité des individus, par le passage à travers de multiples existences, où tour à tour bourreaux et victimes, ils apprendront la justice à leurs dépens. Ces existences d'ailleurs ne seront sans doute pas seulement terrestres : une astronomie qui admet la multiplicité des planètes habitables fournit à l'imagination de larges perspectives possibles. Mais si l'on admet « la pluralité des individus afférents à une personnalité, identique en son premier et dernier fondement, appelés à reconstituer l'unité de cette personne après avoir été solidarisés avec leurs semblables à travers toutes les conditions et sous toutes les influences, chaque vie partielle de la même personne entre comme coefficient dans cette reconstitution finale, selon la nature et l'importance des épreuves subies et de l'enseignement apporté[8]. »

Cette métaphysique temporaliste ressemble déjà singulièrement, par sa manière de philosopher, à ce que sera quelques années plus tard *l'Evolution créatrice* de Bergson, quoique elle en diffère beaucoup par son contenu. Cependant, ce n'est pas en France qu'on trouve d'abord le développement du personnalisme, mais aux Etats-Unis. C'est Renouvier, dit F.C.S. Schiller, qui donne son vigoureux élan au volontarisme et au personnalisme qui s'y sont manifestés. Son influence s'exerça d'abord sur William James, avant même que le système d'histoire cosmique dont nous venons de parler fût constitué ; et il continue par des relations personnelles jusqu'à

8. *Le Personnalisme*, p. 213.

la mort de Renouvier. Mais chez le célèbre psychologue et philosophe de Harvard, ce qui est mis en relief est plus encore le pluralisme et le pragmatisme qui s'y rattachent que le personnalisme proprement dit, et je ne crois pas que le mot se trouve dans ses œuvres. Au contraire, on le voit apparaître et foisonner dans la littérature philosophique américaine quelques années après sa mort.

Ce fut d'abord par l'enseignement de W. E. Hocking, professeur à Harvard, dont la doctrine est connue sous le nom de « Personnalisme absolutiste ». Cette expression employée notamment par le professeur E.S. Robinson en parlant de lui [9], marque que pour lui — contrairement à Renouvier — l'idée d'Absolu est une notion fondamentale, et même de grande valeur pratique ; c'est ce que veut dire le titre de son principal ouvrage : *La signification de Dieu dans l'expérience humaine.* Il diffère aussi de Renouvier en ce qu'il laisse de côté les spéculations sur l'histoire de la création et sur les avatars des personnes humaines. Mais, comme lui, il met en fort relief la différence de l'individu et de la personne. La guerre de 1914 a laissé une trace profonde dans ses œuvres postérieures [10], et l'a conduit à accentuer l'aspect moral de sa doctrine ; mais le trait fondamental en reste toujours la personnalité de l'Etre absolu qui provoque et cherche

9. Dans un article sur « La philosophie religieuse en Amérique » faisant partie du recueil d'études *L'activité philosophique contemporaine aux Etats-Unis,* publié aux Presses Universitaires sous la direction du Pr Marvin Farber. Cette désignation est aussi appliquée à la philosophie de miss Mary Calkins, professeur à l'Université de Boston, auteur de *Les problèmes permanents de la philosophie* (1907).

10. *La nature humaine et la possibilité de la refaire, La morale et ses ennemis.* Les deux ouvrages ont paru en 1918.

la nôtre, et qu'on peut découvrir en approfondissant notre croyance que le monde n'est pas un non-sens, et par l'analyse de nos rapports avec les autres âmes.

L'idée du personnalisme, dans les premiers temps, semble avoir rencontré des résistances dans le public américain. Un des personnalistes les plus connus, le professeur E.S. Brightman, de Boston, disciple de B.P. Bowne, écrivait en 1921, dans la *Methodist Review,* un article sur « L'impopularité du personnalisme ». Mais peu de temps après, il s'est au contraire développé au point que le nom en est devenu aussi courant que celui de pragmatisme ou d'humanisme ; il revêtait en même temps des formes variées, qui témoignent de sa vitalité : le « personnalisme pluraliste » de Brightman lui-même, qui sacrifie hardiment le caractère d'absolu et d'infini attribué à Dieu, et qui lui semble inconciliable avec une vraie personnalité ; le « personnalisme méthodologique », le « personnalisme évolutionniste » et d'autres encore. Une des sections de l'American Philosophical Association porte le nom de « Groupe Personnaliste ». Le professeur Albert C. Knudson, doyen de la Faculté de Théologie à la Faculté de Boston, a écrit en 1927 un petit livre intitulé *La philosophie du personnalisme,* et consacré surtout à l'exposition et à la défense du personnalisme tel que l'entendait B.P. Bowne ; il le définit : « La doctrine qui trouve dans l'unité consciente d'elle-même, dans l'identité et la libre activité de la personne, la clef de la nature du réel et la solution des problèmes derniers de la philosophie. »

Dans tout ce personnalisme de Boston, ce sont en effet les questions métaphysiques qui tiennent la première place. L'aspect normatif est au contraire plus accentué dans la revue *The Personalist,* qui paraît à Los Angeles depuis une trentaine d'années [11] et dont le directeur, le professeur Ralph T. Flewelling, est aussi l'auteur d'un ouvrage bien connu : *La Personnalité créatrice* (1926). Dans un article de sa revue qui a paru en janvier 1949, il rappelait que dans les grands conflits mondiaux et sociaux de notre époque, ce qui est essentiellement en jeu, ce sont les différentes conceptions de l'homme, le degré de valeur qu'on attache à la personne. Les désordres et les luttes désastreuses dont nous sommes témoins ne peuvent prendre fin que si nous en arrivons à voir clairement que chaque personne possède une valeur intrinsèque dont le respect est de première importance pour tous les autres membres de la société. La division du travail tend à la fois à faire retomber les personnes au rang de simples individus, et à les grouper en partis ou en classes qui leur enlèvent leur autonomie intellectuelle et morale. La solution est de mettre en pleine lumière l'opposition de l'une et de l'autre. « Le personnalisme est aux antipodes de l'individualisme » tel qu'on le comprend d'ordinaire, en se plaçant surtout au point de vue économique, et qui n'est qu'un principe de dispersion et d'antagonisme. « Sa doctrine est que l'homme, pour atteindre à la plus haute expression de lui-même comme à la plus complète possession de soi, doit subordonner entièrement son individualité et ses facultés au bien commun ou à Dieu. » Cette distinction et cette doctrine sont le seul moyen de concilier les deux grandes vérités aperçues respectivement par l'Orient

11. On trouvera, dans *The Personalist*, deux essais instructifs pour formuler les thèses personnalistes, avec les variantes qu'elles admettent : l'un de E.S. Brightman : «*Some definitions for personalism*» (1946); l'autre de J.S. Moore : «*Personalistic definitions*» (1949).

et par l'Occident : la profonde sagesse du renoncement, et la dignité intangible de l'être humain.

Pendant que le personnalisme prenait cette ampleur aux Etats-Unis, il a refleuri vigoureusement en France avec l'œuvre d'Emmanuel Mounier, dont le *Manifeste au service du Personnalisme,* publié en 1936, eut aussitôt un grand retentissement. Ce qui fait sa force est qu'il laisse de côté toute métaphysique et toute histoire cosmique, pour se concentrer sur le point de vue moral et social. « Nous appelons personnaliste, dit-il, toute doctrine, toute civilisation affirmant le primat de la personne humaine sur les nécessités matérielles et les appareils collectifs qui soutiennent son développement [12]. » Il peut donc y avoir plusieurs personnalismes : mais leur caractère commun est de s'opposer à la fois aux doctrines totalitaires, telles que le communisme ou le fascisme, pour qui l'individu ne compte pas devant ces entités collectives que sont la nation, la race, la classe, et d'autre part à la civilisation bourgeoise, dans laquelle l'individu garde bien son indépendance, mais qui est nuisible à la formation de la personne par manque de la communion, de la similitude spirituelle que la religion a presque complètement cessé d'entretenir entre ses membres. Car si la personne est d'un part une unité indépendante, il ne lui est pas moins nécessaire de faire partie d'une communauté et de participer à une vie morale qui n'est pas celle d'un organisme, mais d'un ensemble d'esprits, où les valeurs supérieures sont les mêmes pour tous, ou du moins peuvent et doivent le devenir. De là le titre de l'ouvrage ultérieur de M. Mounier :

12. *Manifeste au service du personnalisme,* p. 7. Nous apprenons avec un bien vif regret, en corrigeant l'épreuve de cet article, la mort prématurée de cet écrivain, de sentiments si élevés et de si honorable caractère.

Révolution personnaliste et communautaire. La personne entretient sa vie morale par une adhésion active à des normes librement adoptées, qui lui sont sans doute proposées d'abord par la morale de son milieu et de son époque, mais qu'elle se réserve toujours le droit de modifier non pas selon son caprice, mais dans un sens tel qu'il soit reconnu comme un progrès par la conscience de tous les hommes de bonne volonté.

Le personnaliste peut donc être appelé un individualiste, au sens où ce terme assez équivoque sert à revendiquer la liberté de l'individu, et son droit à n'être pas traité comme un simple organe d'un être supérieur [13]. Mais l'individualité, condition de la personnalité, n'en est pas l'essentiel. Par nature, dit fortement M. Mounier, elle est « dispersion et avarice [14] » : dispersion, c'est-à-dire diversité pure, donc insociabilité, désarroi et isolement ; avarice, au sens primitif du mot, c'est-à-dire tendance à s'approprier tout ce qu'elle peut saisir, à vouloir sans cesse « ajouter à ses champs un champ nouveau ». Ce sont là des instincts profondément enracinés dans notre nature biologique ; la personnalité ne peut donc se maintenir que par une « conversion » constante à la volonté de faire prédominer le commun et l'universel. « Sa vocation n'a pas pour valeur première d'être singulière, car tout en le caractérisant d'une manière unique, elle rapproche l'homme de l'humanité et de tous les hommes [15].

Ce personnalisme comporte tout un programme social, pluraliste par ses composants, unitaire par

13. Voir *L'individu et la personne,* dans « Harmonie », numéro d'avril 1949.

14. *Manifeste,* p. 66.

15. *Ibid.,* p. 70.

leur tendance supérieure. A l'égard de l'enfant, il défend la légitimité d'une éducation familiale, et d'une liberté de l'enseignement surveillée par la communauté ; à l'égard de la femme, sa pleine assimilation à l'homme en tant que personne morale ; il soutient le primat du service social sur le profit, et du travail sur le capital financier. Il est hostile à l'industrialisme qui accentue l'opposition des classes par la prééminence de l'une d'elles, « opprimant toutes les autres, et tous les autres modes de vie [16] ». Mais ce n'est pas par la violence qu'on peut réformer le monde actuel, c'est en généralisant la réforme et la saine culture de soi-même : « Faire retraite, être avant de faire, connaître avant d'agir [17] », c'est ce que doivent réaliser avant tout en eux-mêmes ceux qui visent à provoquer l'avènement d'une société personnaliste et universaliste.

Ainsi, dans ce cas, la dualité que nous avions précédemment relevée disparaît entièrement. Celui qui croit en un Dieu personnel, fini ou infini, peut adhérer à ce programme tout comme celui qui ne reconnaît pas de personnalité plus haute que celle de l'homme. Le personnalisme métaphysique s'efface devant le personnalisme normatif. Cette thèse surprendra sans doute bien des esprits, habitués à chercher dans les réalités préexistantes ce qu'ils appellent le « fondement » des valeurs. Ils peuvent se délivrer de cette inquiétude en pensant au mot profond du mathématicien Poincaré : « De propositions à l'indicatif, on ne peut jamais tirer une conclusion à l'impératif. » Toute assertion de valeur, quand elle n'est pas immédiate, ne peut reposer que sur une autre assertion de valeur sentie directement

16. *Manifeste*, p. 183.
17. *Ibid.*, p. 230.

comme évidente. L'*existence* de la société, de ses lois et de ses contraintes est une raison pour l'anarchiste de ruer dans les brancards et d'en démolir tout ce qu'il peut. L'*existence* de Dieu et de ses commandements n'est une raison de bonne conduite que pour celui qui aime Dieu ; pour le Diable de la légende, et pour tous ceux qui lui ressemblent, elle est une raison de se révolter, et de dire : « Je ne lui obéirai pas. » Ceux qui croient que pour qu'il y ait un Bien il faut qu'il soit réalisé d'avance, quelque part, ressemblent aux inventeurs de cosmographies naïves qui ne pouvaient pas concevoir que la Terre se soutînt librement dans l'espace, et qui éprouvaient le besoin de la faire supporter par quatre éléphants. Ou bien il y a des valeurs communes que tout homme de bonne foi et de culture suffisante peut reconnaître immédiatement, sans suggestion ni contrainte ; ou bien il n'y a que des préférences individuelles et la tyrannie du plus fort.

Lettre adressée à Émile BRÉHIER,
Membre de l'Institut, le 3 mai 1950.

MON CHER AMI,

A la dernière séance de l'Académie, je n'ai eu que le temps de vous remercier en quelques mots de votre livre si plein d'idées et si lumineux sur la Philosophie française et la vacance du 1er mai me reporterait à la semaine prochaine où je risquerais encore d'être empêché par quelque autre motif d'en causer avec vous. Je voudrais pourtant vous dire combien j'ai été sensible à la place que vous avez bien voulu me faire dans ce tour d'horizon et répondre à la question que vous posez p. 177 : sociologisme larvé ou idéal platonicien ?

Si l'on entend par sociologisme la doctrine naturaliste qui fait de la société un organisme d'ordre supérieur et de sa santé la source des valeurs dirigeant la pensée et l'action des individus qui la composent, rien n'est plus éloigné de ce que je crois. Mais la société est double : d'une part, solidarité par coopération différenciée ; de l'autre *communauté* (non pas au sens de Tönnies, qui entend au contraire par là ce qu'il y a de spontané et d'organique en elle) mais en tant que similitude des personnes et sentiment de la valeur de cette similitude — sentiment *sui generis,* originel, reconnu par Espinas lui-même non moins que par Tarde.

Cette valeur de communauté, nous pouvons la

saisir par deux voies convergentes : 1° Par une conscience spontanée, une sorte de tendance sympathique que je ne refuserais pas d'appeler une intuition ou d'assimiler à une réminiscence platonicienne ; 2° Par induction, en observant des valeurs reconnues pour telles tout à fait de même que nous construisons la physique ou la biologie sur des perceptions reconnues pour vraies par tous ceux qui s'en occupent.

Cela est très différent de la « Volonté générale » de Rousseau, qui paraît d'abord très voisine de la conscience collective durkheimienne ; mais je suppose que ce qui, au fond, valorisait pour lui cette volonté générale, c'était le sentiment que l'unanimité est un bien, et une marque de vérité — les différences se détruisant par leur opposition — que la lutte de tous contre tous n'est pas seulement reconnue par Hobbes comme désastreuse pour nos intérêts individuels, mais qu'elle a une sorte de laideur morale. (Livre I, chap. VIII.) — En cherchant la référence de ce passage, je relis le chapitre II, 8 : « Si la volonté générale peut errer » — et je suis frappé de voir à quel point il prévoit la dégénérescence de l'état populaire en une tyrannie des ou du Parti.

Vous m'avez aussi fait réfléchir par votre doute : « La valeur de l'assimilation n'exige-t-elle pas un modèle ? » Difficulté très réelle, qui n'est résolue pratiquement que par la distinction de l'individu et de la personne, et par le fait, pour l'individu que nous sommes, la personnalité humaine est ce modèle. Car la personne *humaine* n'est pas conscience toute pure : elle a une matière. On peut cependant admettre qu'elle tend à cette pureté : après l'assimilation qui unit deux bons chrétiens entre eux, deux bons musulmans entre eux, le pas suivant est une assimilation du bon chrétien et du bon musulman et ainsi de suite jusqu'à une limite inaccessible à notre expérience morale actuelle. Mais cette progression à l'infini n'a pas d'inconvénient, car cette limite n'est pas du tout un idéal à atteindre : la valeur est le mouvement dans ce sens, actuellement senti comme progrès vers une moindre contradiction.

Cela résoud peut-être aussi l'antinomie de la liberté et du sens unique dans la création des valeurs, que vous objectez, avec raison, à Polin, à la fin du ch. IX.

Enfin (p. 138), ne pourrait-on pas ajouter aux essais de définition de la valeur, l'hypothèse que ce que les valeurs ont de commun c'est précisément la marche à une moindre diversité, malgré les remous de sens contraire que présente l'expérience ?

OUVRAGES D'ANDRÉ LALANDE

Lectures sur la Philosophie des Sciences, 1 volume in-12, Hachette, 1893 ; quinzième édition, 1953.

La Dissolution opposée à l'Evolution, 1 volume in-8°, Alcan, 1899.

Quid de mathematica senserit Baconus Verulamius, thèse latine, Alcan, 1899.

Vocabulaire technique et critique de la philosophie, révisé et annoté par les membres et correspondants de la Société française de Philosophie et publié en fascicules dans le *Bulletin* de la Société, de 1902 à 1923, Armand Colin éditeur. Neuvième édition, révisée et augmentée, in-8°, Presses Universitaires de France, 1962.

Précis raisonné de morale pratique, 1 volume in-12, Alcan, 1907 ; troisième édition, 1930.

Les théories de l'induction et de l'expérimentation, 1 volume in-8°, Boivin, 1929.

Les illusions évolutionnistes, 1 volume in-8°, Alcan, 1930.

La Raison et les Normes, 1 volume in-12, Hachette, 1948 ; deuxième édition, 1963.

PRINCIPAUX ARTICLES

1° Dans la *Revue philosophique*

Remarques sur le principe de causalité, septembre 1890 ;

De quelques idées du baron d'Holbach, juin 1892 ;

Les paramnésies, novembre 1893 ;

De la fatalité, septembre 1896 ;
Progrès et destruction, mars 1900 ;
Sur l'apparence objective de l'espace visuel, mai 1902 ;
Pragmatisme et pragmaticisme, février 1906 ;
Pragmatisme, humanisme et vérité, janvier 1908 ;
Sur l'idée de Dieu et le principe d'assimilation intellectuelle, mars 1909 ;
Le pluralisme de William James, janvier 1910 ;
L'idée de Vérité, d'après William James et ses adversaires, janvier 1911 ;
Vie animale et vie morale, novembre 1911 ;
Le volontarisme intellectualiste, janvier 1912 ;
Le « Pancalisme », décembre 1915 ;
La Psychologie, ses divers objets et ses méthodes, mars 1919 ;
Education et démocratie, mars 1920 ;
L'épistémologie de M. Meyerson et sa portée philosophique, mars 1922 ;
Logique normative et vérités de fait, mars 1929 ;
Valeur de la différence, avril 1955 ;

Et de nombreux comptes rendus critiques d'ouvrages français et étrangers.

2° Dans la *Revue de Métaphysique et de Morale*

Le langage philosophique et l'unité de la philosophie, septembre 1898 ;
Note sur l'indétermination, janvier 1900 ;
Les principes universels de l'éducation morale, mars 1901 ;
La langue universelle, janvier 1904 ;
Sur une fausse exigence de la raison dans la méthode des sciences morales, janvier 1907 ;
Sur quelques textes de Bacon et de Descartes, mai 1911 ;
Du parallélisme formel des sciences normatives, juillet 1911 ;

L' « Incoordonnable », novembre 1911 ;
L'individualisation de l'impôt, octobre 1913 ;
L'œuvre de Louis Couturat, septembre 1914 (juin 1915);
Remarques sur le langage de la philosophie, janvier 1947 ;

3° *Dans divers recueils et revues*

Sur la critique et la fixation du langage philosophique (*Congrès de Philosophie,* 1900) ;
L' « Interprétation de la Nature », dans le *Valerius Terminus* de Bacon (*Congrès d'Histoire des Sciences,* 1900) ;
La physique ancienne (*Revue de Synthèse historique,* avril 1901) ; La physique du moyen âge (*Ibid.,* avril 1903) ;
Sur l'apparence objective des perceptions visuelles (*Bulletin de la Société française de Philosophie,* mars 1903) ;
Essai de catéchisme moral (*Bulletin de la Société française de Philosophie,* janvier et février 1907) ;
La moralité et les formules morales (*Revue pédagogique,* janvier 1908) ;
En quel sens l'enseignement moral peut être raisonné (*Revue pédagogique,* avril 1908) ;
Sur les rapports de la logique et de la psychologie (*Scientia,* juillet 1916) ;
Lettre à M. Brunschvicg sur la marche de la raison dans l'intelligence des choses (*Bulletin de la Société française de Philosophie,* juillet 1921) ;
Les méthodes en Psychologie, introduction au *Traité de Psychologie,* publié sous la direction de Georges Dumas, Alcan, 1923 ;
La vie et l'œuvre d'Alfred Espinas (*Revue de Sociologie,* mars-avril 1925) ;
Raison constituante et raison constituée (*Revue des Cours et Conférences,* 15 et 30 avril 1925) ;

Qu'est-ce que la vérité ? (*Revue de Philosophie et de Théologie de Lausanne,* janvier 1927) ;

Formalisme et valeurs logiques (*Comptes rendus du VIIe Congrès international de Philosophie,* Oxford, 1930) ;

La mission de la philosophie dans notre temps (*Comptes rendus du VIIIe Congrès international de Philosophie,* Prague, 1934) ;

Sur quelques préjugés qui s'opposent au développement des forces morales (*L'Education morale,* mai 1935) ;

La physique de Descartes, dans les *Causeries cartésiennes,* Delagrave, 1938 ;

Personnalité et Communauté, dans *L'Histoire de la Philosophie moderne,* publiée en 1939, à Bucarest, par la Société roumaine de Philosophie ;

Les espérances métaphysiques (*Revue des Cours et Conférences français en Orient,* avril 1938) ; La prise de conscience des valeurs (*Ibid.,* juillet 1938) ; Les origines de l'art (*Ibid.,* novembre 1939) ; Morale de l'évolution et morale de l'involution (*Ibid.,* mars 1940) ;

L'Involution, autobiographie philosophique (*Les Etudes philosophiques,* janvier 1947) ;

L'individu et la personne (*Harmonie,* avril 1949) ; Le personnalisme (*Ibid.,* janvier et avril 1950) ;

Réflexions d'un philosophe français, dans *L'activité philosophique contemporaine en France et aux Etats-Unis,* recueil dirigé par Marvin Farber, 1950 ;

Francis Bacon, dans *Les Philosophes célèbres,* recueil de portraits et de notices, publié par Merleau-Ponty, Editions d'Art Lucien Mazenod, 1956.

De 1905 à 1949, André Lalande a donné presque tous les ans un article à la *Philosophical Review* (Cornell University, Ithaca, N.Y.), sur la philosophie en France.

TABLE DES MATIÈRES

IMPRIMERIE A. BONTEMPS
LIMOGES (FRANCE)
Dépôt légal : 2e trimestre 1967.